电商训练营

E-commerce Training Camp

李星 主编

网店营销与推广

人民邮电出版社
北京

图书在版编目（CIP）数据

电商训练营. 网店营销与推广 / 李星主编. -- 北京:
人民邮电出版社, 2019.2（2019.7 重印）
ISBN 978-7-115-49323-1

Ⅰ. ①电… Ⅱ. ①李… Ⅲ. ①网店－商业经营 Ⅳ.
①F713.365.2

中国版本图书馆CIP数据核字(2018)第209561号

内容提要

本书主要从店铺数据优化的角度，通过理论结合实践的形式，全面、系统地介绍网店数据分析，以及营销与推广的渠道、方法与技巧，旨在为电商从业人员提供实用的网店营销与推广指导，帮助其快速适应岗位需求，轻松搞定各种营销及推广难题。

本书共 12 章，主要内容包括网店营销推广的前期准备，网店营销数据分析，网店品牌的打造，宝贝和店铺的搜索优化，以及淘金币、试用中心、聚划算、天天特价、会员管理、站外平台、社交媒体、淘宝论坛、微淘、直通车、淘宝客、钻石展位等推广工具的应用。

本书可作为各类电子商务培训机构和各高校电子商务专业的教材，也可作为电商从业人员全面了解网店营销与推广的参考书。

◆ 主　　编　李　星
责任编辑　牟桂玲
责任印制　马振武
◆ 人民邮电出版社出版发行　　北京市丰台区成寿寺路 11 号
邮编　100164　　电子邮件　315@ptpress.com.cn
网址　http://www.ptpress.com.cn
北京捷迅佳彩印刷有限公司印刷
◆ 开本：700×1000　1/16
印张：16　　　　2019 年 2 月第 1 版
字数：304 千字　　　　2019 年 7 月北京第 2 次印刷

定价：39.80 元

读者服务热线：(010)81055410　印装质量热线：(010)81055316
反盗版热线：(010)81055315
广告经营许可证：京东工商广登字 20170147 号

PREFACE 前言

行业背景

电子商务作为现代服务业中的重要产业，在生活中处处可见，小到上网购物，大到跨国公司的网上商务洽谈等。随着电子商务产业的蓬勃发展，越来越多的人开始加入电子商务市场创业，电子商务培训市场也应运而生。它帮助没有基础和经验的人了解电商行业，并且针对电商行业的不同岗位进行技能培训，使被培训者能够快速适应岗位需求，顺利成为电商大军中的一员。为了更好地帮助各类学院或培训班快速培养优秀的电商技能型人才，也为了学生能更好地学习和实践，我们走访了很多皇冠级卖家的店铺，调研了各类目店铺的经营情况，以店铺的实际岗位需求为导向，以“学用结合”为原则，编写了这套“电商训练营”图书，本书为其中一本，主要面向网店营销与推广岗位。

本书内容

本书主要介绍网店营销与推广的渠道、方法和技巧，共有12章，可划分为3部分，各部分的具体内容和学习目标如下。

第1部分（第1~3章）：该部分从行业数据和店铺数据两个方面，详细介绍网店数据分析的相关知识。通过本部分的学习，读者不仅可以学会数据分析，还能学会数据优化。

第2部分（第4~6章）：该部分主要介绍店铺优化的相关内容，包括品牌优化、关键词优化、商品主图优化、详情页优化等。通过本部分的学习，读者可以掌握优化店铺的方法，为店铺的营销推广打好“内功”基础。

第3部分（第7~12章）：该部分主要介绍店铺营销推广的常用渠道和方法，包括淘宝活动推广、会员营销、站外推广、直通车推广、淘宝客推广、钻石展位推广等内容。通过本部分的学习，读者不仅可以掌握网店营销与推广的方法，还可学会营销与推广背后的思维与策略，以便在实际的网店营销和推广工作中更加得心应手，触类旁通。

图书特点

1.结构合理，循序渐进

本书以网店的营销和推广工作流程为主线，从行业分析、店铺定位，到网店数据分析、网店优化、网店推广渠道和网店推广方法，层层深入，让读者不仅可以看懂数据、了解数据，还能够根据数据的表现选择正确的营销推广渠道和推广方法。

2.案例丰富，贴合实际

本书中的案例，全部源自淘宝、天猫皇冠级店铺的营销与推广人员的操盘实践，这些经过实践检验的营销推广经验和方法更具参考价值和借鉴意义。

3.图解操作，易学易懂

本书涉及的操作部分，均以详细、直观的图解方式进行讲解，零基础的读者也可轻松上手，举一反三。

4.经验分享，贴心提点

书中特设“高手支招”小栏目，其内容都是TOP级店铺运营操盘手在大量实战中总结和提炼的宝贵经验和操作技巧，可帮助读者即时解决网店营销与推广中的各种难题，避免走入营销与推广误区。

5.视频教程，全程辅导

本书通过二维码的方式提供书中所有操作的高清视频演示，视频内容清晰、直观，并配有语音讲解，读者一看即懂，一学即会。

6.超值资源，免费获取

为了便于读者学习和提升自己的职业能力，本书提供了大量的实用资源，包括PPT课件、图书同步视频教程、教学教案等内容，读者可根据需要选学这些内容，以丰富知识，提升技能。关注微信公众号“职场研究社”，可免费获取这些赠送资源以及本书的所有教学视频。

本书由李星主编，参与资料收集、视频录制及书稿校对、排版等工作的人员还有肖庆、李秋菊、黄晓宇、赵莉、蔡长兵、牟春花、李凤、熊春、蔡飓、曾勤、廖宵、何晓琴、蔡雪梅、罗勤、李婷婷、蒲加爽等。尽管在编写的过程中精益求精，但由于编者水平有限，书中难免存在不足之处，欢迎广大读者批评指正，我们的联系邮箱是muguiling@ptpress.com.cn。

编　者

CONTENTS

目 录

第10章 用直通车实现精准推广........189

第11章 用淘宝客灵活推广商品........219

第 1 章 做好准备 让推广事半功倍

本章导读

电子商务发展至今，其运营环境已经不像当初那么简单，随着越来越多的卖家加入，整个行业逐渐变得规模化、技术化、系统化。俗话说，不打无准备之仗。不管做哪种类型的营销，都需要先了解市场。网店运营和推广也不例外，市场行情和市场发展趋势、目标消费者的消费心理和消费习惯，甚至网店的选品定价等，都是卖家必须了解的内容。

知识技能

※ 了解市场与行业分析

※ 消费者行为和心理分析

※ 掌握选品策略

※ 掌握定价策略

1.1 市场与行业分析

网店的运营状况与访客数量息息相关，网店访客数的多少直接决定着网店的营业额，而选择什么行业、出售什么商品、面向哪些客户，都影响着访客数的多少。在此基础上，消费者购物趋势、行业变化趋势等也是卖家对市场和行业分析过程中的主要分析对象。

1.1.1 分析行业数据

对于新手卖家而言，在淘宝网长久经营的根基并不是开一个网店，而是选择一个合适的产品。大数据营销时代的卖家要想洞察市场需求，光有好眼光还不够，还应该懂得如何通过数据来分析市场，选择有市场、有价值、有优势的类目。

1. 选择有市场的类目

所谓有市场，就是指有需求。只有消费者有需求，卖家才能在市场中赚取利润。卖家如果不了解整个市场行情，盲目地选择一个市场，投入人力、物力、财力，最后很可能以失败告终。为了避免盲目投资的情况发生，我们可以通过网络大数据来查看用户的消费行为，通过对关键词数据的分析来了解行业动态、消费者喜好、大众对不同产品和市场的关注情况等信息。

（1）分析不同行业市场的热度变化

通过在阿里指数输入行业关键词，可以查看该行业在一定时间段内的大众热度变化。如通过阿里指数的行业大盘查看家用电器在一年内的采购变化趋势。

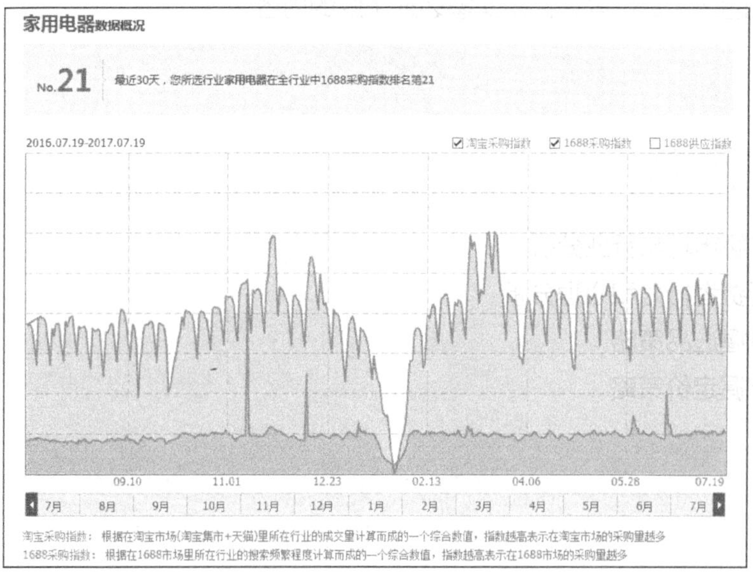

通过查看行业变化趋势可以了解行业的热度变化情况，如上图中的数据显示家用

电器行业在全行业的采购排名是第21名，市场需求全年比较均衡。其中淘宝采购指数变化较大的几个时间段，表明这些时间段的采购需求非常大，卖家可以为下一年提前做好准备。

此外，在阿里指数行业大盘中，还可以查看当前的热门行业和潜力行业，了解热门行业的供应指数和淘宝需求预测。

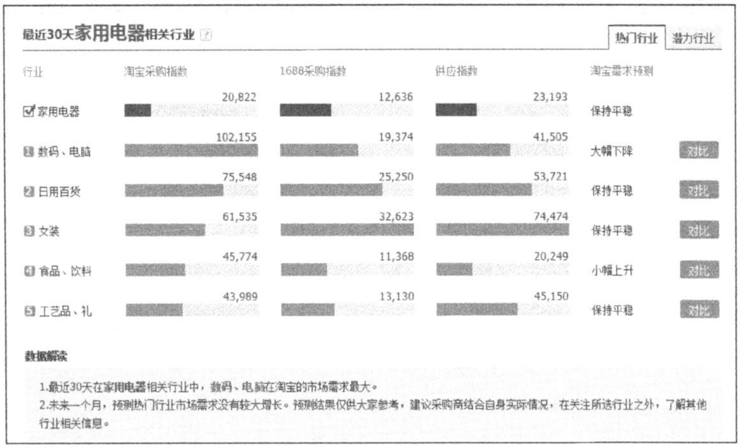

高手支招

阿里指数的行业大盘不仅可以查看行业的数据概况，也可以在导航栏的下拉列表中选择具体的类目或商品品类，查看其数据概况。

（2）分析行业中不同品类的热门属性

在阿里指数中，不仅可以查看全行业的数据概况，还可以查看一个行业中不同品类的商品在一段时间内的热门属性和价格分布，下图所示为家用电器中的空气净化器品类在近30天内的热门属性。

图中数据显示，空气净化器近30天内与使用环境相关的热门属性为家用，其次

为车载和商用，说明最近一个月内，买家对家用、车载和商用属性的空气净化器需求更高。除此之外，还可以查看工作原理、功能、净化技术、品牌等热门属性，通过分析不同的热门属性，可以帮助卖家更好地选品。

在阿里指数属性分析页面下方，可以了解当前品类的价格带分布，如了解空气净化器浏览价格分布和交易价格分布。通过了解商品的价格分布，可以帮助卖家进行店铺和产品定位，如选择销售高端产品、中端产品，还是低端产品。

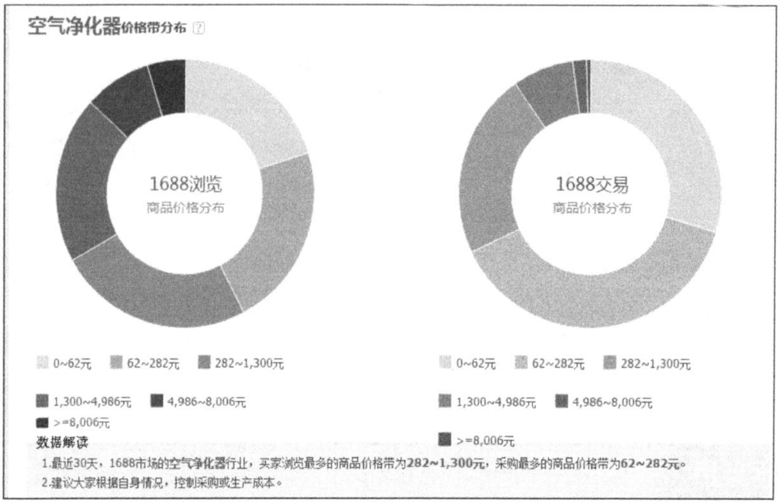

（3）分析行业人群画像

分析行业人群画像是指对行业的主要消费人群进行分析，但是站在全局的角度来看，买家人群、卖家人群和搜索人群都是行业人群的主要分析对象。

买家人群分析包括行业类目下不同筛选维度的买家画像，如年龄、地域、职业、客单价以及买家购买行为数据，如下单支付时间段、搜索词偏好、购买价格偏好、购买频次属性、购买品牌偏好等。卖家人群分析包括行业类目下卖家画像信息，如各子类目下卖家数的分布情况、卖家地域分布、等级分布以及卖家相关行为数据，如产品下架时间分布等。搜索人群分析包括搜索该词的人群的性别、年龄、职业、地域、支付金额等指标，以及人群行为喜好属性，如优惠偏好、支付偏好、品牌偏好、类目偏好等。

分析行业人群画像可以为店铺定位提供参考，帮助店铺更好地进行选品，制定相应的发展策略和发展方向。

2. 选择有价值的类目

有价值的类目，一般是指盈利空间比较可观的类目。网店开店，利润是第一要求，所以原则上选择利润高的商品来经营，但利润高的商品通常竞争也比较激烈，前期客户的积累会比较困难。现在，可供网店销售的商品数量众多，如女装、女鞋、美妆、箱包、电子数码、零食、家居用品、男装等，都是淘宝网中热度非常高的类目。需要注意的是，时间、环境、消费观念、流行趋势、热门话题等都会对网上销售的产品销量产生影响，热销品并非一成不变，经营者需观察市场的即时变化。

高手支招

宝贝的利润高低，跟客单价有一定关系。如600元的羽绒服与10元的水杯相比，羽绒服的客单价远远高于水杯，这说明两者利润差异大。但比起600元的羽绒服，10元的水杯更容易累积销量。

3. 有优势的类目

有优势的类目是指自身拥有较好的先天条件的类目。如有亲友经营服装厂，则选择服装类目就拥有先天优势，不仅货源有保障，同时成本更低，利润更高。或者与服装厂空间距离近，这样可以方便卖家与服装厂保持良好关系，降低成本，还可以消除库存不足或库存积压的烦恼。如果对某个行业比较了解，或者在某个行业中具有原创优势，也可以打造出具有独特特色的店铺风格。

当然，除此之外，还可以通过数据分析工具挑选出市场竞争程度低、搜索热度高、点击率和转化率高的商品。如分析“长裙”类目，发现“草原长裙”关键词的搜索热度很高，但全网商品数很少，经营者就可以选择民族风格、气质飘逸、质量有保障的长裙作为销售产品，打造“草原长裙”特色商品。

1.1.2 基于行业进行店铺定位

选择了好市场、好类目，并不代表就一定可以成功运营网店，网店运营者在对市场有了充分了解后，还需要对网店整体进行规划。所以对于很多初入淘宝的新手卖家而言，只有顺应淘宝的发展趋势才能找到正确的生存之道。

1. 店铺定位的市场前提

一个网店应该如何定位，取决于目标客户的需求和买家对产品的认知情况，通常情况下，不以卖家自身的喜好进行定位。但是要做店铺定位，有一个必要前提，就是了解市场环境。

（1）资源减少

近两年，随着线上消费者对商品品质的追求日益提高，线下的一些高端商品或品牌商品也陆续入驻线上商城，这使得很多淘宝店铺的流量开始下跌，不管是付费流量还是免费流量，PC端还是移动端，都被强大的竞争对手带走了大部分资源。

（2）商品同质化

网店的货源主要包括工厂直供和线上/线下批发两种方式，其中工厂直供货源对卖家的货源渠道有一定要求，也就是说有这部分渠道的卖家并不多，大部分卖家依靠的还是批发的方式。对于厂家直供商品而言，可以在上架初期取得一定的市场优势，

物的消费者。对比网上购物活动和传统购物活动的特点，会发现网购活动在方便、乐趣和自由等方面表现得比较有优势。

- **求方便** 方便、省时、省力是现在消费者网购行为最主要的动机之一。网购的主要消费人群中，学生党和上班族占比较高，这部分消费人群往往会因为时间、精力的不足，转而通过网络购买所需物品。同时，网上购物为买家提供了送货上门的便捷服务，也免去了买家搬运商品的麻烦。
- **求乐趣** 网上购物发展至今，不再仅仅是为了满足消费者的购物需求，更是变成了一部分消费者的娱乐活动。这部分消费者喜欢关注网店中的各种活动，积极参与免费试用活动，有时候即使没有明显的购物欲望，也会打开网上商城“逛一逛”，搜寻有没有满意的商品。
- **求自由** 消费者在网上购物时，可以随时随地、随心所欲地做出购买决策。网上商品的丰富性也为消费者提供了更多的选择空间，可以自由、独立决策而不受他人干扰，特别是在购买个人隐私商品时。

1.3 选品策略

在进行了店铺定位后，网店运营者还必须选择商品上架到店铺中。网店选品的方向非常多，可以从自己居住地的货源优势出发，可以从自己了解和擅长的领域出发，也可以从市场分析的角度出发。不管选择什么方向，选品的基本思路通常都比较相似。

1.3.1 选品原则

网店的选品基本都需要满足一定的前提条件，如既适合市场又能有不错的盈利空间，或者不仅操作方便，同时还不容易产生纠纷等，所以不管是个人卖家还是电商团队，都希望选择最适合运营的商品。那么，什么样的商品更加适合在线上店铺进行销售呢?

1. 利润高的产品

现在大部分的网上商品或品牌，要想做出知名度，推广的成本必不可少，然而如果商品利润不高，那么将很难负担起高昂的推广成本。微利商品要想盈利，基本上依靠销量，而大销量的背后不仅是烦琐的工作流程和庞大的工作量，还很容易出现缺货、丢货、发错货等问题，同时售后问题处理起来也更麻烦。所以原则上，选择利润高一些的商品，可以方便店铺后期的发展。当然不同的目标消费群体，其对应的利润高的产品也不一样，如女性爱美、孩子要提升智力、老人要健康等。

2. 快销产品

快销产品是指可重复消费的产品，快速消耗品的利润不算特别高，但销售量巨大，累积的利润也十分可观，如服装、化妆品、孕婴用品、日用品、烟酒等。选择快销品的同时，还必须选择好的货源，只有让买家信任产品，才可以更好地累积销量。

3. 方便售后的产品

有些产品的售后服务内容非常多，并且售后期很漫长，如电子类产品。售后服务多的产品往往会带来很多售后问题，不仅是质量问题，还可能存在修理、保养等问题，售后问题太多不仅会增加店铺的工作量，还很容易因为售后问题导致中差评的出现，从而影响店铺信誉和信用。对于精力、人力、物力和财力都十分有限的个人卖家而言，不太适合选择售后服务内容繁多的产品。

4. 市场验证过的畅销品

如果某个产品十分有市场，买家愿意通过网上购物平台来购买该产品，就说明市场对这个产品有充分的需求，说明该产品是适合在网上销售的产品。经过市场检验的商品不会出现款式不受欢迎等问题，同时产品热度、推广方式等都有了一定的市场基础，运营起来也会更加容易找到方向。

5. 非季节性产品

如果不具备货源、市场、了解市场等优势，一般不建议选择季节性产品。季节性产品具有很强的季节性，换季后会面临较长的销售淡季期，而销售期比较忙，风险相对也较大，同时经历一个季度积累起来的产品优势很容易随着季节更替而消失，换季后可能还需要继续思考店铺定位和选品等问题。

1.3.2 选品方式

与随意上架的产品相比，经过选款后的商品更容易成功。卖家在选品时，可以先根据产品品质、风格、类型、功能、价格等因素来选择市场上最受欢迎的10款商品，再做两个主推款。选品的方式，一般有自然选品和数据选品两种。

1. 自然选品

自然选品是指卖家将宝贝上架，然后测试不同宝贝的流量和销量，将排行靠前的产品留下来，将数据表现不好的商品下架。这种方法适合自己有货源、自己擅长该行业类目或自己设计制作的原创产品。分析订单数量、成交订单、未付款订单、退款订单、客服咨询等数据，这种选品方式比较简单实用，适合中小卖家进行基础选品。

2. 数据选品

如果是选择市场已有的商品，且不具备单独的货源优势，可以提前了解市场情况，以便提前做好准备，如在阿里指数中查看淘宝采购指数、1688采购指数和1688供应指数，了解市场行业。其次可以关注淘宝排行榜或阿里排行榜中的关键词热搜榜、关键词上升榜、关键词转化率榜和新词榜等数据，选择有潜力的商品。一般来说，可以选择飙升产品，也就是最近热度上升比较快的产品，关注该类产品的成交数量、成交金额、平均成交价格、搜索热词、成交热词等数据，全面分析该产品热度飙升的影响因素。还可以选择热销产品，如买家比较喜欢通过网络购买的商品、当季比较流行的产品等，全面分析该产品畅销的原因。经过详细的行业范围、行业占比、行业排名、同级别排名等数据的分析，可以为店铺选品进货提供更多的理论指导，方便运营者后期的策划和发展规划。

此外，也可通过关键词进行选品。也就是说在淘宝中输入核心关键词进行搜索，选购热点中的属性即为该产品的热门品类。

1.4 定价策略

对于网店商品而言，商品定价需要考虑多个方面的因素，包括市场环境、销售策略、商品形象、经销路线和消费者心理等，技巧性的商品定价对转化率和销售额都会产生积极的影响。

1.4.1 商品定价因素

商品价格在不同的环境中，需要考虑的影响因素也不一样，下面分别对各种因素进行介绍。

- **市场环境** 市场环境是对商品价格影响较持久的一种因素，消费环境、市场性质、商品发展等都会影响市场环境，市场环境的变化直接会导致商品价格的变化。同时，商品价格在很大程度上影响着消费者的购买意愿和购买数量，很多卖家为了扩大市场会选择低价策略，造成商品之间的定价竞争。但是不管是市场环境变化导致的价格变动，还是同行竞争引起的价格变动，商品本身的质量都是商品定价的基本前提。
- **销售策略** 商品价格通常具有多样性，部分商品的价格常年维持在一个平稳的区间，部分商品的价格却会随着销售环境的变化而变化。以电子产品为例，同一款商品，在推出初期时价格较高，然而随着时间的变化，会逐步调整其价格。
- **商品形象** 商品形象和品牌也是一个重要的定价因素，形象好、品牌知名度高、口碑好的商品在定价上有一定的价格优势，也容易被消费者接受。
- **消费者心理** 对消费者心理进行分析也是一种定价方式，如整数定价、尾数定价、折扣定价等都属于根据消费者心理进行定价的方法。

1.4.2 商品定价策略

在不同环境中，可以对商品进行不同的定价，一般来说，整数定价、尾数定价等方法比较常用且适用范围较广，而数量折扣、现金折扣等定价方式则可结合不同的销售环境使用，下面主要对常用的商品定价技巧进行介绍。

- **整数定价** 整数定价适用于价格较高的一些商品，可以侧面体现出商品的质量，提升商品形象，如价值较高的艺术品、珠宝等。
- **尾数定价** 尾数定价是指采用零头结尾的方式来对商品定价，常以“8”“9”等数字作为尾数，给消费者一种价格便宜的感觉。

● **分割定价** 分割定价是指将价格高的商品分割成小份进行定价，如茶叶一斤1000元，定价为一两100元，或者一包58元等。

● **同价定价** 同价定价指将价格类似的商品定为相同价格，如“10元任意购”“9.9特价专区”等。

● **成本加成定价** 成本加成定价法是指在成本的基础上以相对稳定的加成率进行定价，采用该定价法进行定价的商品，其价格差距一般不会太大。

● **习惯定价法** 习惯定价法是指按照市场上已经形成的价格习惯来定价。

● **数量折扣定价** 数量折扣是指当买家购买的商品数量较多时，给予一定的优惠，如包邮、打折等。

● **现金折扣定价** 现金折扣即降价处理或打折出售，在参与活动、促销、清仓、换季时，即可采用现金折扣的方式来对商品定价。

● **组合定价** 组合定价是指将两个或两个以上产品组合销售进行定价，如套餐搭配、关联销售等都可以采取组合定价的方式。组合定价一般价格更优惠，可以节约一定的物流成本，同时可以带动关联商品的销量。

1.4.3 阶段性定价策略

大部分产品都有一个生命周期，而周期长短受消费者偏好、季节变化、市场需求、经济发展等因素的影响。一般来说，产品的生命周期可以分为新品阶段、成长阶段、发展阶段和衰退阶段。

● **新品阶段** 新品阶段是指刚推出的新产品或店铺新开时上架的产品，为新上架产品定价时，可以查看市场相关产品的价格和销量，参考销量较高的产品定价或定价更低一些。如果店铺新开，市场中已有相同款式的商品时，价格制定过高不利于竞争，价格过低容易引起消费者怀疑，因此选择销量较高的商品的定价为参考，是一种较为稳妥的方式。

● **成长阶段** 如果新品上市不久，款式比较独特，货源比较少，竞争对手也比较少，此时产品的定价可以稍高一些，这种定价主要可以吸引追求新鲜和新潮的买家。

● **发展阶段** 发展阶段的产品一般需求量开始增加，同类型、同款式商品大量出现。此时市场的竞争环境比较激烈，很多店铺会采取低价策略快速占有市场，增加店铺流量和成交量。该阶段的宝贝一般价格都稍低，具体定价同样需要参考市场均价。

● 衰退阶段　如果出现消费者偏好发生转变、季节改变或市场需求减少等情况，说明产品进入了衰退期，该阶段的宝贝一般会采用薄利多销、低价促销等策略来清理库存，吸引求廉的买家或者专门购买反季产品的买家。

1.5 疑难破解

对于想要进入电商行业的人来说，做好准备是网店运营非常关键的第一步，不管是店铺运营还是店铺推广都需建立在准备的基础上，下面对运营准备中常见的问题进行解答，供大家探讨和参考。

1. 在进行网店定位时，需要提前考虑的成本因素有哪些？

在对网店整体运营进行规划时，成本也是必须提前考虑的因素。成本规划一般需要结合网店定位和运营策略进行综合考虑，在可承受的成本范围内开展运营。一般来说，网店成本主要需考虑生产成本、机会成本、销售成本和储运成本4个方面的内容。

● 生产成本　生产成本指企业生产过程中所支付的成本，生产企业规模越大、设备越精良、管理越完善，生产成本就越低。同时，生产成本还要考虑库存数量，在合理的库存条件下进行有规划的生产，才能保持生产成本的合理性。

● 机会成本　机会成本指卖家在出售商品并获得收益后用于其他投资可能产生的额外收益。

● 销售成本　销售成本指在商品销售过程中产生的费用，如推广费用、促销费用等。推广是商品销售中非常重要的环节，在商品成本中所占的比例越来越高，卖家在定位商品和确定商品价格时，都需慎重考虑销售成本这一因素。

● 储运成本　储运成本指商品在储存和运输过程中所产生的成本，网店商品通常都需要经历储存和运输的过程，因此会涉及仓库、物流等费用，储运成本是商品综合价值中的一部分，包含在商品定价中。

2. 选品后，可以通过哪些渠道获得产品？

一般来说，网店货源分为线上和线下两种渠道，线上是指阿里巴巴批发平台、分销网站、供销平台等，这些网站提供产品批发服务，且类目齐全、款式众多，买家可以随意挑选和进货。线下是指一些批发厂家、批发市场等，如果能与本地批发市场的供应商建立良好的供求关系，通常可以拿到更便宜、更新、质量更好的货品。

1.6 边学边练

（1）通过阿里指数分析“牛仔裤”近1个月内的采购情况，以及近1个月的商品热门属性。

（2）分析一款蕾丝连衣裙的市场销售情况，并根据分析结果为该连衣裙制定合适的价格。

第2章 看懂网店营销的主要数据

本章导读

数据分析是电子商务运营的重要基础，网店中的每一个数据都代表着不同的意义，每一个数据分析行为都应该有明确的目标指向。不管是市场、消费者还是竞争环境，只要通过数据分析的形式表现出来，就可以使网店运营建立在更加科学有效的基础上，为决策者提供更加准确的参考依据。本章主要介绍网店营销所涉及的主要数据，这是网店运营人员做好数据分析的重要基础。

知识技能

※ 了解店铺数据分析的基础知识

※ 了解店铺主要数据

2.1 店铺数据分析的基础

数据分析作为网店运营的根本，贯穿网店从入驻到销售的整个过程。开始运营之前，运营者需要分析现在的市场需求，决定入驻之后要为店铺选择适合的运营商品，最后还要分析怎样把商品推到需要的消费者面前。每一个环节，每一个步骤都与数据分析息息相关。

2.1.1 网店数据分析的作用

随着互联网和信息行业的快速发展，电子商务市场也慢慢跨入了大数据时代，不管是网店运营还是物流配送，都开始借助大数据的优势更新运营模式，开发新业务。作为网店运营者，面对数量众多的竞争对手，究竟怎么才能让资源流入自家店铺呢？要解决这个问题，首先就要依靠数据分析。

- **发现问题** 与专业的数据分析师相比，网店运营者主要需要分析的是自己店铺的数据，也就是说要做到随时监控全店各类数据，及时发现数据异常情况并制订解决方案。网店数据反映着网店的经营状况，数据突然出现异常或波动并不是毫无原因的，一定存在影响因素。
- **分析问题** 在发现数据问题后，当然需要解决问题，解决方案一般建立在所发现的数据分析的基础上。例如，店铺浏览量和访客数波动不大，但是成交额却大幅度下滑，说明数据出现异常，网店运营者首先要分析数据波动的原因。浏览量和访客都没有发生变化，说明引流没有问题，但是转化率下降了。接着观察成交额波动的时间点，从什么时候开始下滑。然后确定店铺是否发生了改动，是否更改了店铺或宝贝详情页的装修。如果店铺未发生过改动，再分析宝贝的应季情况，是否仍旧是当季产品，是否依然能满足消费者的需求和喜好，并通过行业市场分析行业目前的成交情况等。
- **积累经验** 解决异常数据不仅可以优化店铺运营，还可以帮助运营者积累经验，建立历史档案，更好地运营店铺。除了分析异常数据外，如果店铺运营形势较好，运营者也可以观察数据规律，积累相关经验，将其应用到其他商品的推广上，为店铺带来更大的收益。
- **决策建议** 数据分析在网店运营中体现了多重功能，可以为运营者的运营决策提供很多参考，如测款、选款、预测库存周期、预测市场变化等，通过数据的对比分析，可以帮助运营者选择更加适合推广的产品，减少盲目的投入。此外，通过观察和对比分析买家行为数据，还可以制订更适合的促销互动或推广方案。

2.1.2 网店数据分析的主要阶段

网站数据分析主要是指通过观察、调查、测验等方式，把网站各方面的情况通过数据反映出来，帮助运营者了解网站的运营情况，调整网站的运营策略。所以网店运营者必须学会利用各种数据优化店铺，奠定网店成功运营的基石。一般来说，网店数据分析包括以下几个主要阶段。

1. 网店市场和货源的定位

网店运营有一个基本的前提，那就是有潜力的市场和稳定优质的货源，只有市场有前景，货源有保证，运营者才能在网店运营的道路上走得更加长远和顺利。所以对于想要加入电子商务行业的网店新手来说，如果有了开店的意向，首先要对自己的资金、货源进行预估，对当前市场的销售情况、市场前景、市场竞争环境和发展趋势进行预估，然后根据市场的实际情况选择产品，并对产品进行定位，如适合做低端产品、中端产品还是高端产品，产品具有哪些优势等。在对各种主要数据进行分析之后，再建立一个清晰的数据库，制定一个目标方向。

2. 店铺的运营规划

经营者在进入市场开始运营时，需要对店铺的运营方向进行规划，如宝贝标题设置、宝贝上架的时间规划、推广人群规划和推广策略规划等。宝贝上架前，经营者可以通过分析行业类目上架时间、目标客户群浏览时间、去年行业类目销售情况等数据得出适合宝贝的上架时间，提前做好规划维护，争取在同行业竞争对手之前抢占一部分市场。同时，在进行访客入口多的页面、二次跳转率高的页面和畅销宝贝页面等数据的分析的基础上，做好相应的规划，尽可能提高流量的利用率。在对宝贝或店铺进行推广时，分析宝贝的适合推广人群、目标消费人群的性别组成、适合推广的地域等，根据分析结果设置适合的店铺风格和制订相应的推广方案。如果店铺经营类目具有明显季节性，则还需要根据淡季和旺季的销售情况制订不同的运营策略。

3. 分析宝贝的变化趋势

在宝贝上架销售后，经营者需要时刻关注宝贝数据的变化情况，如宝贝的访客、流量、转化率、浏览的页数、跳失率、平均停留时长等，通过这些数据了解宝贝在一个固定时间段内的销售情况，并根据得出的数据及时做好相应宝贝的战略调整。

当然，在分析宝贝数据变化趋势的过程中，客服数据、物流数据等也是不容忽视的部分，它们对提高店铺运营效果具有积极的参考作用。

2.2 了解店铺主要数据

网店数据是网店运营的基石，运营者在做出决策之前，必须了解店铺的主要数据，包括行业数据、店铺流量数据、收藏数据、单品数据等。

2.2.1 行业数据

了解行业是网店运营的前提，对行业数据进行分析，可以帮助运营者把握整个行业的市场行情，了解市场的变化趋势，降低网店的运营风险。此外，了解行业还包括了解同行业其他店铺的经营状况，如类目成交金额、商品动销情况、行业销售排名等，这样，运营者可以学习其他店铺的优点，检验自己店铺的不足。

运营者可以通过阿里指数来了解整个行业的数据，如查看不同类目的交易情况，自己类目的供应、采购和排名情况。通过分析淘宝采购指数，运营者还可以了解类目或产品目前在淘宝的销售情况和需求情况。

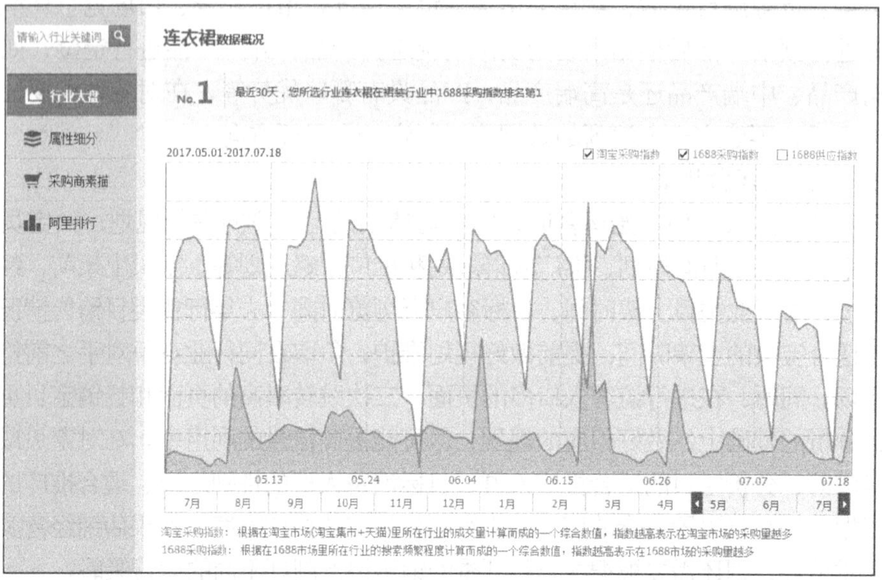

在阿里指数中还可以查看产品的相关排名，如最近时间段采购关键词搜索排行、最近时间段采购商品排名等。通过关键词排名和商品排名数据的分析，可以帮助运营者了解当前的热门销售品类，了解目前比较受买家欢迎的款式，为网店运营者的选品提供参考。

此外，通过阿里指数的属性细分，运营者还可以查看近段时间流行的商品属性，了解类目商品的流行元素，从而更好地选择和优化商品。

2.2.2 店铺流量数据

店铺流量是指店铺的访问量，主要用来描述访问一个网站的用户数量（访客数）以及用户所浏览的页面数量等指标。网店流量常用的统计指标主要包括UV统计、PV统计、用户来源、关键词分析、用户地区分析、浏览路径、着陆页分析和不同时段流量统计等几个基本数据，各数据的含义介绍如下。

- UV统计　UV即网店的独立访客数，只对唯一IP访问数量进行统计，一天内同一访客多次访问网店只计算为1个访客，UV统计等同于访问网店的用户数量。
- PV统计　PV即页面浏览量。用户每打开网店中的一个页面就会被统计工具记录1次PV。用户多次打开同一页面，则对页面浏览量进行累计，就算刷新页面，该页面的页面浏览量也会增加1。
- 用户来源　用户来源指用户进入网店的路径，如来自淘宝站内的自然搜索、类目搜索、活动推广，还是来自站外的百度、搜狐、新浪等搜索引擎或社交媒体网站。
- 关键词　关键词指对用户访问的关键词进行的统计，即用户是通过哪些关键词进入店铺的。
- 用户地区　用户地区指主要统计用户地区、地区用户数量及不同地区的用户比例等。
- 浏览路径　浏览路径指用户在网站的浏览路径，如浏览了什么网页、在某网页停留的时间以及从什么网页离开等。
- 着陆页　着陆页统计指记录用户进入网站的第一个页面，在其中可统计用户进入的数量和比例。
- 不同时段流量　不同时段流量指在日、周等时间范围内分析不同时段的网站流量变化。

使用生意参谋可以查看店铺的流量数据，如访客数、浏览量、流量来源、入店关键词、访客地区、访客构成等，其方法为进入淘宝卖家中心，在“营销管理”栏中单击“生意参谋”超链接，进入生意参谋页面，在顶部的导航栏中单击“流量”选项卡，在左侧列表中选择“流量概况”选项。在该页面的右上角还可以设置查看数据的时间段和查看数据的平台，如PC端、无线端等。

2.2.3 收藏数据

收藏数据是指买家收藏店铺的数量，包括单品收藏数据和店铺收藏数据。当买家进入店铺后，如果没有产生转化，但是收藏了店铺或宝贝，这说明买家对店铺类型或宝贝很感兴趣，具有非常明显的购买意向，成交的可能性比一般买家更高。所以对于卖家而言，不管是收藏店铺还是收藏宝贝，数量均是越多越好。数据越大，收藏买家返店再访问的流量也会越多，产生购买行为的概率也会更高。在生意参谋的顶部导航栏中单击“商品”选项卡，在左侧列表中选择“商品概况”选项，可以查看一段时间内的商品收藏次数。

在该页面左侧列表中选择“商品效果”选项，可以查看店铺中每个单品在一段时间内的收藏数量。

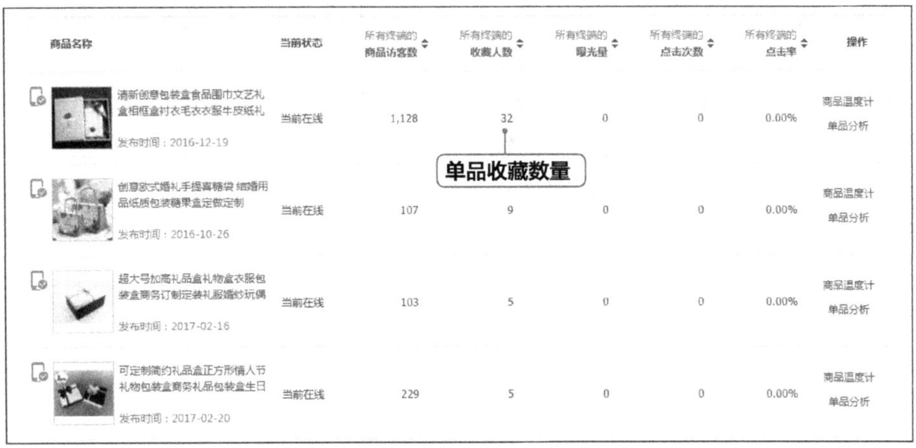

2.2.4 单品数据

单品数据是指单个宝贝的销售数据表现，如访客数、页面浏览量、点击率、访问深度、详情页跳出率、下单转化率、下单件数、下单买家数、客单价等。在生意参谋的“商品效果”页面中即可查看店铺单品的相关数据，单击单品右上角的 更多 按钮，可以自定义需要查看的数据。如果想详细查看某一个单品的具体数据，可以单击单品后的“商品温度计”超链接，在打开的页面中可以查看该单品的转化情况，如该单品的访客数、有多少人从该单品页面离开了店铺、有多少人被该单品引导至其他单品页面、有多少人下单或购买该单品、有多少人将该单品加入购物车等。

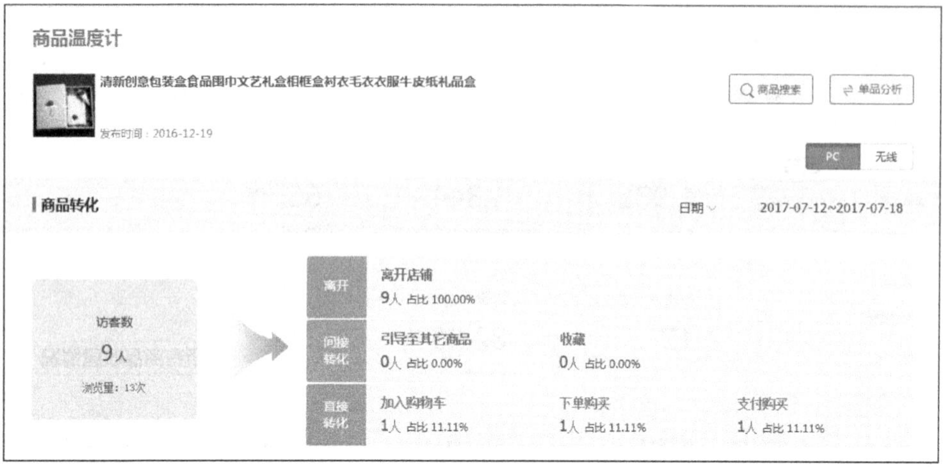

在查看商品温度计中商品转化的相关数据时，如果离开店铺的访客数占比高，直接转化占比低，则卖家需要关注详情页的页面描述、装修、性能，降低跳失率。如果该商品将买家引导至其他商品的占比比较低，则卖家可以关注店铺商品之间的搭配，优化促销导购和关联营销，盘活入店流量。如果该商品加入购物车数量比较低、下单和支付占比比较低，则卖家可以注意优化详情页、价格和评价等因素，提升转化。

此外，在查看单品数据时，根据当前商品的表现，生意参谋还将给出一些对应的建议，包括标题、价格、属性、促销导购、描述、评价等。例如，当宝贝标题可能影响商品转化时，生意参谋将提醒卖家对标题关键词进行优化，并给出当前主要的来访关键词和行业热门关键词。

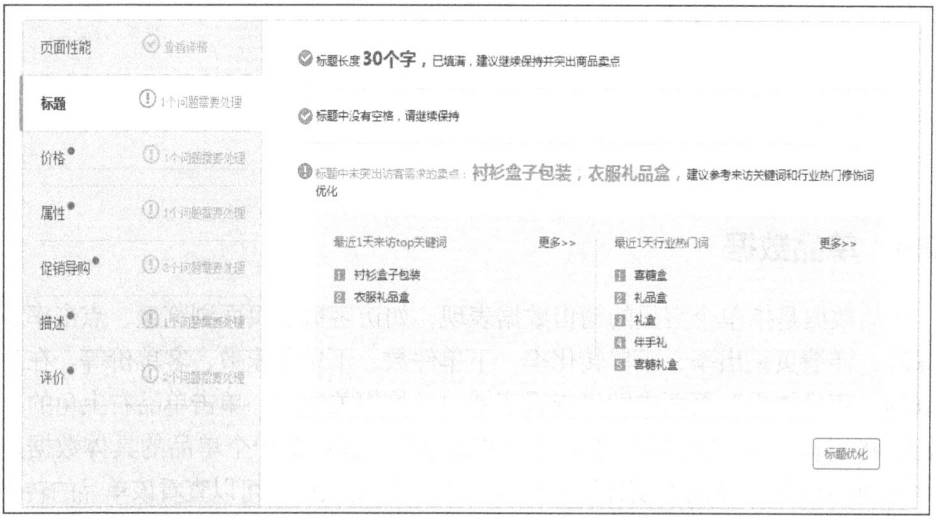

2.2.5 客服数据

客服数据主要反映客服人员的工作情况，如工作业绩、工作态度等。旺旺响应时间会对店铺权重产生影响，影响店铺的整体排名，因此卖家一定要注意客服服务的质量。当然，监控客服数据不仅是为了了解客服每天的业绩，还可以通过各项综合评判来分析客服服务情况。

首先，对客服个人、客服团队、店铺整体数据等进行全方位的统计分析，了解店铺整体的客服情况。然后统计客服的销售额、销售量和销售人数，了解客服的营销情况。接着统计客服的客单价、客件数，了解客服的关联营销能力。最后，多维度统计客服的转化率，包括从询单到从下单的成功率、从下单到付款的成功率、从询单到付款的成功率等，了解客服的职业技能水平和服务水平。

针对不同阶段的统计情况，不仅可以分析出商品的基本状况，还有利于运营者有针对性地开展客服培训，提高客服服务质量和咨询转化率。

2.2.6 服务数据

服务数据主要体现店铺的服务质量，包括退款维权情况、评价概况等。通过退款维权分析，卖家可以了解店铺近30天的退款情况和纠纷情况，退款率和退款纠纷率均会对宝贝的排名产生影响，因此在查看退款纠纷率时，卖家应注意分析退款原因，再根据原因进行完善和优化。查看服务数据的方法：进入生意参谋首页，单击顶部导航栏中的“服务”选项卡，在左侧列表中选择“维权概况”选项。在该页面中，可以查看退款率、退款纠纷率等数据，还可以查看退款商品、退款金额和退款占比等。

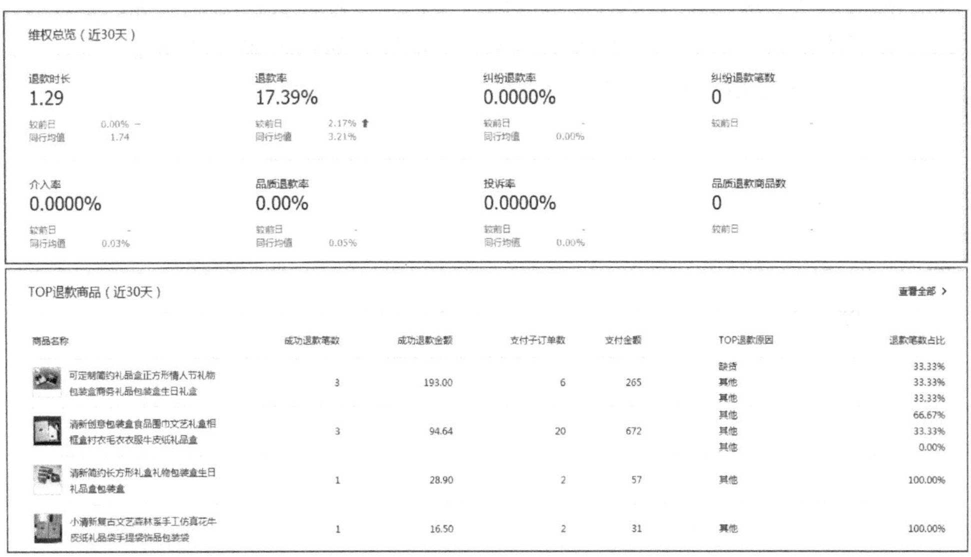

在该页面左侧列表中选择“评价概况”选项，在打开的页面中可以查看店铺的评价总览，如描述相符评分、卖家服务评分、物流服务评分，还可以查看这些评价数据与同行均值之间的对比。评价数据将对宝贝或店铺排名产生影响，卖家通过分析评价数据，可以更加有针对性、有方向地进行优化，改善评价状况。

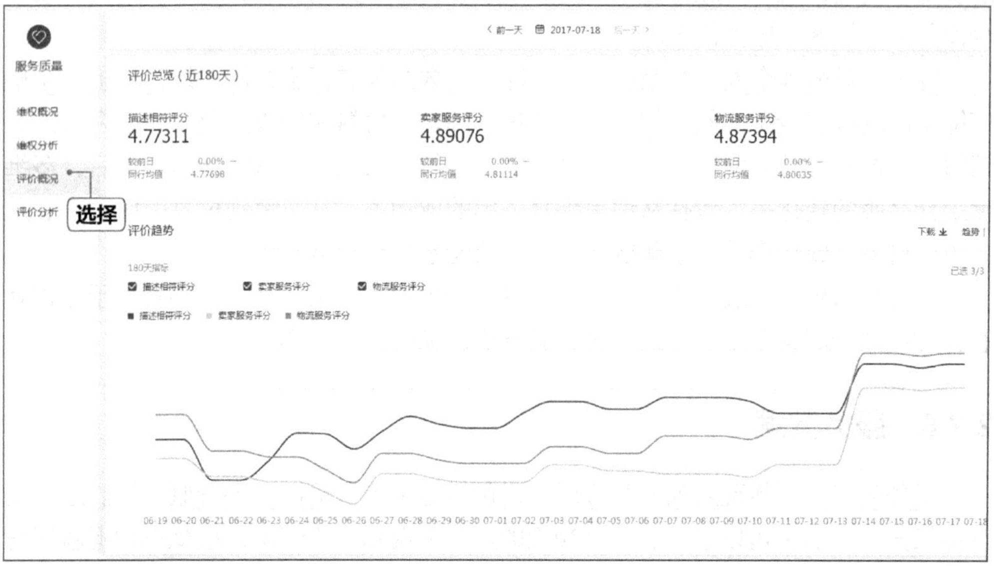

2.2.7 物流数据

物流数据主要反映店铺的物流情况，包括正在派送的包裹数、已揽收包裹数、已签收的包裹数、异常包裹数、物流差评率、物流详情完整度、拒签率和签收成功率等。物流是宝贝和店铺重要的权重指标，卖家应该及时关注物流情况，处理异常包裹。查看物流数据的方法：在生意参谋首页顶部导航栏上单击“物流”选项卡，在打开的页面中选择相应的选项并查看即可。

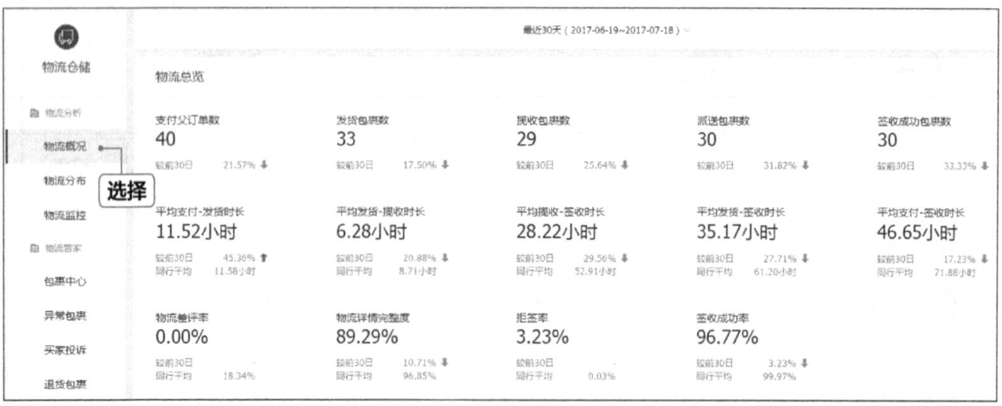

2.2.8 DSR数据

DSR数据即店铺评分，也称DSR动态评分（Detailed Seller Ratings），是指在淘宝网交易成功后，买家对本次交易的卖家的“宝贝与描述相符”“卖家的服务态度”“物流服务的质量”这3项进行评分，每项店铺评分取连续6个月内所有买家给予评分的算术平均值。

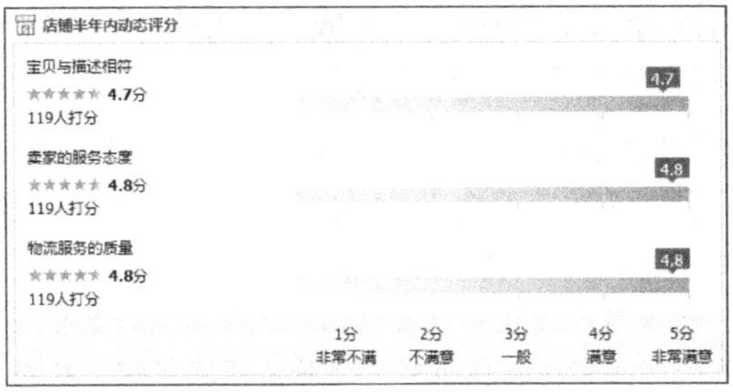

动态评分是店铺信用的直接表现形式，如果动态评分很低，不仅会影响消费者的信任，也会影响宝贝申报各种活动，因此如果店铺动态评分低，卖家必须对其进行优化。如果“宝贝与描述相符”项的评分低，则需要紧抓宝贝质量，完善宝贝包装。如果“卖家服务态度”项的评分低，则需要加强客服服务技能培训，改进服务质量。如果是“物流服务质量”项的评分低，则需要选择合适的物流合作方，跟踪物流进度，及时解决物流的相关问题。

2.3 疑难破解

店铺运营过程中，店铺数据是不断变化的，因此卖家要时刻关注店铺数据，了解数据变化趋势，并及时做出优化。DSR作为重要的店铺数据，也是卖家的重点关注对象，下面对DSR动态评分中常见的问题进行解答，供大家参考。

1. 店铺动态评分低主要有哪些影响？

销量、评价、动态评分都是淘宝店铺中非常直观且重要的数据，可以直接供买家查看和对比。其中动态评分不仅会影响店铺商品排名权重，而且还是卖家申报活动的硬性指标，若店铺动态评分过低，会对店铺的很多方面产生不良影响。

- **影响搜索排名** 淘宝网的DSR考核标准主要是为了对买家的购物体验进行统一的数据统计，再根据对店铺的统计结果给予不同的流量扶持。DSR评分低于同行业其他店铺，在其他竞争条件一致的情况下，其搜索排行就会低于其他店铺，而店铺排名将直接影响商品流量和商品销量。
- **影响转化率** 淘宝店铺DSR评分是买家比较关注的一项数据，评分低的店铺容易给买家带来质量不好、服务不好的主观印象，即使引入了流量，转化率也会偏低，而转化率低也会影响宝贝排名、影响淘宝对店铺的流量扶持，最终影响商品销量。
- **活动受限** 淘宝官方活动的营销效果通常都是非常好的，参与这些活动不仅可以提升店铺宝贝的曝光率和销量，提升品牌影响力，还可以引入数量可观的新客户，积累更多老客户，对店铺的持续发展十分有利。但淘宝官方的很多促销活动都对DSR评分有严格的限制，若店铺DSR评分偏低，会直接影响店铺活动的报名和审核。

- 金牌卖家　金牌卖家是淘宝C店的一个重点优势标志，获得金牌卖家资格的店铺不仅拥有淘宝活动审核优先权、在同等条件下优先活动入选权，同时买家更喜欢选择金牌卖家的店铺购买商品，金牌卖家的服务质量、购物体验、宝贝性价比等一般都高于非金牌卖家的店铺，同时销售额也更加可观。如果店铺的DSR评分不合格，则会直接影响金牌卖家的获取。

2. 可以提高DSR评分又不会花费较多成本的小技巧有哪些?

DSR动态评分由买家评价所决定，所以优化买家评价，就相当于优化DSR动态评分。在商品、服务和物流都比较均衡且难以获得买家主动好评的情况下，卖家可以使用一些可以赢得买家好感又不会花费太多成本的小技巧来优化买家评价。

- 短信提醒　买家在网店中购买商品后，都比较关注卖家的发货时间和自己收到商品的时间，针对买家这一心理，卖家可以使用短信营销的方式投其所好提供短信提醒服务，发货时提醒买家商品已发出，物流到达买家所在城市时发送物流同城提醒，从而提升买家的购物体验。
- 引导好评　买家收到商品后，如果未在规定时间对店铺作出评价，系统会自动给予好评，但评分却不计入店铺评分，因此对于收到货物却未及时评论的买家，可以适当通过短信、小卡片、小提示等形式进行引导，给予买家一定的补偿，邀请买家给出好评。
- 感谢信　当商品性价比不高，难以获得买家的主动好评时，卖家可以通过制作手写感谢信、个性感谢信等方式来赢得买家的感情分，表明店铺会一直努力为买家服务，以亲切活泼的语言请求买家给予好评，从而提升店铺动态评分。
- 贴心包裹　包装效果是买家收到商品的第一印象，所以一定要注意包装质量，切忌包装盒破旧损坏、包装不严密等。为了方便买家拆开包裹，可以提供一些小巧简易的开箱工具，同时还可以在外包装上打印一些贴心提示，赢得买家好感。此外，在包装盒内可以给出一些无线端关注提示，如扫二维码关注、搜索公众号关注等，引导买家通过无线端进行评价，这样不仅可以提升店铺的无线端流量，还可以通过无线端高点击的特点提升店铺的转化率，扩大无线端推广的影响力。

2.4 边学边练

（1）通过阿里指数了解运动器材的行业概况，以及近段时间热销的运动器材品类。

（2）进入生意参谋首页，分别查看店铺当前的流量概况和商品概况。

第3章 店铺数据全面分析

本章导读

电子商务市场是以数据说话的地方，店铺排名、店铺流量、买家行为、仓库动销率等情况都可以通过数据清晰地体现出来。店铺经营情况好不好，查看经营数据就能知道，网店数据既反映了网店的经营状况，也指示了网店的经营方向，通过网店数据，网店经营者可以及时发现运营过程中存在的问题和商机，并快速做出正确决策。因此，全面了解和分析店铺数据，是网店经营必须掌握的技能。本章主要对流量、权重、点击率、转化率、买家行为、仓库动销率等重要数据进行介绍。

知识技能

※ 掌握店铺流量分析的方法

※ 掌握权重分析的方法

※ 掌握店铺数据优化的方法

※ 掌握店铺问题数据控制的方法

※ 掌握店铺整体买家行为分析的方法

※ 掌握仓库动销率分析的方法

3.1 店铺流量分析

在这个流量为王的电子商务时代，流量就是店铺的立身之本，只有有了流量，有了买家进入店铺，才可能有后续的转化和成交，所以流量是提高网店业绩的第一步，也是最关键的一步。从店铺数据的角度进行分析，想要获得流量，需要从访客数下手，了解并分析访客变化的原因，可以更好地对流量进行优化。

但一个网店想要有访客，首要前提是被看到。淘宝网中的店铺千千万万，可以经常展示出来供买家访问的却少之又少，想完全凭借自然搜索等待访客上门是不太现实的，必须有计划地对访客进行引导，使他们通过某种途径进入店铺查看商品，继而产生购买行为，这个过程就是引流。

3.1.1 站内引流

站内流量是指由淘宝网站本身带来的流量，是淘宝卖家主要的流量渠道。如果对站内流量的类型进行划分，可以分为类目流量、自然搜索流量和活动流量等。

1. **类目流量**

类目流量指通过类目路径寻找商品时产生的流量。以女装类目为例，当买家想购买连衣裙时，通过在淘宝网首页的女装类目下单击“连衣裙”超链接，进入连衣裙商品页面并选择商品时，产生的流量就是类目流量。

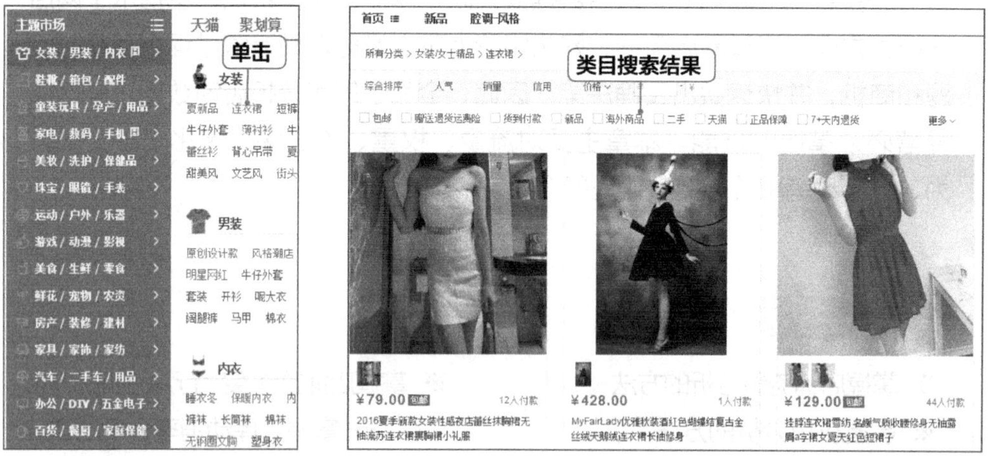

淘宝宝贝的显示顺序是由宝贝排名决定的，排名越好的宝贝，显示的位置越靠前。类目流量是淘宝站内流量中很重要的一部分，类目流量的排名竞争要小于自然搜索流量。如果增加了包邮、赠送退货运费险、新品等标签，竞争对手还会更少。类目流量的获取与宝贝类目属性的设置、类目属性的完整性、类目属性的优化有关，此外，消费者保障服务（简称“消保”，其服务包括“商品如实描述”“7天无理由退换货”等）、上下架时间、店铺综合评分等也会对类目排名产生影响。同时，产品的市场需求也是类目流量的重要影响因素，如果宝贝是当季的热销产品，将更容易获得类目流量。例如，近段时间蕾丝连衣裙在淘宝全站的搜索量比较大，那么蕾丝连衣裙更容易获得类目流量排名。

2. 自然搜索流量

自然搜索流量是指买家通过淘宝搜索引擎搜索宝贝时产生的流量。例如，买家想购买连衣裙，然后在淘宝首页的搜索框中输入“连衣裙”，并在打开的搜索页面中选择商品时产生的流量。

自然搜索流量是淘宝站内免费流量的主要组成部分，流量的获取依然需要依靠宝贝排名。卖家在发布宝贝后，系统将对宝贝的相关信息进行诊断，然后结合若干影响因素对宝贝进行排名。自然搜索流量的排名优化主要是指淘宝SEO优化，通过精准性、相关性等各种优化方式，让宝贝与买家搜索的关键词更匹配，从而提高宝贝排名，并获得流量。

3. 活动流量

活动流量是指卖家参与淘宝活动时获得的流量，如直通车、智钻、聚划算、天天特价、淘宝客等产生的流量都属于活动流量，分为免费流量和付费流量。免费流量通常对店铺资质有一定要求，只有达到活动要求才可以申请。付费流量需要卖家支付一定的活动推广费用，活动不同收费形式也不同，如有按点击或展示收费的活动，也有付费竞拍坑位的活动。

淘宝活动的流量非常巨大，并且定位十分精准，一两天内就可以带来爆炸式的流量和成交。当然，获得淘宝活动的参与资格后，卖家还必须做好活动选品准备，选择最适合的产品，才能实现活动收益最大化。

高手支招

如果卖家做好了店铺装修、关联营销、套餐搭配等工作，就可能使进入店铺的访客产生跳转浏览的行为，也就是说访客在浏览某一个页面的商品后，又被引导到其他商品页面，这样通过跳转能够以小成本获取更多的流量。

3.1.2 站外引流

站外引流是指从淘宝站外的其他途径获得的流量，如在淘宝网以外的网站获取的流量，同时，论坛、微博、微信等都是常见的站外流量平台。此外，淘宝网也提供了很多站外平台的流量获取途径，淘宝网以合作的形式将广告投放到综合门户、地方门户、社交媒体等网站，卖家通过淘宝推广工具即可将产品推广到这些网站。

3.1.3 店铺的流量组成

了解店铺流量组成可以帮助卖家更好地分析流量来源，并根据流量组成情况制订更适合的引流策略。查看店铺流量组成的方法：在生意参谋首页的顶部导航条中单击“流量”选项卡，在左侧列表中选择“流量地图”选项，即可查看店铺的流量来源。

在分析淘宝流量结构时，卖家可以先了解不同平台的流量价值。一般来说，淘宝站内的流量更加精准一些，产生流量的访客本身就有购买需求，所以成交率高，属于高质量流量。大部分站外流量通常不够精准，访客不一定有明确的购买需求，流量质量不可控，成交率也相对更低。因此站内是主要引流渠道，站外平台可以作为辅助引流手段。

3.1.4 权重分析

淘宝店铺中的很多流量都来自于自然搜索，自然搜索的流量不但非常精准，而且还是免费流量，所以很多卖家都想抓住这一部分流量资源。但是，自然搜索流量高，通常意味着宝贝在搜索结果中的排名比较靠前，而排名靠前就说明店铺或宝贝的权重比较高。

● **宝贝权重** 宝贝权重相当于淘宝根据若干因素对宝贝进行的评分，分数越高的宝贝排名越靠前。影响宝贝权重的因素非常多，每一个因素的权重指标不一样，因此影响有大有小。要想提高宝贝的权重，最基本的要求就是遵守淘宝规则，避免因违规而被降权。此外，还需要优化宝贝数据，关键词质量、价格、评价、物流、售后、停留时间、访问深度、访客数、点击率、搜索转化率、好评率、收藏率、销量、人气值等都是重点优化内容。

- 店铺权重　店铺权重是指整个店铺的权重，决定整个店铺的排名。跟宝贝权重一样，不同因素权重指标不一样。影响店铺权重的主要因素可以分为消费者保障、宝贝设置、店铺设置、店铺营销、店铺引流等。消费者保障是指店铺提供的消费者保障服务，如7+无理由退换货、运费险、破损补寄、商品质量保证险等。宝贝设置是指与宝贝设置相关的内容，如VIP折扣价、公益宝贝、宝贝资质、精品橱窗等。店铺设置是指关于店铺本身能优化的项目，如店铺简介、店铺域名、店铺名称、旺铺、卖家联盟等。店铺营销是指店铺的营销手段，如店铺红包、购物车营销、码上淘、会员营销等。店铺引流是指吸引买家进店的一些活动或设置，如淘金币营销等。此外，店铺动销率、金牌买家、店铺个性化等也会大大影响店铺的权重。

3.2 店铺数据优化

对于网店而言，有两项可以直接反应店铺经营情况的数据——点击率和转化率。点击率是淘宝展示宝贝的次数与买家点击宝贝的次数的比率，转化率是在店铺产生购买行为的人数与到店人数的比率。简单来说，点击率意味着有多少人愿意查看宝贝，转化率意味着有多少人愿意购买宝贝。因此，优化点击率可以为店铺引入更多流量，而优化转化率则可以为店铺带来更多成交。

3.2.1 点击率优化

如果按照展现方式进行划分，点击率可以分为自然搜索点击率、类目点击率、活动点击率和站外平台点击率。一般来说，店铺的引流重点不同，点击率组成情况就会不一样，影响因素和优化重点也不一样。

1. 影响点击率的因素

从宏观角度来说，影响点击率的因素主要有宝贝图片、宝贝标题、宝贝价格、展现量等。但展现方式不同，其影响因素的轻重程度就不一样。例如，自然搜索的点击率跟宝贝排名、关键词匹配、主图的关联比较大，类目搜索的点击率跟宝贝排名、当前行业热销、关键词匹配、主图等关联较大，直通车的点击率与商品创意主图、创意标题、价格、推广关键词和展位竞争情况关联较大，而聚划算、天天特价等活动的点击率则与宝贝主题、选品、价格等关联较大。下面主要对常见影响因素进行介绍。

- 主图　单纯从点击率的角度分析，影响买家访问的首要因素就是主图，主图中如果直白地显示了买家需要的信息，如好看、有用、促销等，买家点击的几率就会更大。
- 标题　对于自然搜索、类目搜索产生的展现而言，标题对点击率的影响主要在于是否与买家所需相符。例如，购买意向和目标比较明确的用户，通过标题查看宝贝的特质、属性和特点，如果符合自己的需求，就容易产生点击。

● 价格　价格是买家决定是否点击的重要因素，如果价格在买家可接受的区间，买家更容易产生点击行为。如果宝贝促销打折，或者买家感知宝贝价格低于市场均价，感觉优惠，也会产生点击行为。

2. 优化影响点击率的因素

优化点击率并没有绝对固定的方法，优化方案是否有效也需要通过数据来体现和调整。当宝贝没有排名，并且缺乏展现的时候，关键词和标题是主要优化对象。如果宝贝有了排名和展现，则主图和价格是主要优化对象。

● 主图优化　简单来说，主图主要分为图片主体、图片背景和图片文案3个部分。图片主体即宝贝本身，一般可以是模特图、展示图、细节图或方法图，主要目的是呈现商品卖点。图片背景分为自然背景和处理背景，要求颜色搭配合理、图片清晰、风格协调。主图文案即主图中的文字信息，并非必要组成部分，可以根据实际情况添加，宜精不宜多。主图优化的效果要通过历史数据、竞争环境、商品特点等进行反映，卖家需根据数据情况进行适当调整（主图优化的具体方法将在第6章6.1节进行详细介绍）。

● 标题优化　标题影响点击率主要体现在标题流量是否精准、标题与主图是否匹配等方面。标题引流精准是指宝贝是否与买家的需求匹配，如果买家通过精准关键词搜索到的宝贝不是自己需求的宝贝，自然点击率就比较低，所以关键字一定要能够与宝贝匹配。标题与主图的匹配同理，原则上主图应该尽量与主要曝光关键词匹配。标题关键词的选择和组合方式跟宝贝自然搜索的排名关系非常密切，但需要注意，盲目匹配和更改高点击率的关键词并不能提升宝贝的排名和点击（标题优化的具体方法将在第5章5.3中进行详细介绍）。

● 价格优化：原则上来说，当店铺没有累积足够的信誉和知名度时，价格更低的产品更容易获得较多的点击。当然，价格的设置并非越低越好，如果商品的价格低出正常价格太多，

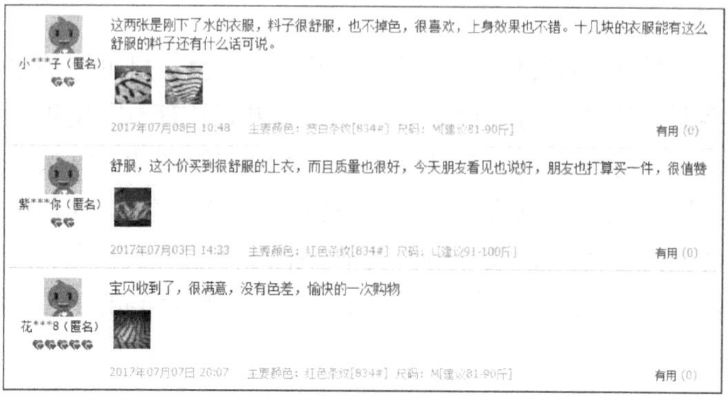

（3）价格

价格对转化率的影响十分明显，很多买家在对宝贝的价格和质量产生质疑后，并不会选择咨询客服关于宝贝的细节，而是选择直接离开。

价格高低对转化率的影响很大，特别是客单价比较低的买家会比较在意价格和价格的变动，买家查看宝贝描述信息时，发现与价格不符，或者觉得宝贝价格过高，很可能会放弃购买。如果买家发现宝贝价格发生变化，即本来是99元，现在变成119元，可能也会觉得卖家抬高物价，放弃下单。一般来说，宝贝价格应该符合市场价格，同时与宝贝质量相匹配。

（4）店铺装修

这里的店铺装修不仅是指店铺的主页装修，还包括宝贝详情页的装修和布局。如果宝贝详情页的宝贝描述清楚，图片清晰美观，结构排版得当，会大大提高宝贝的静默转化率。当买家通过当前宝贝跳转至店铺首页，发现店铺首页装修也十分精致美观，就很容易产生认为店铺很专业的心理，非常有利于提升买家对店铺的第一印象。反之如果宝贝描述不清晰，图片不好看，主页装修质量不好，则会使买家产生商品也不好的心理，从而放弃下单。

2. 咨询转化率

咨询转化率是指买家咨询客服并成功下单的人数比例。一般情况下，如果买家咨询客服，就表示买家对宝贝有了一定的购买意愿，如果客服引导得当，很容易促成下单行为。当然，买家下单的前提是所咨询的问题得到圆满解决，成功消除对宝贝的疑虑，并且对客服服务感觉满意。所以要提高咨询转化率，客服是关键。管理好客服团队，提高客服的服务技能和素质，继而提高全店转化率。下面对相关的客服服务技能进行介绍。

（1）介绍商品方式

商品介绍是网店客服必须具备的基本技能，即客服人员必须掌握商品的专业性知识和周边知识，了解同类产品信息和网店促销方案，然后根据买家的问题，选择并组织合适的回答方式。

● **商品专业知识** 商品的专业知识主要包括产品质量、产品性能、产品寿命、产品安全性、产品尺寸规格、产品使用注意事项等内容。

● **商品周边知识** 商品的周边知识主要是指与产品相关的其他信息，如与同类产品进行分辨的方式、产品的附加值和附加信息等，这类信息有利于提高商品的价值，使买家更加认可商品。

● **同类商品信息** 同类商品是指市场上性质相同、外观相似的商品。由于电子商务市场同质化现象十分严重，买家面临很多相同的选择，但是质量始终是影响买家选择的稳定因素，因此客服人员需要清楚自己的劣势，突出自己的优势，以质量比较、货源比较、价格比较等方式稳固买家。

● **促销方案** 网上商店通常会推出很多促销方案，客服人员需要熟悉自己店内的各种促销方案，了解每种促销方案所针对的客户群体，再根据买家的类型有针对性地进行推荐。

（2）商品推荐方式

客服只有了解商品信息，才可以游刃有余地对商品进行推荐，对于网上商店而言，商品推荐主要包括商品本身的推荐和商品搭配推荐两个方面。

● **商品推荐** 商品的推荐需要因人而异，客户的需求、使用对象、性格特点不同，推荐的方式和类型就不一样，如买家购买自用商品，则实用性、美观性、适用性等就是首要推荐点，如果买家购买商品是为了赠送他人，则商品的包装、商品的品牌、实用性、美观性等都需要同时考虑。

● **搭配推荐** 商品的搭配主要包括色彩搭配、风格搭配、效果搭配等，在推荐搭配时，可以以店内模特、流行元素等进行举例。

（3）与不同买家沟通的方式

面对不同的买家，需要采取不同的沟通方式，才能收到更好的沟通效果。一般来说，常见的买家主要有以下几种类型。

● **便利型** 便利型买家的网上购物行为多以省时、快捷和方便为主要目的，特别是没有充足的时间逛街购物的人群，更愿意选择网上购物来满足自己的需求，同时他们也是网络消费的一大群体。这部分消费者一般对网上购物的流程比较熟悉，且购物行为比较果断、快速，目的性较强，与这类买家交谈时，客服只需提供优质的商品和良好的服务态度，注意倾听他们的需求并尽可能提供帮助即可得到认可。

● **求廉型** 求廉型买家大都喜欢价格便宜的商品，同时对质量的要求也不低，他们在购物时比较喜欢讨价还价，在应对他们时，首先应该以亲切热情的用语表达自己的态度，在语言上委婉地提示他已经购买到了价格足够低廉的宝贝，若买家不依不饶，一定要求店家降低价格，可在不造成自己损失的前提下，适当迎合客户的心理，如略微降低价格或赠送其他赠品等，促进交易的成功。

● **随和型** 随和型买家一般性格较为开朗，容易相处，与他们交谈时要保留足够的亲和和诚意，他们一般很好交流，只要站在他们的角度尽可能地满足他们的需求，即可促成交易的达成。

● **犹豫不决型**：犹豫不决型买家一般会在店铺浏览很长时间，花较长的时间选购商品，并且在客服人员的详细解说下，仍然犹豫不决，迟迟不会下单。与这类买家交谈时，耐心非常重要，就算买家重复询问已经解释过多遍的问题，也要耐心详细地进行说明，做到有理有据，用事实说服买家购买。

● 心直口快型　心直口快型买家下单比较果断，看好了想要购买的商品后就会立刻下单，对于不喜欢的则直接拒绝。在与这类买家交谈时，尽量快速而准确地回复买家的问题，表现出自己的专业，尽量用语亲切，站在买家的立场说服其购买，这样可增加交易的成功率。

● 沉稳型　沉稳型买家较为精明，做决定时一般会仔细考量，缜密应对。他们的个性沉稳且不急躁，要说服这类买家，需要迎合他们的思路和想法，挖掘他们的需求，让他们自己说服自己进行购买。

● 慢性子型　慢性子型买家一般会花上较多的时间来查看商品，可能会同时查看很多商品，并重复查看和比较，与他们沟通时，一定要有耐心，并且要详细回答他们提出的问题。

● 挑剔型　挑剔型买家很多都会对网上购物持不信任和怀疑的态度，认为商品描述的情况都言过其实，他们会针对商品提出各种各样的刁难问题。与这类买家沟通时，首先要仔细说明商品的详细情况，消除他们的不信任感，积极解决他们提出的各种问题，适当给予一些优惠和赠品等，促进其购买。

3. 免费流量转化率

免费流量转化率主要是通过淘宝自然搜索、类目搜索、淘宝活动等流量产生的转化率比例。免费流量转化率的优化方法与静默转化率、咨询转化率一致，首先要做好店铺页面和宝贝页面的装修，使买家能够根据宝贝描述直接产生购买想法。其次客服应答要及时有效，能够完美解决买家所提的问题，消除买家的疑虑，促成买家的下单行为。如果是参加活动的宝贝，为了提高转化率，还应该提前控制好宝贝库存，防止出现缺货、断货等情况。

4. 付费流量转化率

付费流量转化率是指通过参加淘宝付费推广活动产生的转化率比例。与免费流量转化率相比，付费流量的推广更加精准，转化率通常也更高。

要想提高付费流量的转化率，首先必须了解淘宝付费活动的规则和技巧。以直通车为例，直通车推广按点击进行付费，而点击费用又与关键词质量得分和关键词出价直接相关，因此卖家必须掌握直通车关键词优化和质量分优化的技巧，才能为高转化率创造有利的前提条件。

此外，要想提高直通车的转化率，宝贝选品、宝贝销量、宝贝评价、宝贝图片、宝贝价格也非常重要。其中宝贝选品是指选择适合的宝贝进行直通车推广，很多买家都有不同程度的从众心理，如果活动宝贝的销售数据表现较好，会使买家产生商品“买的人多，商品有保障”的心理，更容易促成下单。

3.2.3　访客不同性质对转化率的影响

有了访客才会有转化率，然而不同的访客却会对转化率产生不同的影响，如不同来源的访客，转化率不一样。相同的商品在不同地区推广，不同地区访客的转化率也不相同。此外，访客本身对产品的要求不同，转化率也会不一样。

1. 访客来源不同的影响

网店店铺的平均转化率由不同来源的转化率构成，因此针对不同来源的转化率实施不同的优化策略，可以更好地提高全店转化率。

- **自然流量转化率** 如果宝贝有不错的关键词排名，那么自然流量将非常大。自然流量的访客通常购买目标比较明确，如果宝贝符合他们的需求，很容易就能促成下单。因此，关键词排名优化是自然流量转化率的首要前提，在此基础上，再对转化率进行优化。
- **付费活动转化率** 付费流量成本较高，对目标客户群的定位非常重要。流量越精准，转化率才会越高，付费推广的成果才越明显。因此付费流量转化率优化的前提是精准分析和定位买家群体，根据分析结果定向推广，投买家所好，提高转化率。
- **付费佣金转化率** 淘宝的付费推广活动中有一种佣金付费模式，如淘宝客。这种推广方式按照成交额收取佣金，成交率不仅受宝贝质量、宝贝价格、宝贝详情页装修等因素影响，还受淘宝客的推广平台和推广能力影响，因此建议选择适合自己宝贝的淘宝客。
- **淘宝活动转化率** 淘宝的推广活动很多，并且活动流量非常大，如果宝贝质量、宝贝价格、宝贝详情页装修合理，转化率一般都不错。
- **直接访问转化率** 直接访问转化率指买家通过收藏店铺、收藏宝贝、我的宝贝等页面直接购买产生的转化率，这类买家一般是老买家，目的性较强，对店铺或宝贝有一定的了解和信任，转化率相对较高。

2. 访客地区不同的影响

一般来说，地区整体收入水平不同，地区内买家的消费水平就不一样。同时不同的地区，买家可能具有不同的风俗习惯，甚至不同地区的气温气候，都会对买家购物行为产生影响。

因此为了转化率，卖家要先对自己的产品进行分析，了解目标客户群体的所在地、产品的适用时间等，然后根据不同的地区和时间进行定向推广，从而提高宝贝转化率。

3. 访客类型不同的影响

根据访客到店次数，可以将其分为新客户和老客户，且由于老客户对店铺和宝贝已经有了一定的了解，转化率比新客户高很多，特别是给出好评的老客户。所以要想提高店铺转化率，还可以在发展新客户的基础上，处理好与老客户的关系，从商品性价比、客服质量、店铺风格和会员营销等方面对老客户进行维护，提高老客户返店的比例，提高店铺再购率，提高整体转化率。

3.3 店铺问题数据控制

买家到店后，会在店铺留下各种痕迹，如从哪里点击进入、停留了多长时间、浏览了哪些页面、从哪一个页面离开店铺等，这之中的每一个行为都体现了店铺的优化效果，影响着店铺的销量。所以作为网店卖家，必须懂得查看和分析这些数据的方法，才能更好地针对现有问题进行优化。

3.3.1 了解店铺页面的组成

一个淘宝店铺由多个页面组成，买家在不同的页面留下的不同痕迹，对店铺来说具有不同的意义。一般来说，店铺主要由首页、宝贝页、分类页等组成。

- 首页 首页即店铺的汇总页面，相当于店铺的门面。如果买家进入店铺首页，可以在其中点击查看全店所有的宝贝。对于需要进行品牌推广或店铺推广的卖家而言，首页的访客数据和首页效果就显得比较重要。
- 宝贝页 宝贝页指宝贝的详情页，即买家在查看某个宝贝时，点击进入所打开的页面，该页面主要用于描述宝贝详情，也是买家的主要访问页面。宝贝推广和自然搜索指向的页面基本都是宝贝页，宝贝页是全店流量最大的页面。
- 分类页 分类页是店铺对宝贝进行分类的页面，一般同类型的宝贝可以归类到同一页。通过该页面，买家也可以选择并跳转到相应的宝贝页。

除了上述页面外，根据店铺的实际需求，卖家还可以设置一些自定义页面，如介绍品牌故事、服务理念的页面，或者设置店内宝贝搜索页，方便买家进行店内搜索。

3.3.2 主要页面数据控制

在组成淘宝店铺的页面中，每个页面的分析标准都是不一样的。

宝贝页是店铺的主要流量入口，所以宝贝页中的浏览量、跳失率和收藏率都是关键数据。如果宝贝页的流量低，说明宝贝页点击率低，需要优化宝贝排名和主图。如果宝贝的流量不低，但是跳失率高，说明宝贝页中的图片、描述、价格、评价、销量等有问题，需要优化宝贝详情页。如果宝贝页中的收藏率高，说明宝贝比较受买家欢迎，此时卖家就需要分析宝贝受欢迎却没有形成转化的原因。

首页的流量一般低于宝贝页的流量，主要需要分析跳失率的问题。如果首页跳失率比较高，买家没有被引导至具体的宝贝页面，则卖家需要考虑主页的装修、主页的分类搜索等。专业精美的装修搭配，方便快捷的分类搜索，可以大大降低首页的跳失率。

3.3.3 跳失率问题分析

跳失率是指买家通过某入口进入店铺，只访问了一个页面就离开的访问次数占该入口总访问次数的比例。对于网店而言，跳失率越高，说明该页面吸引力和跳转率越低，直接影响商品的转化率。

1. 分析流量来源

前面介绍了店铺流量的主要来源途径，包括自然搜索、类目搜索、活动流量、站外流量等。一般情况下，来源不同的流量，跳失率的表现不同，定位更精准的流量，跳失率相对较低。店铺或宝贝主要流量的跳失率可以重点优化，不管是哪种途径引入的流量，店铺资质和信誉、宝贝销量和评价、商品性价比、宝贝详情页描述和装修、宝贝颜色和尺码等都是店铺跳失率的重要影响因素。

2. 跳失率优化

流量是跳失率的前提，买家通过点击宝贝查看详情页后，才会产生跳失率问题。根据店铺或宝贝跳失率的表现，可以将其分为跳失率低和跳失率高两种情况。

（1）跳失率低的优化

原则上，跳失率越低越好，如果店铺或宝贝的跳失率低，说明店铺或宝贝十分吸引买家，并且很容易得到买家的认可，此时，卖家可以依据跳失率低的主要流量来源做出相应的优化，如增加品类商品、增加活动广告投入、增加关键词覆盖面积等。

- 如果全店跳失率高，但某品类商品跳失率低，说明该品类商品更受买家欢迎，可以增加此品类商品。如某女装店全店跳失率80%，而雪纺衫品类商品的跳失率基本保持在40%左右，则卖家可以增加雪纺衫商品的类别。反之，则需要优化店铺和商品，并减少品类商品。
- 如果店铺整体跳失率高，但某关键词组跳失率低，说明该类关键词对买家的定位更加精准，更适合店铺产品，可以增加此类关键词的覆盖。反之则需要优化店铺和宝贝，并减少这类关键词的覆盖。
- 如果参加推广活动的宝贝跳失率低，说明该宝贝本身的优化、推广活动展示位置、推广活动策略都十分有效，可以加大投入，引入更多流量，并利用好引入的流量。

（2）跳失率的高优化

如果店铺或宝贝的跳失率高，说明店铺或宝贝对买家的吸引力比较弱，难以引导买家购买，这就需要针对跳失率高的主要流量进行优化。跳失率优化主要可以从店铺和宝贝两个不同的角度展开。从店铺角度进行的优化主要包括店铺信誉、店铺品牌影响力、店铺装修、店铺分类导航和搜索优化等。从宝贝角度进行的优化主要包括宝贝详情页装修、宝贝销量评价、宝贝颜色尺码、关联营销和促销等。

- 店铺资质和信誉是可以直接供买家查看的数据，店铺信誉和资质越高，越容易获得买家信任，店铺口碑和店铺的品牌形象也一样。
- 店铺装修主要是为了赢得买家的好印象，吸引买家浏览和查看，同时使店铺显得更加专业。店铺的分类导航、搜索等是为了方便用户查看其他宝贝，也就是说降低跳失率，增加二次跳转，通过以点带面的方式将流量引入其他页面。
- 宝贝销量和评价对跳失率的影响非常直接，无销量、无评价的商品跳失率很高，所以至少保证宝贝有一个以上的销量和好评，图片好评更好。
- 如果买家点击进入宝贝详情页后，发现没有喜欢的颜色和适合的尺码，也会造成访客流失，增加跳失率。所以卖家最好可以保证宝贝颜色、尺码齐全，如果没有特殊情况，缺货断码要尽快补上。
- 宝贝详情页装修的布局原则上以符合买家的购物心理为准，当然最主要的还是图片的美观性和排版的美观性。好的图片效果是促使买家下单购买的关键，因此必须做好宝贝详情页的图片优化，同时保证宝贝描述详细准确，站在买家的角度思考他们想要了解的信息，并详细展示在详情页中。

● 设置关联营销和促销活动的目的也是为了降低跳失率，增加二次跳转，通过价格低、性价比高的热销单品以及指向性精确、促销力度强的品类等将流量带入其他页面。促销活动还可以提升买家的参与感，提升店铺流量的利用率。

关键词的跳失率高低并不是单一的数据，它需要与其他数据结合进行分析。例如，某宝贝的跳失率虽然比较高，但是买家在该页面的平均停留时间比较长，说明宝贝十分吸引买家，但买家基于某种顾虑没有购买。此时卖家需要分析买家没有购买的原因，如宝贝价格是否合理，关联营销和促销活动是否做好，颜色尺码是否齐全等，甚至可以从地域差异的角度分析宝贝的地域适应性，从而做出调整。

3.3.4 支付率问题分析

支付率是指下单的买家数量与付款的买家数量之间的比例，如果有买家下单之后未支付订单，则会降低店铺或宝贝的支付率。对于网店而言，订单列表中出现未支付订单是十分常见的现象。从消费者行为的角度分析支付率，可以简单将其分为主观原因和客观原因两大类。

1. 主观原因

主观原因是指买家主动放弃支付而产生的支付率问题，如买家临时决定不再购买，买家拍错宝贝，买家当前不便进行支付等。

● 买家放弃购买　买家在支付页面仍旧心存顾虑，就不会进行支付，因此面对此类未支付买家的首要条件，就是消除买家的顾虑，并分析宝贝详情页是否合理详细，宝贝安全认证是否展示，各种服务承诺和购物条款是否完备，价格是否合理等。这类未支付买家通常会在宝贝页面和支付页面停留较长时间，可以让客服介入沟通，了解买家未支付的原因，消除买家的顾虑。如果买家放弃支付是因为选择了其他店铺的产品，客服介入后也可以适当做一些挽救，如邀请买家关注店铺、收藏宝贝等，或者推荐其他关联商品。

● 买家拍错宝贝　如果买家选错了宝贝SKU，或者地址、联系方式等填写错误，就可能放弃支付。出现这种情况时，大部分买家会重新下单拍下正确的宝贝。

● 买家当前不便支付　某些买家在购买商品时，准备征求其他人的意见之后再进行付款，或者在下单时没有支付条件，准备回家之后再进行付款，这些情况都会产生未支付订单。在解决这种未支付情况时，同样需要客服做好与买家的沟通，委婉提醒买家完成付款。现在很多买家的网上购物活动都更像是一种即兴消费行为，如果不进行提醒，买家很可能忘记订单的存在，所以适当的提醒可以有效提高支付率。

2. 客观原因

客观原因是指非买家主动放弃支付而产生的支付率问题，如由于网络、系统等原因不能支付成功，没有提供匹配的支付方式等。

● 由于网络、系统等原因　如果买家当前的网络出现问题，如无法打开或加载太慢，即会产生未支付订单。或者支付系统出现问题，如银行卡临时维护，也会产生未支付订单。这类情况最主要的处理方法仍旧是通过客服介入沟通，提醒买家在条件允许的情况下完成支付。

● **没有提供匹配的支付方式** 如果买家的支付方式与网站提供的支付方式不匹配，也没办法完成支付。这种情况一般比较少见，此时可以引导买家使用主流的支付方式完成付款。

3.3.5 退款率分析

退款率是指近30天成功退款笔数与近30天支付宝交易笔数之间的比例，它直接反映出店铺宝贝的品质好坏、宝贝的性价比以及客服的服务质量。如果卖家遇到退款问题，一定要做好相关处理，尽量满足买家的要求，防止事件扩大。如果买家申请退款后未得到合理处理，会申请淘宝小二介入，而小二介入且退款成功后，将影响店铺的纠纷退款率，继而影响搜索排序和营销活动报名。

在出现退款问题时，客服应该主动联系买家了解退款原因，如果是宝贝不合适、颜色或尺码有偏差、宝贝价格比其他店铺高、宝贝发错、宝贝有缺损等原因，可以尝试引导买家换货，或者针对实际情况对买家做出一定的补偿，如赠送礼品、折价等。如果是宝贝质量问题引起的退款情况，则可以尝试给出补偿，或直接退款。如果是服务问题引起的退款情况，此时首先需要安抚买家的情绪，向买家道歉并取得原谅，可以适当给予补偿，然后引导买家放弃退款。

总而言之，把控宝贝质量和服务质量，出现退款问题后勇于承担责任、主动提供服务、积极解决问题，才能有效降低退款率。

3.4 店铺整体买家行为分析

网店是面向全网的店铺，因其不受区域限制，所以经营范围和经营对象比较广泛，同一个商品的买家可能会不均匀地分布于不同地区、不同职业和不同阶层，并且互相之间可能还具有不同的消费习惯、不同的消费水平和不同的消费时间。可是有些具有某种特质的商品，即使目标客户群体的地区、年龄和消费习惯都不同，在购买该商品时却具有某种相同的特征。因此，即使是相同的产品、相同的营销手段，在针对同一区域的不同职业，或同一职业的不同地区时，都会呈现出不同的营销效果。作为网店卖家，必须学会分析自己的买家的情况，才能制订出有效的营销方案。

3.4.1 地域分析

对买家进行地域分析主要是指对不同地域的买家数量、回购率、销售额、客单价、市场规模等进行分析，然后根据分析结果制订不同的营销策略。买家地域分析情况可以从生意参谋的“流量概况”和“访客分析”中查看，为了方便分析，卖家也可结合地域分布、销售情况等数据制成相应图表。

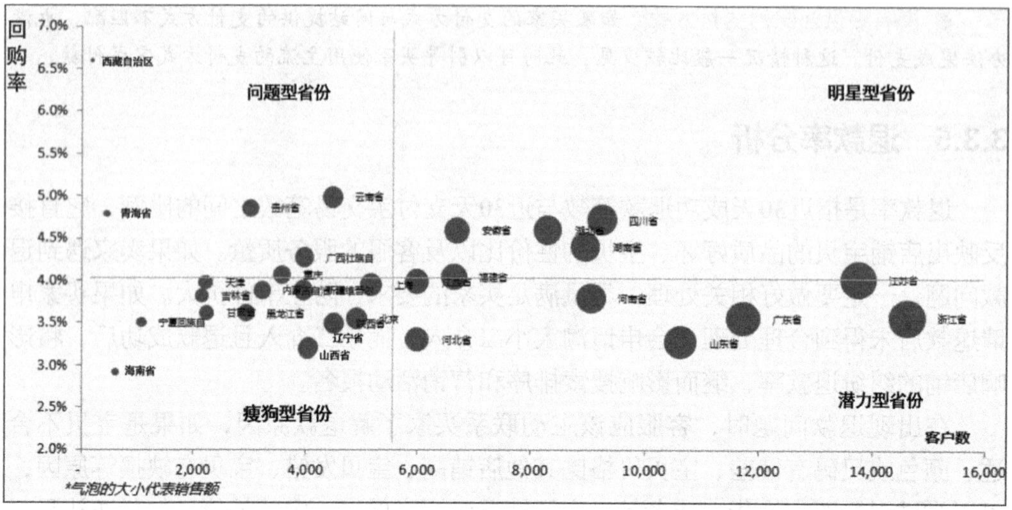

如上图中的买家分析，明星型省份的买家在销售额、回购率、市场规模上都表现出色，说明产品在这些省份更受欢迎，也更利于推广，所以针对销售额、回购率、市场规模均高的地域，可以加大推广力度，继续投资，保持市场活跃度；潜力型省份市场规模大、销售额也十分可观，说明这些省份的市场还有继续挖掘的空间，可以针对老客户推出一些优惠或营销策略，或根据该部分买家的需求进行适当改进，提高回购率，让其上升为明星省份；问题型省份市场规模和销售额都比较小，但是回购率偏高，说明该类省份的整体客单价比较低，可以在维护这部分老客户关系的基础上仔细评估，如果成本允许，也可适当加大推广力度，通过关联营销或促销等方式提高客单价；瘦狗型省份数值均低，说明产品在这类省份不受欢迎，可以选择减小推广力度或放弃推广。

3.4.2 职业分析

很多商品都具有一定的职业趋向性，也就是说商品主要适用于某个职业或某部分职业。如果是职业趋向性比较明显的商品，卖家应该对买家职业进行分析。

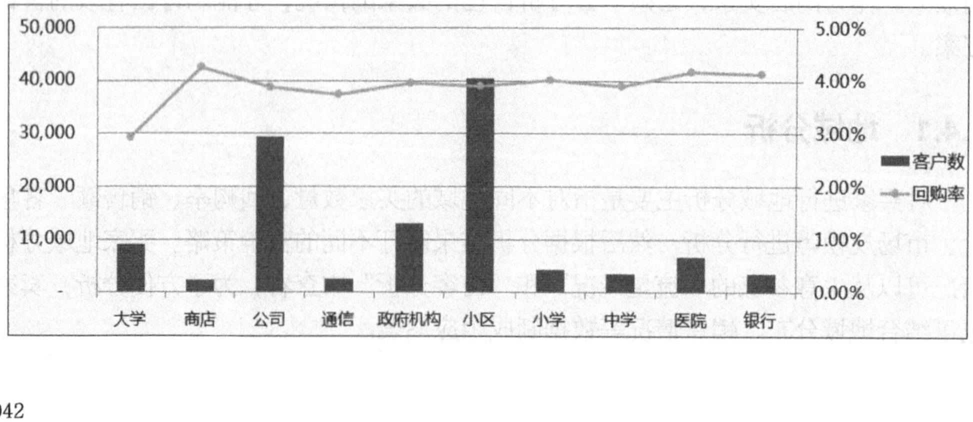

分析买家职业主要是对买家职业、客户数量、消费水平和回购率等进行分析，通过对上图的分析可知，学生、职员、政府工作人员和家庭是该商品的主要消费群体，则商品的推广策略应该与目标客户群体的特色相符。

买家职业情况的获取以问卷调查、客服交流、地址推导等形式为主。客单价高、消费额高、回购率高的职业是商品的主要推广对象；消费额高、回购率低的职业，是需要经营者进行维护和改善的对象；回购率高、消费额低的职业，则是经营者需要努力发展的对象。此外，根据不同职业的客户群体，也可采取差异化营销策略，分别满足不同职业的不同需要，从而扩大买家范围，提高买家回购率。

3.4.3 购物时间分析

分析消费者购物时间，主要是指根据商品的特性来分析目标客户群的常见购物时间段，从而更准确地安排商品的上架时间和活动推广时间等。

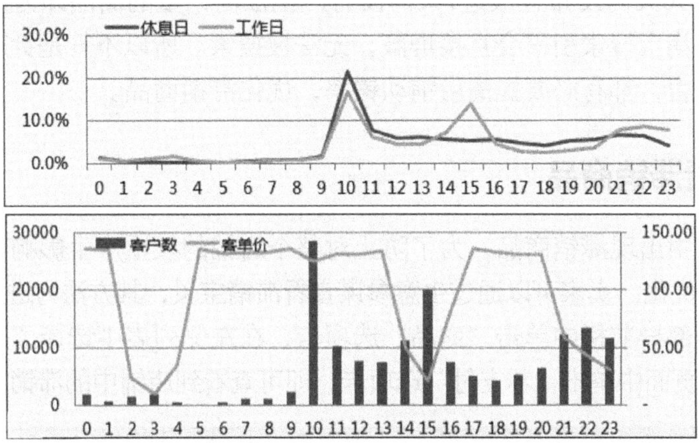

由上图可知，该商品的消费高峰期为10:00和15:00，其次为11:00—14:00、21:00—23:00，说明商品的主要客户群体基本集中在该时间段消费。一般来说，这个时间段即是商品上架的最好时间和加大活动推广力度的最佳时间。同时，卖家还可以以周为单位分析消费者的消费习惯，通过对分析数据的总结来推断举办促销活动的最佳日期。不同地域的消费者，其消费时间段也会存在差异，可以适当针对消费潜力较强的区域进行专门营销。

3.4.4 消费水平分析

分析主要目标消费群体的消费水平，有利于卖家更好地选择商品、优化商品价格、定位店铺等。买家的消费水平一般通过客单价体现，如通过分析主要买家群体购买的产品客单价，可以推断店铺中比较受欢迎的产品价格，从而为店铺打造爆款、活动选品等提供数据支持。

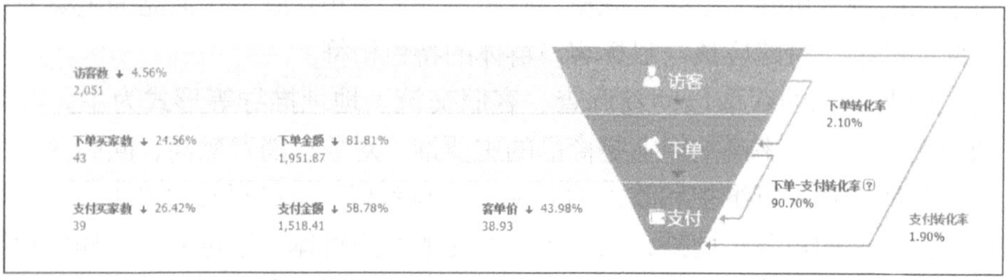

3.5 店铺动销率分析

动销率是指店铺中支付商品数与店铺在线商品数之间的比例，直接与权重相关，影响店铺排名。与动销率相对应的概念是滞销率，指滞销商品数与全店宝贝数之间的比例，90天内发布且最近7天内没有产生任何销量的商品即为滞销商品。对于滞销商品，淘宝搜索引擎会直接屏蔽，无法被搜索。所以不管是针对店铺排名还是宝贝搜索而言，都有必要提高店铺动销率，优化滞销商品。

3.5.1 查看滞销商品

如果店铺中出现滞销商品，为了防止对整个店铺的权重产生影响，卖家必须对滞销宝贝进行优化。卖家可以通过生意参谋查看滞销宝贝，其方法为进入生意参谋首页，在页面顶部导航栏中单击“商品”选项卡，在左侧列表中选择“异常商品”选项，在打开的页面中单击“零支付”选项卡，即可查看到店铺中的滞销宝贝。

3.5.2 分析滞销原因

在优化动销率之前，卖家应该先分析宝贝滞销的原因，然后根据分析结果对症下药实现优化。

- 市场无需求　如果卖家的宝贝不符合当前市场的需要，如季节不符合、款式不符合等，那么宝贝上架后无论怎么引流和推广，都不会产生销量。网店销售需要顺应市场，也就是说买家喜欢什么、需要什么，卖家就销售什么。
- 产品没有做好上架准备　在宝贝或新产品上架前，必须提前做好上架的相关准备，宝贝标题、宝贝主图、宝贝详情页、宝贝价格等都必须提前优化好，分析好宝贝卖点和适合宝贝的上架时间，让宝贝在上架这段时间内有一定的展现。
- 定价不合适　宝贝定价通常需要遵守宝贝质量和市场均价的双重标准，卖家在为宝贝定价时，应该先分析当前的市场和宝贝情况，尽量保持宝贝价格在均价以下，这样可以吸引喜欢比价后再购买的买家。
- 同款太多　网上的商品具有很大的同质性，如果近段时间大部分买家都喜欢购买某一类商品，就会有很多卖家仿照或上架同类商品，造成宝贝同款太多的情况。在这种情况下，有销量和有排名的商品会更容易售出，而没有销量和排名的商品不仅竞争排名难度更大，就算有了一定的展现量，但是销量和排名数据的缺乏也会让很多买家放弃购买。
- 活动推广不适合　卖家在对滞销产品进行推广时，应该注意测试滞销产品的推广计划是否有效，如果推广或促销方式没办法改善当前点击率和转化率，就应该重新规划活动。

3.5.3 动销率优化

动销率是淘宝网自然搜索中非常重要的一个权重，如果店铺中滞销产品占比太多，就会降低店铺的搜索排名。因此，当店铺出现滞销商品时，卖家可以根据具体情况对动销率进行优化。

- 下架宝贝　下架宝贝指通过对滞销宝贝的情况分析，发现该宝贝不符合目标客户群体当前的购买需求，建议将宝贝下架，等到符合市场需求后再上架。如果宝贝本身符合市场需求，主要是因为自身优化不足等因素而没有销量，可以下架宝贝，进行相关优化后再上架。
- 关联营销　关联营销指用销量数据较好的宝贝带动滞销宝贝，通过组合搭配低价套餐的方式刺激购买。
- 活动促销　活动促销指开展店铺活动，为滞销商品设置单独的优惠券活动或者半价活动，来增加流量、收藏量和销量。
- 会员促销　会员促销指以回馈老客户活动的方式，用最低价或成本价促销宝贝，或对老客户实行买一送一活动，把宝贝销售出去。

3.6 疑难破解

网店的数据是不断变化的，卖家通过查看数据的变化范围和趋势，可以分析出店铺的发展情况，从而制订相应的优化方案。下面对通过客服来优化转化率和支付率的方法进行简单介绍，供大家参考。

1. 怎么处理买家的中评和差评？

中差评不仅会对店铺的DSR动态评分产生影响，降低店铺信用，同时还会影响宝贝的转化率。如果宝贝出现了中差评问题，客服人员应该及时反应，对中差评做出处理。

（1）应对中差评投诉的原则和方法

买家投诉是一种很可能会遇到的问题，在应对买家投诉时，客服应该在遵循一定准则的基础上来处理投诉问题。

- 及时道歉　当买家所投诉的内容属实时，客服首先应该主动道歉，表达出卖家诚恳的态度。若是买家投诉不属实，客服应该委婉温和地详细地解释，解除误解。
- 耐心倾听　当买家抱怨发泄时，客服要耐心倾听，态度良好，理解买家的抱怨，认真对待和判断买家的问题。
- 及时处理　买家来投诉时，一般都想尽快解决问题，因此客服在处理投诉时要迅速及时，切忌拖延。
- 提出完善的解决方案　买家来投诉时，基本都是想解决问题、挽回损失，客服应该针对买家的这种心理迅速提出让他们满意的解决方案，如更换商品、退货、赠送赠品等。

（2）对待买家的中评和差评

在经营网店的过程中，会遇到各种各样的买家，当遇到比较挑剔的买家时，很小的一个失误都可能造成中差评的出现。作为网店的客服人员，不能对买家的中差评表达不满，而应该将中差评看作提升商品和服务质量的机会，认真对待，及时解决。

一般来说，造成中差评的原因主要有以下几种。

- 不满意物流速度，收货时间较长。
- 客服未及时回答自己的问题，或服务态度不够好，或对售后服务不满意。
- 对商品的颜色、质量、大小、外观、价格等不满意。
- 收到的商品有损坏。

遇到不同的问题，需要给出不同的解决方式，例如，对商品本身不满意的，可以为买家退货或换货；如果对服务或物流不满意，则需要客服使用正确的态度安抚买家情绪，适当给买家一些补偿。

（3）避免买家的中评和差评

差评会直接影响买家的购买行为，所以卖家要极力避免中差评的出现。而要避免中差评，应该先分析会产生中差评的原因，这样可以有针对性地解决出现的问题。下面介绍一些常见的避免中差评的方法。

- 做好售前、售中的商品介绍　在进行售前、售中的商品介绍时，要注意主动对一些重要问题和细节问题做出提醒，如商品尺码、颜色偏差等，并说明原因，有特别需要注意的问题也要进行标识和说明。
- 质量把关　质量是买家追求商品的首要品质，因此质量问题一定不能忽视。在进货时要注意亲自对质量进行甄选和对比，发货前也要仔细检查商品是否破损或存在缺陷。

● **解释色差** 色差是网上商品很难避免的一个问题，色差存在的原因有很多，光线、显示器分辨率等都可能形成色差，因此卖家可以对色差问题做出适当的提醒。

● **包装** 包装也是商品的卖点之一，好的包装可以让买家感觉更超值，卖家可以在包装上做一点小创新，博取买家的好感。

● **完善的售后** 售后是避免和挽回中差评的一个关键，完善的售后服务甚至能弥补商品质量上的细小缺陷。

● **热情的服务** 服务质量很大程度上决定着买家对整个店铺的评价，如果买家对店铺的印象好，中差评的概率就会更低。

● **面对买家评价** 收到买家的中差评后，客服应该诚恳地面对评价，虚心接受买家的批评，表达自己立即更改的态度，从而说服买家更改评论。

（4）引导买家修改中差评

中差评是网店不可避免的情况，很多中差评产生的原因都不算严重，很多问题都可以在与买家沟通之后得到解决，作为一名合格的客服人员，应该能够合理地引导买家修改中差评，其过程一般如下。

● **及时联系买家** 当收到买家的中差评之后，首先客服要及时联系买家，了解产生中差评的原因，并分析原因。

● **进行沟通** 了解产生中差评的原因之后，客服要耐心与客户进行沟通，恳请买家修改中差评。如果中差评的原因在于卖家，则卖家要主动承认错误，为客户换货，做出补偿。如果中差评的原因在于买家，卖家也可通过一定的补偿措施恳请买家修改中差评。

2. 如果出现退换货申请，卖家应该如何处理?

退换货处理在网店中非常常见，当客户对物品不满意或货品尺码不合适时，都会申请退换货服务，客服应该根据实际情况快速做出相应处理。一般来说，在买家申请退换货时主要有退货、折价、换货3种处理方式。

● **退货** 当买家对收到的商品不满意时，即可申请退货。在买家申请退货时，卖家应该先了解退货原因，以及是否符合退货要求，确认之后再将卖家的退货地址告知买家并请买家告知物流凭证，收到货物后尽快给买家退款。目前买家在淘宝申请退货时，淘宝会根据买家的信用等级直接退还货款。

● **折价** 当买家对商品不满意或商品存在细微瑕疵时，会向卖家反映，此时客服可以要求买家以拍照的方式反馈商品问题，再根据商品的具体情况判断是否折价、折价多少等，选择折价后再退还相应款项即可。

● **换货** 当买家觉得尺码、颜色等不合适时，即会申请换货。卖家首先需要判断商品是否符合换货要求，如果符合换货要求，则告知换货地址并请买家告知物流凭证，收到货物后再换货发回。

3. 客服人员如何消除买家疑虑，提高咨询转化率?

在网店中销售商品，买家可能经常会对商品品牌、材质和价格等产生疑虑。客服人员要想打消买家的疑虑，首先需要分析买家产生疑虑的原因。一般来说，买家最容易对商品的真伪、质量、颜色、价格等产生疑虑，因此客服人员在向买家介绍商品时，应客观详细地向买家解释这些信息并做出推荐，突出商品的优点，侧重商品的价值，展示商品的性价比，耐心、真心、诚心、热心地为买家服务，用自己的专业性让买家放心。

此外，对于买家的合理要求，要尽力满足，保证服务质量。买家的类型各种各样，其要求也不一而足。在与对价格要求不同的买家交流时，如果是爽快直接的买家，需要适当表达感谢，或赠送一些小礼品，让买家感觉物超所值，培养买家的忠诚度；如果是讨价还价的买家，则可以提供适当优惠，或者温和诚恳地表示已经是物超所值的价格了，也可以推荐他看一下其他价格更实惠的同类商品。在与对商品质量要求不同的买家交流时，如果是对质量要求严格的买家，则客服需要实事求是地介绍商品，让买家对商品有一个大概的真实的认识，或者也可以推荐其购买质量更好的商品。

3.7 边学边练

（1）进入生意参谋首页，通过“买家分析”查看店铺当前买家的地域分布、性别分布和时段分布。

（2）进入生意参谋首页，通过“商品概况”查看店铺当前的宝贝详情页的跳失率，并结合各个宝贝的详情页数据分析跳失的原因。

第4章 打造品牌，构筑店铺基石

本章导读

为什么要做品牌营销？品牌是一种可以带来溢价、产生增值的无形资产。对于网店而言，品牌一方面是产品质量的良好体现，另一方面对产品推广也能起到很大的作用。建立鲜明的品牌定位，充分利用各种高效的传播途径，使消费者认同品牌，进而培养其品牌忠诚度，最终实现吸纳积累客户，提高销量的目的，因此，品牌成为市场竞争不可或缺并日益重要的竞争区域。那么该如何打造品牌呢？本章将主要对建立店铺品牌、快速进入品牌化和分析店铺形象好坏等知识进行介绍。

知识技能

※ 掌握建立店铺品牌的方法

※ 掌握快速进入品牌化的方法

※ 掌握用数据分析店铺形象好坏的方法

4.1 建立店铺品牌

如果站在买家的角度来看品牌，品牌一般都代表着质量，很多买家更愿意购买有品牌有保障的产品。一个形象好、口碑好的品牌会直接对店铺的流量、转化率产生影响，网店的持续发展必然也离不开品牌的支撑，所以网店应该建立自己的品牌。当然，品牌的打造和建立并非一日之举，一个完整的品牌建立过程，通常都包含品牌定位、品牌推广、品牌提升等阶段。

4.1.1 为什么要建立网店品牌

仔细观察现在的电子商务市场，可以发现小网店往往在追求流量，更注重销量，而并未意识到品牌的重要性，甚至有些已经发展起来的店铺也是如此。但是在网络购物时代，很大一部分网上出售的产品的质量和效果都低于消费者的心理预期，网络售假、虚假促销、产品质量成为消费者在网络购物时主要担心的问题。在这种环境下，有品牌、有销量的商品就像一块有质量保障的招牌，更容易获得买家的信任，也更有市场，而没有品牌的店铺，在消费者眼中始终“难登大雅之堂”，也不容易获得买家的信任。

如果从消费者购物心理的角度进行分析，品牌营销正好迎合消费者求名的消费动机。很多消费者在购买产品时，更注重商品的声誉和形象，有时甚至只是为了购买一个品牌，而不关注产品本身的质量等。

如果从产品推广的角度进行分析，有特色的品牌标志、品牌口号、品牌故事不仅更容易引起消费者的注意和好感，增强消费者的记忆，建立消费者忠诚度，扩大产品的影响力和推广效果，同时还可以提高产品辨识度，从而提升产品的竞争力。

品牌标志、品牌口号、品牌故事等都是品牌文化的组成部分，而品牌文化实际上是一种“文化包装”，是一种更深层次的营销方法，现在很多网店营销逐渐开始往会员营销、粉丝营销的方向发展。培养大量具有忠诚度的粉丝，成为店铺推广中成本更低且效果更好的方式。根据有关数据显示，2014—2016年中国品牌的销量增长超过330%，而随着消费的不断升级和发展，以及消费者对网购要求的逐步提高，品牌将逐渐成为消费者购物的重要影响因素。

4.1.2 定位并建立店铺品牌

从网店诞生到发展，借助线上营销渠道打造出独特品牌文化的店铺不在少数，当然，很多线下店铺也在借助线上渠道深化品牌影响。无论是传统品牌还是新品牌，要想实现持续壮大的网店营销规模，都需要为店铺设计并打造一个独特的品牌。

1. 细分产品定位

经营网上商品都必须经历选品这个步骤，在选品时，通常建议选择自己有优势的产品，如有货源优势、有价格优势，或有地方特色的产品等。店铺定位也一样，最好可以对所售商品、所在行业有充分的认识和了解，能够理解自己的消费者，并且能根据行业数据分析消费者的消费习惯。

通过细分产品进行店铺定位要求精细、专注、专业。小品牌能够准确迎合小众消费群体的需求，在自己的小领域中做出影响力；大品牌可以从个性化、特色等角度塑造品牌形象，从而扩大影响力。

无论哪一个细分领域，做得足够专业都更容易塑造品牌文化。以网络知名坚果品牌“三只松鼠”为例，2016年，三只松鼠在“双十一”创造了单日全网交易额超过5亿元的销售数据，这跟他们细分坚果类目、打造专业品质的做法不无关系。当然仅仅细分产品还不够，服务、速度、质量、消费者喜好也同等重要。三只松鼠将目标消费人群定位为上班族、学生族中的年轻女性，并根据产品和消费者的特征，塑造与之相符合的虚拟品牌形象，进一步扩大产品在目标消费人群中的影响力。

当然网店卖家的竞争对手千千万万，不可能每一个细分产品定位的店铺都能做到名列前茅，如果是大品牌，就在行业中提升影响力，如果是小品牌，就在自己的小领域中提升影响力。

2. 专注产品本身

网络购物时代，产品质量始终是买家的第一需求，如果产品质量得不到保障，再好的宣传推广也不能塑造出正面的品牌形象，甚至可能带来恶劣的负面影响。所以如果产品本身不具备较强的竞争力，塑造品牌就不具备太大的意义。

那么如何专注产品本身呢？

网上购物的完整过程赋予了产品一个多维度的质量标准，包括产品质量、服务质量、物流质量和售后质量等。我们都知道良好的第一印象对网店营销的重要性，然而要塑造店铺好形象，不能仅仅依靠好看的店铺外观，专业、正规、效率等因素都需要考虑。不管是大电商还是小电商，都必须建立在打造品质型、服务型的品牌基础之上，才能更进一步地建设、完善和提升自己的品牌。纵观淘宝网中有名的品牌店铺，其动态评分都远远高于同行业其他店铺，不管是描述、服务还是物流，都能让消费者看到实在的保障。说到底，有口碑才会有品牌，有品质才能有口碑。

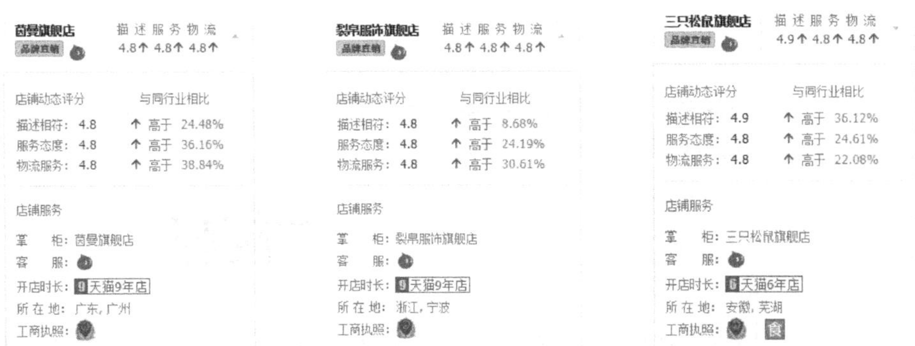

3. 选择合适的推广方式

品牌营销的目的是为了创造客户和留住客户，让客户产生品牌认同感，获取客户对品牌的信任，从而提高产品的隐形价值，提升品牌知名度，获取蓝海的利润空间。而要实现品牌价值，必须选择合适的推广渠道和方式进行品牌推广。

一般来说，品牌推广需要遵循精准、持续和可回报等基本原则。

- 精准　精准指推广方向精准，即熟悉网络品牌的运作方式，在充分分析行业背景，分析目标消费群的基础上，突出自己的产品优势，提炼品牌核心与品牌承诺，并策划完整的品牌运营战略进行定向推广。当然，精准的推广建立在清晰的数据分析基础上，例如，某熟食小店分析自己的客户群，发现性别组成与行业常态不同，男性客户要高于女性客户，且买家评价都是适合做宵夜、适合下酒等，就以“下酒菜”为推广点，打造主要面向男性客户的品牌形象。
- 持续　持续指在制定推广战略后，必须将该战略贯穿到整个实操过程中。推广效果好的广告都不是依靠短暂的曝光度来吸引买家的，而是反复、持续地展示给消费者，才能给消费者留下足够深刻的印象。
- 可回报　可回报指在推广了品牌之后，应该收到相应的回报，不管是流量、订单、收藏、买家数量等硬回报，还是口碑、影响力等软回报，只有收到了回报才证明品牌推广产生了效果。

4.1.3 推广品牌元素

产品品质是品牌的硬指标，在此基础上还需要对品牌进行包装，为品牌设计独特的个性化元素，方便买家辨识和记忆品牌。一般来说，品牌元素设计主要包括品牌名称、品牌标志和品牌文案3个部分。

1. 品牌名称

品牌名称是打造品牌首先要考虑的元素之一，品牌名称有时候会直接影响消费者的购物倾向，在设置品牌名称时，可以从易读易记、简洁新颖、呼应商品、积极正面等方面来考虑。

- 易读易记　店铺名称最根本的原则就是必须易读易记，字数不宜过多，尽量不要使用生僻字，可以充分实现识别和传播的功能。易读易记的店名不仅方便用户记忆，同时当用户产生复购想法时，更方便用户搜索，如百草味、茵曼等。

- 简洁新颖　简洁新颖、具有特色的店铺名称更易引起买家的注意，也更便于记忆，如女装类目的店铺“妖精的口袋”“七格格”等。

- 呼应商品　如果想让店铺名称更独特，那么可以让品牌名称与商品属性、用途、特点等相呼应，添加彰显店铺特色的词语，使买家产生联想，形成记忆，如箱包类目的店铺“麦包包”，经营面膜产品的“膜法世家”。

● 积极正面　店铺名称尽量积极向上，可以使人产生轻松愉快的感觉，带给买家好的第一印象。

2. 店铺标志

一个好品牌通常都会搭配一个恰如其分的品牌标志，品牌标志实际上就是品牌的图形化，用简化而具有独特含义的图形来表现品牌。品牌的标志设计与店铺经营的类目、店铺的形象和特色息息相关，追求新颖的品牌标志，可以将品牌的寓意和理念融入标志，体现品牌的个性化。追求直接的品牌标志，可以直接用品牌名称的文字符号进行表达，方便用户记忆和理解。

3. 品牌文案

要想推广品牌，一般都需要先想一个与品牌相适应的口号，用于传递品牌特征、表达产品理念。此外，为了深化品牌厚度，还可以塑造一个品牌口号或故事，通过品牌口号或故事渲染品牌形象，宣传品牌精神和理念。

（1）品牌口号

品牌口号是指能体现品牌理念、品牌利益和代表消费者对品牌感知、动机和态度的宣传用语。在设计品牌口号时，可以从不同的角度进行考虑。例如，从品牌理念的角度进行设计，女装类目知名品牌“裂帛”的品牌理念是“本真、释放，理想主义的表述”，所以向消费者传达“向内行走”的思想；如果从品牌态度的角度设计品牌口号，则主要表达品牌的精神，如“因为不懈，所以不凡”“让我们做得更好”等；如果从消费者的诉求和感知的角度进行考虑，则需站在消费者的立场来设计品牌口号，如沃尔沃的品牌口号“以人为尊”，基于消费者的需求设计品牌口号，同时全新诠释“安全、低调、高品位”的品牌精髓。

（2）品牌故事

品牌故事是指品牌创立和发展过程中有意义的人物或事件，设计品牌故事的目的是为了以文化氛围的方式来提升品牌的内涵。一个好的品牌故事能增加品牌的厚重感、资深性和权威性，增强品牌的吸引力，加深客户对品牌的认知，获取客户的精神认同，培养其品牌信仰和品牌忠诚度。

一般来说，品牌故事的撰写多以带有传奇色彩的品牌创始人或品牌创立发展过程中的典型事件为主要表达对象。此外，也可从产品的角度来塑造品牌故事。

- 带有传奇色彩的品牌创始人　如果品牌创始人本身有故事，有话题性，带有传奇色彩，或饶有趣味，即可以品牌创始人为品牌故事的塑造对象。如海尔的“张瑞敏先生砸冰箱”故事，创始人张瑞敏先生砸毁76台有缺陷的冰箱，把海尔砸成了全国名牌，带领海尔获得了中国电冰箱史上第一枚质量金牌。
- 品牌创立发展过程中的典型事件　如果品牌在创建初期或创建过程中发生了具有代表性、具有正面引导性的典型事件，也可以将其塑造成独具特色的品牌故事，如肯德基销毁当天卖剩的汉堡的故事。
- 产品产生或发展的典型事件　在生产产品的过程中，如果产品技术的发明、原材料、生产工艺等与众不同，也可以塑造成品牌故事。如温碧泉的品牌发源于法国南部比利牛斯山区的矿泉，所有温碧泉产品都以取自这座矿泉的活性萃取精华作为主要护肤成分，温碧泉即以其材质来源为主做品牌描述。

4.1.4 提升品牌形象

在品牌数量越来越丰富的市场环境下，参与竞争是品牌不得不面临的问题，而优秀的品牌形象是提升产品市场竞争力的关键。消费者在购买产品时，首先会考虑品牌质量，也就是说消费者越来越注重品牌所代表的产品内涵、企业实力、产品质量和售后服务质量等。但技术、质量、价格、渠道等指标往往不能在同类产品中突显出来，或无法独立支撑优秀的品牌形象，此时就必须考虑品牌的包装。

1. 用包装突出品牌形象

品牌不仅是市场竞争的强有力手段，还是一种文化现象，消费者在选择品牌时，往往就表示选择了品牌的品味和理念。然而在现在的电子商务市场中，产品的同质化程度越来越高，要想消费者从众多同类品牌中记住和认准一个品牌，必须要打造自己的品牌特色。

电子商务打造品牌特色的方式有很多，设计个性化的标志、口号、风格等都是十分有效的方式。此外，还有一个简单、直接、有效的方式，就是打造品牌的独有包装，凭借新颖、独特的外观吸引买家，让买家在收到商品的第一时间就可以非常直接地感受到品牌的个性化。

包装盒、包装袋、宣传册等都是打造个性化包装的有效媒介，好的包装不仅可以让买家看到宝贝的与众不同，还能从细节处潜移默化地记忆和感知品牌。如三只松鼠的包装袋、物流箱、宣传册等都非常好地迎合了消费者的喜好，同时体现了自己的品牌特色。

2. 用形象代表扩大品牌影响

除了可以通过品牌口号、品牌故事来塑造品牌形象，还可以选择一个合适的形象代表来扩大品牌的影响力。知名品牌可以选择知名的人物，小品牌则可以选择一个适合自己品牌风格的人物或虚拟形象作为品牌形象的传输方和载体。不同的品牌、不同的定位，需要选择不一样的形象代表。对形象代表进行美化和包装，就是对品牌进行包装。

3. 提升店铺信誉

网店以数据展示商品的品质，店铺的很多数据买家都可以直接在店铺中查看。而要想获得好数据，产品质量、服务质量、物流质量、买家好评等缺一不可。

- 产品质量是品牌的立身之本，缺乏质量的产品，推广品牌并不会获得好的效果。
- 服务质量是产品的附加价值，可以为品牌锦上添花，以服务质量作为品牌特色的产品非常多，甚至有些产品是依靠服务质量打造出的独具特色的品牌。
- 物流问题是网上商店无法避免的问题，好的物流质量不仅需要物流公司做好相关服务，店铺还必须做好相应的物流管理，此外还应该做到提前避免或及时解决物流问题。
- 买家好评并非全部由买家控制，卖家可以对买家好评进行引导，提高好评率，提高店铺综合信用。

店铺信誉的提升通常需要一个漫长的过程，如果是小卖家想要积累店铺信誉，从一开始就要在诚信、服务、品质上严格要求自己，将买家体验度尽量做到最好，积累前期口碑。

4. 人气活动宣传

一个好的活动不仅可以提高店铺的信誉和销售额，还可以宣传店铺，扩大店铺影响力。因此，如果店铺达到了参与活动的条件和标准，可以尽量多参加淘宝活动。淘宝活动分为付费和免费两种形式，不同的活动具有不同的宣传效果，卖家应该根据店铺的实际情况来做选择。例如，参加流量巨大的天天特价、聚划算等活动，可以快速丰富产品的各项数据，积累店铺信誉，为品牌推广积累前期的人气和口碑。

参加免费试用、淘金币等活动，可以很好地宣传产品和品牌，增加产品或品牌在买家中的曝光度，从而提高品牌知名度。

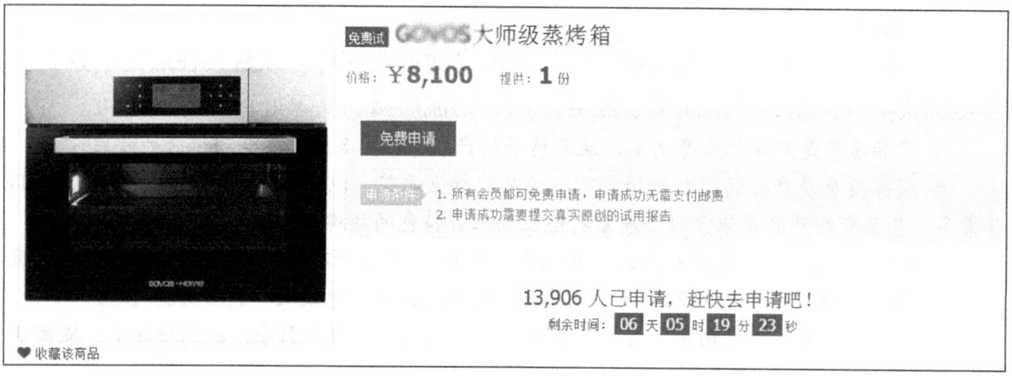

高手支招

淘宝直通车、钻石展位、淘宝客等都可以用于店铺推广，通过推广引入大量流量，进而展示品牌，扩大影响。

4.1.5 品牌的推广形式

创建了品牌之后，为了让品牌以良好的形象曝光在消费者面前，需要做相应的品牌推广。网店品牌的推广通常都表现为产品的推广，也就是说通过产品建立品牌的知名度和影响力。根据店铺的实际情况，可以选择系列产品进行推广，也可以选择一种主打商品进行推广。

1. 系列产品推广

在小网店阶段，我们需要的是流量，但是当网店慢慢发展起来之后，就需要打造店铺特色，扩大店铺知名度，此时品牌更具重要性。如果网店商品的品质、材料、样式、口碑等有统一优势，或以款式丰富为特色，可以通过推广系列产品来宣传品牌。系列产品推广是很多特色店铺品牌推广的主要形式，也是打造品牌特色的常用方式。例如，专门出售棉麻仿古女装的店铺、民族风女装的店铺、民国复古风的店铺等，由于店铺商品风格统一，且具有相同特色，则可以棉麻复古、民族风、民国复古等作为品牌的主要特色来推广系列产品或整个店铺。如果店铺产品均为原创设计，也可以原创设计为特色来推广品牌。

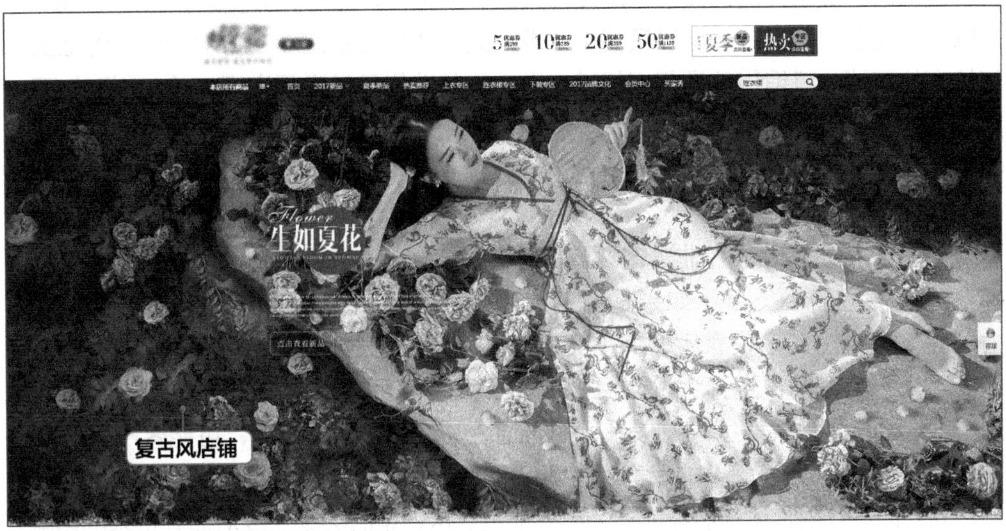

2. 单品推广

单品推广是指选择一种或一类商品作为店铺主打特色进行推广，这样的店铺出售的商品种类通常较多，如果没有主打商品，店铺就不容易给消费者留下明显的印象。单品推广首先需要选择具有潜力和优势的商品，有点类似打造爆款，但又区别于爆款。单品推广的商品最好在风格、款式、功能或材质等方面具有特色，可以区别于其他同类产品。例如，零食店铺的主打商品是坚果，并且以坚果“好剥，方便食用”为主要特色，同时，店铺中依然会出售其他果脯、果干等零食产品。

4.2 快速进入品牌化

在淘宝建立品牌，涉及很多工作，除了有好的产品做支撑，具有良好的店铺形象和店铺口碑外，还需要凭借优秀的产品，通过精准持续的营销手段，在短时间内聚集大量的用户。而提高专注度是贯穿整个品牌化工作的核心，下面将对快速进入品牌化需要专注的 3 项内容进行介绍。

4.2.1 专注品类

淘宝上的店面空间在理论上是无限大的，店铺可以选择销售的产品类型有很多，可以同时卖多类产品，也可以只卖 1~2 类产品。从品类专注度的角度分析，淘宝上人气较高的店铺一般销售品类都不超过 3 个，且其销售品类之间密切相关。原因如下：除非店铺所销售的各个品类产品都具有有利的供货链，否则就要精简自己的产品类目，减轻库存和供应链的压力，提高客单价。

1. **专注于细小类目**

选择产品类目时，并非一定要选择大的类目，卖家可以根据自己的实际情况选择自身有优势的小类目。如果是新店或是竞争实力较弱的卖家，为了降低竞争压力，建议选择排名比较靠后的细小类目来做，当卖家经验、资金等积累到一定程度时，再根据自身情况选择大的类目。专注于细小类目对于品牌化而言非常重要，品牌与客户的感知价值有很大的关系，如普通店铺普通品类的产品，可能客户心理价位是 30 元左右，而在该品类的专卖店中即使卖 300 元，客户也会欣然接受，因为客户承认产品的品牌和附加价值，信任产品的专业度，这就是品类专业度对品牌带来的影响。例如，一款普通机械手表的淘宝卖价为 100 元，而海鸥表是专注于手表的品牌，同性质的机械表售价 699 元，相较而言价格高出几倍，但其销量依然很可观。

2. 专注于某一产品

除了专注于类目，也可在产品类别上做出专业性，如西装专卖店、皮草专卖店、皮具专卖店等。店铺商品类型的专注，可以给用户带来质量好、专业度高的感觉，如果需要购买该类产品，用户更容易到与之类型对应的店铺中进行选择。

4.2.2 专注功能

产品的功能是买家购买商品的出发点，因此专注于产品特有的功能，可以使其价值最大化，更有利于获得买家的认可。产品的功能专注可从材质和专利两个方面做划分。

1. 专注于材质

淘宝上的商品五花八门，相同类型的产品材质也是各有千秋，很多时候不同材质的商品，价格也存在相当大的差异，如手镯的材质就可以分为金、银、玉、镶宝石等类别，怎样的材质与价格才是消费者所青睐的，这就需要卖家找到材质与价格的平衡点。例如防辐射服，其主要功能是防辐射，为了突出它防辐射的特点，卖家就需要从材质、工艺和外观设计等方面对产品的防辐射效果进行阐述，如“前沿科技、双重防护设计工艺”等。

2. 专注于专利

专利即专有的利益和权利，专利法保护范畴的技术或产品，任何人未得到授权和许可不得擅自生产和销售。专利是世界上最大的技术信息源，据统计分析，专利包含世界科技技术信息的 90% ~ 95%。而且授予专利权的产品，具备新颖性、创造性和实用性等特点，是店铺实力的证明，也是让消费者信赖产品质量的有力工具。可以说一个品牌化的店铺拥有专利后，更容易站稳脚跟。专利产品发布并销售后，淘宝上很容易出现类似仿品，仿品款式与专利产品差别不大，价格也更低，但质量差、缺乏质感，很容易遭到客户的质疑和反感，此时拥有专利产品的店铺要有意识地对自己的产品进行维护，打压仿品，引导消费者购买真品。通常卖家在自己发明设计的产品还没上架时，就应该申请好专利，做好预防专利侵权的准备，若需要用到别人的专利技术，也可以先和对方协商好专利授权使用事宜，同时在宝贝详情页中展示专利情况或授权情况，赢得买家信任。

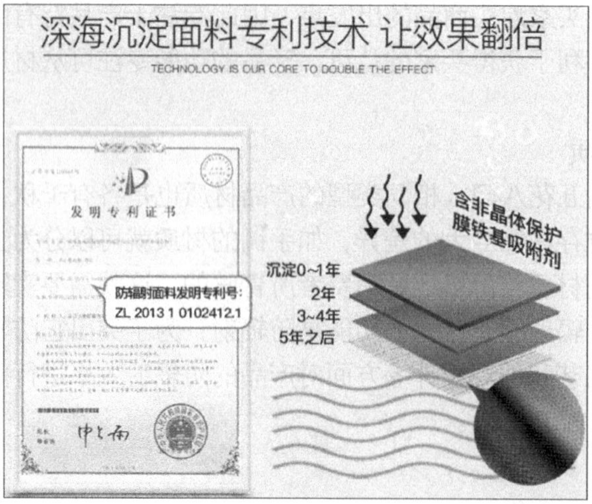

4.2.3 专注风格

现在的消费者越来越注重风格的选择，因此卖家除了可以用品类、功能性专注度作为卖点，也可将店铺风格的专注度作为卖点。如装修类产品从风格上分类，可分为现代简约风格、田园风格、后现代风格、中式风格、地中海风格、东南亚风格、美式风格、新古典风格、日式风格、古典风格等。而服装的风格分类又包括瑞丽、嘻皮、百搭、淑女、韩版、民族、欧美、学院、通勤、中性、嘻哈、田园、朋克、OL、洛丽塔、街头、简约、波西米亚等。一家符合买家风格的店铺，无疑会让买家印象深刻，如“妖精的口袋”女装店铺，在设计风格上透露着精灵、复古、森林气息，用色大胆，撞色丰富，体现天真、热情、多变、敏感，却又情绪化、孩子气、古灵精怪的“妖精”特点。

4.3 用数据分析店铺形象的好坏

俗言“人靠衣装马靠鞍”，好的东西经过包装推广，会变得更加吸引消费者，更受人们的欢迎。网店也一样，精致的店铺装修，优质的产品与服务，能让更多买家记住店铺，并多次到店铺购买商品，培养客户忠诚度。而店铺形象的好坏并不表现为店家自己的个人喜好，而是取决于店铺本身的信誉。那么如何分析网店品牌形象的好坏呢？除了可以通过店铺评分、用户评价等直接数据来查看，还可以用店铺的跳失率、点击率、二次购买比例等数据来分析。

4.3.1 分析跳失率

跳失率是判断店铺形象好坏的重要数据，如果店铺形象不佳，客户进入店铺后就会很快离开，导致店铺的跳失率增高。查看跳失率数据的方法是：进入淘宝后台中心，在营销中心选择客户运营平台，在左侧选择“客户管理”选项，即可查看详情页总的跳失率。下图中店铺跳失率高达 85.48%，说明详情页出现问题，单击数据可查看跳失率在近 3 个月的变化曲线，观察其变化趋势，分析变化的原因与总体比较高的原因，如可能是宝贝详情页没做好、宝贝评价不好等。

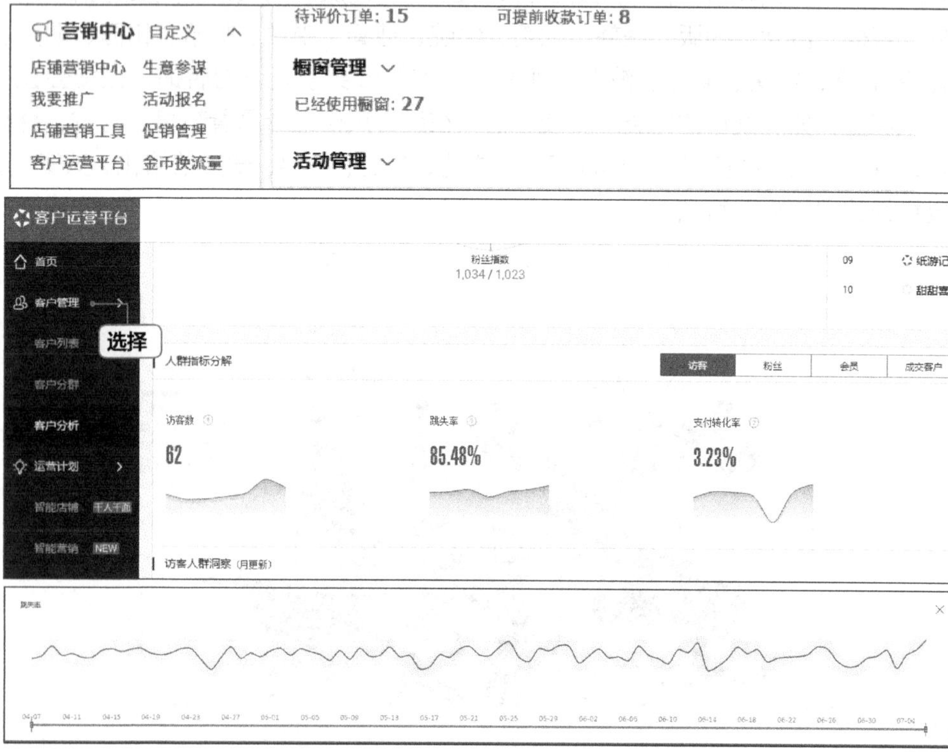

一般而言，店铺的跳失率不宜过高，跳失率低于 50% 属于正常；不到钻级的小店，一般跳失率为 60% 都属于正常；要是皇冠一级以上的店，跳失率达到 50% 就说明店铺的首页或者宝贝描述不够吸引人，需要进行优化。当然不同行业的跳失率水平也不一样，建议对同行的店铺跳失率进行对比分析。如果店铺的跳失率远远高于同行平均水平，则应该对店铺进行相关的优化。

4.3.2 分析客户停留时间

客户的停留时间和成交率有非常密切的关系，如果停留时间长，那么成交概率也会大大增加。买家在宝贝详情页停留时间多长才算合理呢？一般情况下 2~3 分钟是正常的停留时间，通常处于这个时间段的宝贝转化率都比较理想，如果停留时间达到 4 分钟，而且浏览人数比较多时，该宝贝可能具有成为爆款的潜力。打开淘宝后台中心，在营销中心选择客户运营平台，在左侧选择“客户管理”选项，可查看客户平均停留时长。

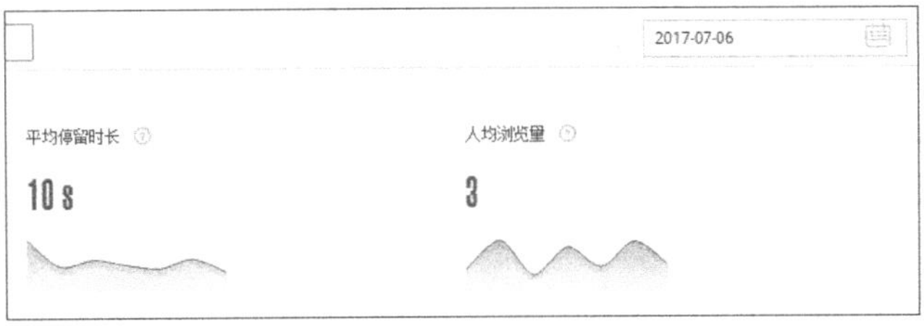

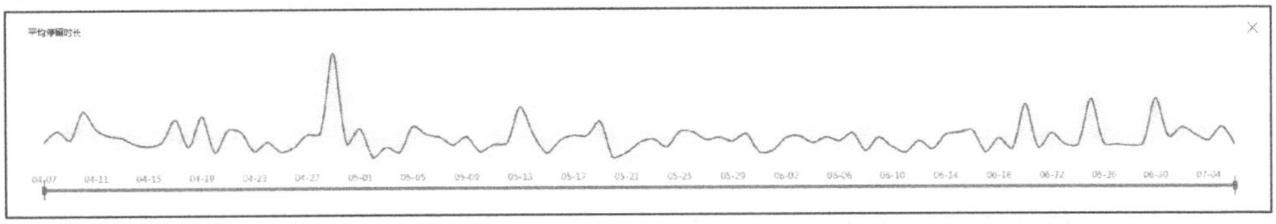

上图中客户停留时长仅仅只有 10 秒，表示大多数客户并没有仔细浏览详情页就已经退出页面。客户在店铺页面停留时间很短的原因很多，如流量定位不精准、店铺装修排版不好、详情页不够吸引人、关联营销设置不当、图片与商品不符等都可能导致高跳失率的发生，下面对几种主要原因进行介绍。

- 买家进店发现产品和他所需要的产品不一致，这种情况多由流量定位不精准引起，即产品未推广到真正需要它的买家面前。
- 买家进店发现店铺装修、产品描述等不明确、不专业，评论不好，销量太少，从而对产品产生怀疑。
- 买家进店查看宝贝详情时，没有看到有价值或足够吸引其购买的信息。
- 买家点击商品进入店铺的目的是为了查看感兴趣的商品，如果进店以后没有看到想看的产品，反而先看到各种没有重点且数目众多的关联销售商品，将会使买家眼花缭乱，不知道如何点击，甚至失去兴趣，从而跳失。因此在店铺装修时，合理安排首页或宝贝详情页中的关联销售板块，控制关联销售产品的数量，可以挑选风格类似或销量较好的产品进行关联，突出关联销售产品的重点。
- 买家进店发现宝贝详情页产品描述与所点击商品不同。

高手支招

如果宝贝跳失率高，又排除了关联营销、宝贝不符等因素，建议分析同类销量好的产品的宝贝详情页，学习他们的经验，然后对自己的宝贝详情页进行优化。

4.3.3 分析二次购买比例

二次购买比例是指来店铺二次购买的客户人数占所有购买商品的人数的比例。不管是基于店铺排名还是会员营销，提高客户二次购买率都很重要。打开淘宝后台中心，在营销中心选择客户运营平台，在左侧选择“客户管理”选项，单击“成交客户”选项卡，在打开的页面中即可了解客户的购买次数、购买情况。

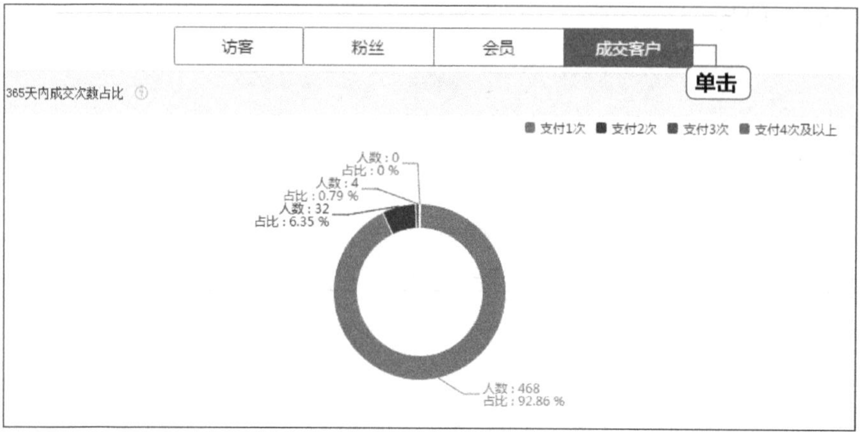

查看上图中客户购买次数的占比情况，发现一次购买客户占比为92.86%，二次购买客户占6.35%，三次购买客户占0.79%，回头客较少。回头客的转化率要远远高于新客户，如果卖家想赢得老客户资源，就需要找到回头客少的原因并进行优化。

一般来说，产品质量、服务质量、产品种类、价格和营销策略等会影响店铺的二次购买率，下面针对这些常见原因介绍相关的提高二次购买比例的技巧。

● **保障和服务** 保障和服务是指卖家可以最大限度地为买家提供完善的优质服务，如包邮、7天无条件退换货等，尽可能地赢得买家对商家的信任，进而提升店内评价、口碑和店铺二次购买率。

● **提供广泛的选择** 若店铺产品单一，当客户购买一次后，即使客户愿意再次光临店铺，也不一定能找到对应的产品。丰富店铺的品类，定期上架新品，无疑会增加客户再次消费的可能，从而提升客户的二次购买率。如彩妆类目店铺的产品种类，不仅有彩妆、护肤洁面产品，还有美容工具、身体洗护等产品，当客户首次消费该店的产品并觉得效果不错时，很可能再次光临店铺选择其他需要的产品。

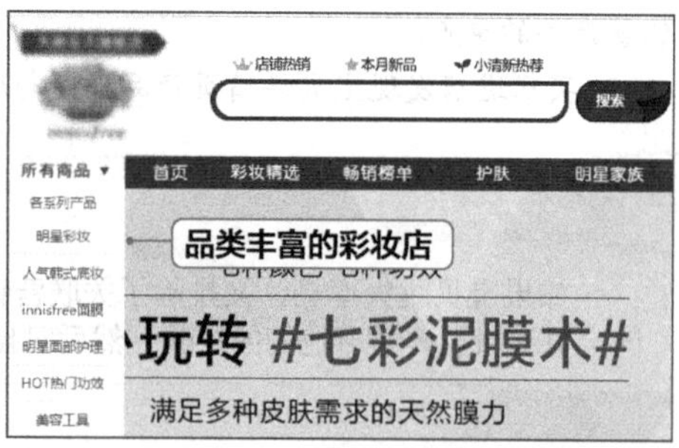

● **保持稳定的价格** 频繁的折扣促销及价格调整，会使客户对店铺的定价产生不信任感，保持稳定的价格很重要。此外，店家在打折促销时也要适当考虑老客户的利益，给出更优惠的措施。

● **利用会员营销套牢客户** 会员按照其价值及状态不同，可以大致分为客户获取、客户提升、客户成熟、客户衰退、客户离开5个周期。其中，和二次购买率关系较大的是提升期与成熟期，因此要对这两个时期的客户进行重点维护。客户提升期考虑的重点是如何把刚获取的客户培养成高价值客户，使其产生更多的成交次数，此时需要主动营销，刺激用户需求，促使他们向成熟期过渡，如对其回访等。而成熟期的客户给店铺带来的价值是最大的，此时需要考虑如何通过差异化的服务和购物特权留住这些客户，培养他们的忠诚度。

4.4 疑难破解

在塑造店铺品牌的过程中，往往会遇到各种各样的问题，此时卖家应该不断探索与学习，并积极解决问题。下面主要对创建店铺品牌的独特视觉形象、塑造品牌象征等问题进行解答。

1. 如何创建店铺品牌的独特视觉形象？

创建品牌识别系统可从3个方面入手。第一是配色，配色与产品协调，有利于刺激消费者的欲望；第二是字体，吸引消费者来识别；第三是图形，勾起消费者的记忆，如店铺LOGO、店铺特殊的图案等。这3个方面不是独立的，可以组合使用来打造店铺独特的视觉形象。

2. 如何塑造品牌的象征？

品牌的象征，是基于品牌的外在表现而形成的市场印象。树立品牌先得有品牌的象征，然后才开始设计对应的图形、字体、配色，那么如何寻找品牌象征呢？可以使用马斯洛需求层次理论进行分析。

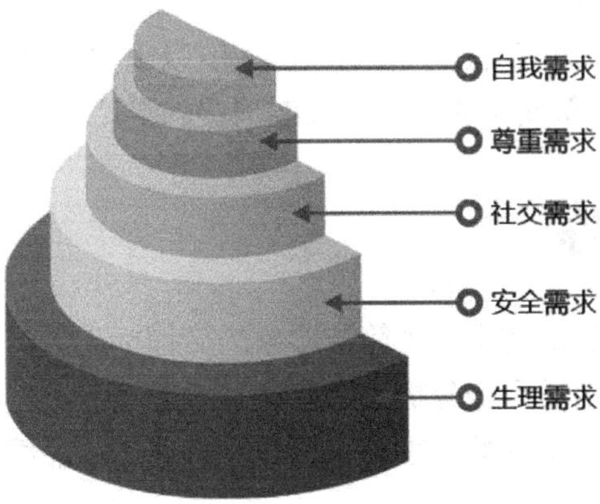

在需求层次中，我们重点要关注的是如何满足消费者的生理需求和安全需求，也就是满足消费者对商品最基本的功能和安全方面的要求。当然，品牌塑造得越好，品牌价值越大，就越能满足消费者更顶层的需求，如香奈儿的各类香水广告，表现出的不仅仅是销售香水这个信息，更重要的是香奈儿通过香水传递了女性的性感和自信。香水是带给女性自信、优雅、性感的利器，通过精神价值的塑造让消费者认同它的价值观，即在生理需求和安全需求的基础上，进一步满足了消费者的社交需求和尊重需求。

那么品牌如何才能满足消费者的尊重需求呢？以卖剃须刀为例，剃须刀基本都能满足生理需求和安全需求，与其一直宣传剃须刀如何好用，不如将其提升到宣传男人精神层面的需求，如在归属需求和尊重需求上下功夫。不同人的归属需求和尊重需求表现不一样，所以应该针对不同的人群去定位。例如对于业界精英的男性而言，他们很注重面子，所以可以塑造“面子，容不得一丝一毫不整”的品牌形象；而对于时尚达人而言，他们更在乎的是颜值，所以以“外表与内在同样重要”的方式强调颜值的重要性，从而快速吸引一大波消费人群。

4.5 边学边练

（1）为洗护类目店铺构想一个简洁形象的店铺标志。

（2）通过店铺的相关数据分析品牌口碑。

（3）简述女装类目中的韩版雪纺衣裙怎么快速进入品牌化。

第5章 让宝贝脱颖而出的搜索优化

本章导读

网店运营向来以“流量为王”，在激烈的电商竞争环境中，卖家们为了销量，必须抓住每一个可能的自然流量，而想要获得自然流量，必然要进行淘宝SEO的优化。淘宝SEO的概念、淘宝搜索的雷区、宝贝标题优化、宝贝排名优化等知识都是淘宝SEO优化的重点内容，也是一名淘宝店铺卖家必须掌握的内容。

知识技能

※ 了解淘宝SEO的概念
※ 熟知淘宝搜索的雷区
※ 掌握宝贝标题优化的方法
※ 掌握宝贝排名优化的方法

视频讲解

（视频讲解：2 分钟）

5.1 淘宝SEO

提到淘宝SEO，很多卖家的第一反应可能是宝贝标题优化，很多卖家为了让店铺获得更多的自然流量，在宝贝标题上下足了功夫。其实SEO是一个很广泛的概念，淘宝SEO作为SEO的一个特有分支，也具有强大的优化功能，并不仅仅局限于优化标题这一种功能。作为一名淘宝卖家，要想玩转淘宝SEO，首先应该熟知SEO和淘宝SEO的概念，了解淘宝搜索思维模式，了解淘宝类目和SKU，了解淘宝标签以及影响淘宝搜索量的重要因素。

5.1.1 SEO和淘宝SEO

SEO是Search Engine Optimization的缩写，即“搜索引擎优化”，指通过站内优化和站外优化等方式对网站进行优化，从而提高网站的关键词排名和网站整体排名，达到提高网站产品曝光度并促成交易的目的。

SEO是目前十分流行的一种网络营销方式，在国外已经发展出非常正规且成熟的搜索引擎优化服务。淘宝SEO是SEO的分支之一，谷歌、百度等搜索引擎巨头也是SEO的主要研究对象。

淘宝SEO的概念与SEO的概念十分类似，指淘宝搜索引擎优化，即通过各种优化技术和手段，获取更多淘宝站内的自然流量，提高店铺或商品的展示率，达到提高销售量的目的。淘宝SEO包含的内容较多，综合排名SEO、移动端淘宝SEO、人气排名SEO等都属于淘宝SEO的范畴，其中综合排名SEO是淘宝SEO优化的重点。综合排名页面是淘宝搜索的默认展示页面，在买家的搜索过程中，几乎90%以上的搜索结果都是以综合排名展现出来的。

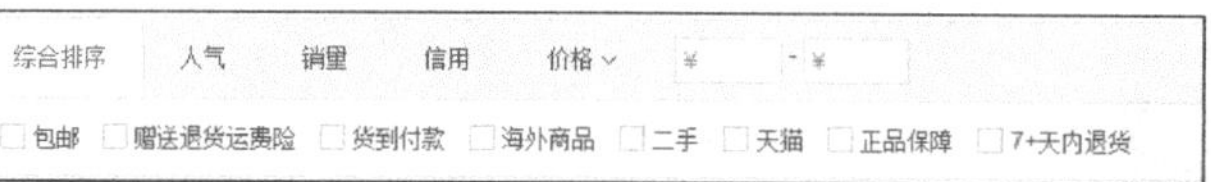

淘宝卖家为了将宝贝排名做到淘宝默认搜索的前列，必须做好淘宝SEO优化。影响淘宝SEO优化的因素主要包括标题、类目和属性3类，其中标题优化是淘宝SEO优化的重点。在做好宝贝标题优化的基础上，还需进一步完善和优化其他各项指标，这才是真正的淘宝SEO优化。

5.1.2 淘宝搜索思维模式

很多新手卖家都有一个问题——淘宝流量是怎么来的？

大部分买家在淘宝搜索商品时，一般都有一个既定流程。首先输入关键词进行搜索，接着在搜索结果中查看商品，然后根据商品主图、配色、文案等效果，选择感兴趣的商品，最后点击该商品，产生流量。

所以淘宝搜索思维模式主要包括搜索—展现—点击—流量4个步骤。

买家搜索关键词的过程，就是淘宝搜索的过程，店铺或商品的大部分自然流量都产生于这个过程。由于淘宝网中卖家众多，买家在搜索商品时有成千上万种选择，他们不可能浏览所有的商品，通常只关注淘宝搜索前几页中的宝贝。所以卖家要想获得更多流量，就必须让自己的商品跻身前列，这也是淘宝SEO优化的主要原因。

5.1.3 淘宝类目和SKU

淘宝类目和SKU是淘宝SEO优化中十分重要的两个概念，对商品的搜索排名影响很大，也是淘宝卖家必须掌握的两个内容。

1. 淘宝类目

淘宝类目即淘宝商品的分类，淘宝网中的类目分为前台类目、后台类目和细分类目。

前台类目是买家进入淘宝网首页看到的商品分类，主要作用为方便买家查找和筛选商品。除了通过关键词搜索商品外，通过类目搜索商品也是淘宝网中非常常见的搜索操作。

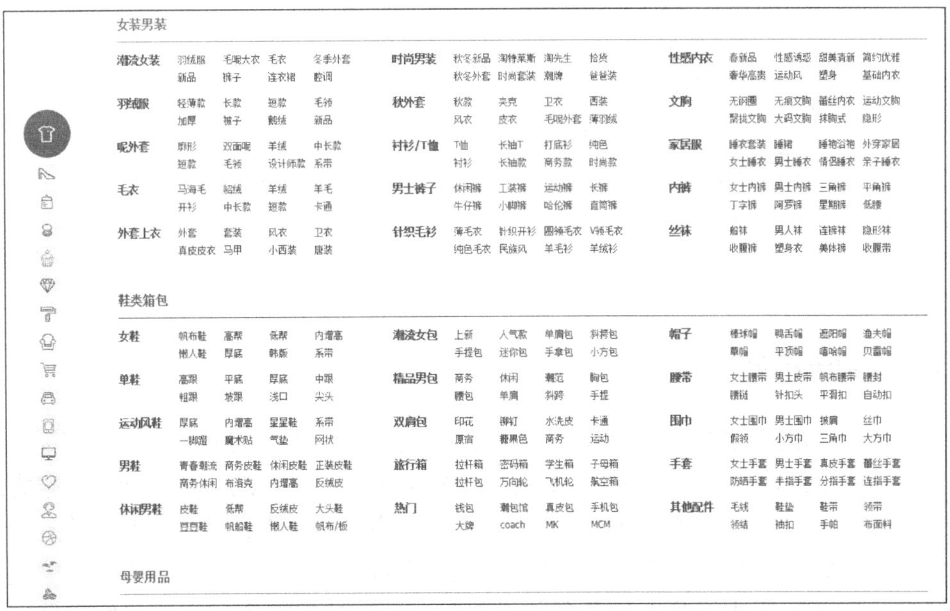

后台类目是指卖家发布商品时首先要选择的产品分类，相当于一级类目。在一级类目的基础上，可以对商品类目进行更细致的划分，也就是所谓的细分类目，细分类目又包括二级类目和三级类目。

2. SKU

淘宝SKU是指保障库存控制的最小可用单位，实际上就是淘宝宝贝的销售属性集合，宝贝颜色属性、尺码属性等都属于SKU的一种。以一款女装为例，粉红色的S码、M码、L码都是一个SKU。

卖家在发布宝贝时，一般都必须细化宝贝的SKU，供买家在下单时选择符合自己需求的商品。

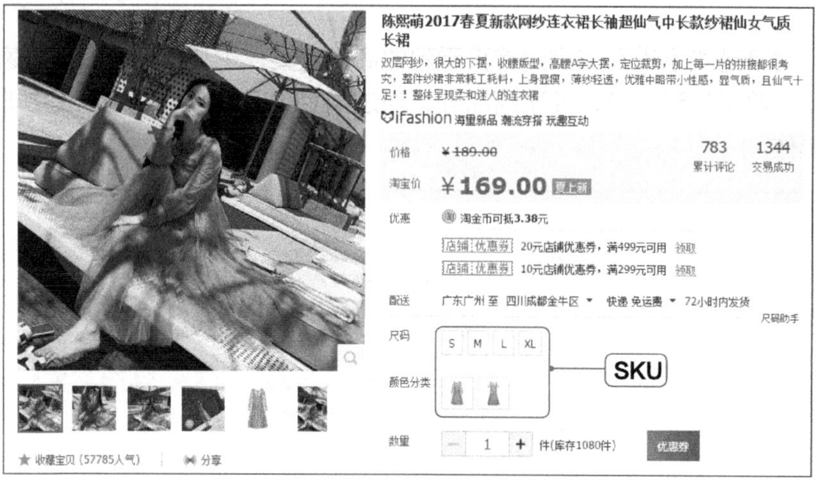

5.1.4 淘宝标签

淘宝标签是指卖家加入某种增值服务后，淘宝网给予店铺的标识。淘宝标签是淘宝搜索引擎筛选商品的一种标志，是淘宝SEO中必不可少的一个因素。卖家为店铺宝贝添加标签后，对宝贝排名、宝贝点击率和宝贝转化率都十分有益。此外，添加标签的商品，也更加容易定位到精准的买家人群。如当买家在搜索提供“赠送退货运费险”“7+天内退货”等服务的宝贝时，拥有这些标签的宝贝将优先显示，获得更多展示机会。

5.1.5　与搜索量相关的主要因素

淘宝店铺获取自然流量的前提是搜索量，卖家做淘宝SEO优化的目的也是获得搜索量，只有先拥有足够的搜索量和展示机会，店铺和宝贝才有可能获得更多的免费流量，实现提升交易额的目的。

1. 淘宝搜索排名三大主要模式

自然流量不论是在转化率还是精准度上，都拥有非常高的质量。每一名淘宝卖家都希望提高宝贝排名，提高宝贝展示度，获得更多优质的自然搜索流量。

在淘宝网中，宝贝的搜索排名有综合排序、人气、销量3种主要形式。

- **综合排序**　作为淘宝默认的搜索排序模式，综合排序一直是卖家研究和关注的重点。综合排序的顺序是由淘宝后台系统对同类型宝贝的各个权重进行计算后得出的。影响淘宝商品综合排序的因素有很多，包括宝贝相关性、是否作弊、综合评分、下架时间等。其中宝贝相关性主要包括类目、属性、标题3个要点，即店铺发布的宝贝必须与宝贝的标题、分类、属性等描述相符，如果信息涉嫌弄虚作假，宝贝将难以获得展示机会。是否作弊是指卖家是否存在投机取巧、欺骗消费者、刷单等行为，如果卖家违背了淘宝网络交易平台的公平性，淘宝将予以严厉打击。综合评分是店铺动态评分，即DSR评分，其内容主要包括宝贝与描述是否相符、卖家服务态度以及卖家发货速度等方面，宝贝的DSR评分是买家评分的一种体现，也是衡量宝贝价值和质量的重要因素。宝贝下架时间是指宝贝上架到宝贝下架这个过程的最后一段时间，淘宝网宝贝的上下架一般以一周为一个周期，越临近下架时间，宝贝所获得的排名将越靠前，合理设置上下架时间，可以让宝贝获得更多自然流量。

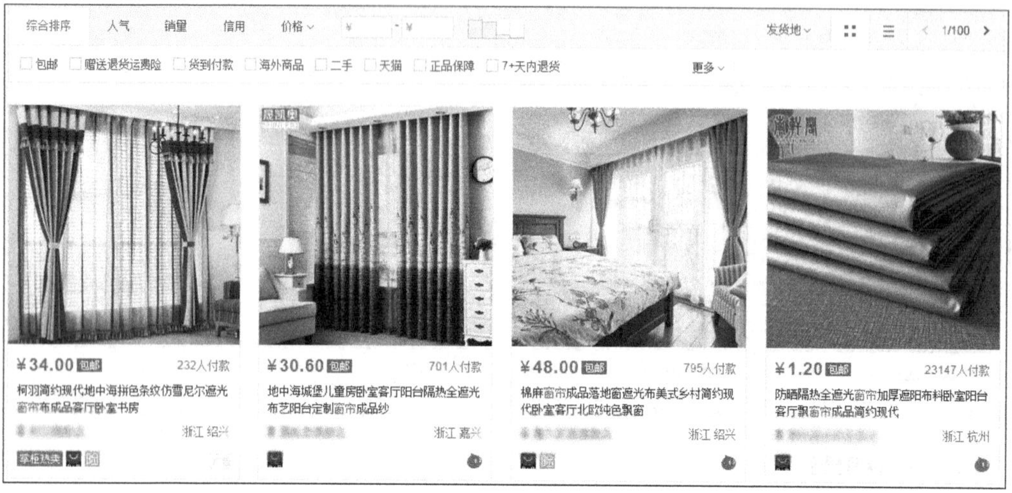

● **人气排序** 人气排序是指按照宝贝的受欢迎程度进行排序，在淘宝搜索结果页面中单击“人气排序”选项卡，即可查看人气排序结果。影响宝贝人气的主要因素包括销量、收藏量、好评率、流量、点击率等，此外，转化率、店铺信誉、橱窗推荐、下架时间等因素也会对人气排序的结果产生影响。

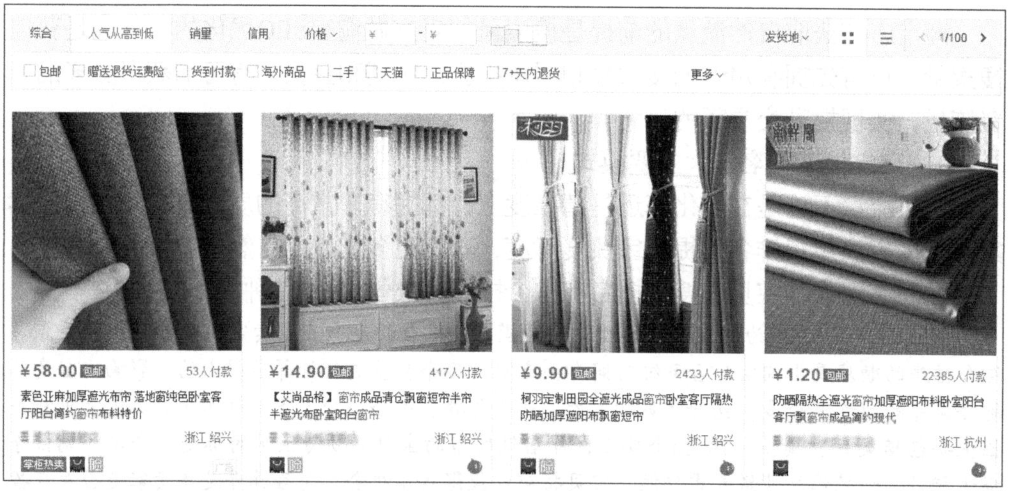

● **销量排序** 销量排序是指按照宝贝的成交人数多少进行排序，在淘宝搜索结果页面中单击“销量排序”选项卡，即可查看按照成交人数排序的结果。

高手支招

淘宝搜索页面除了综合排序、人气排序、销量排序之外，还有信用排序。淘宝店铺的信用等级是由买家的好评率决定的，卖家每得到一个“好评”，就能够积累 1 分，中评不得分，差评扣 1 分，原则上信用等级越高，排名越靠前。如果对淘宝搜索结果使用信用排序，则多以店铺为单位来显示。

2. 关键词

淘宝宝贝的大部分自然流量都来自关键词搜索，在买家依靠关键词搜索商品时，关键词匹配度越高的宝贝标题，排名会越靠前，搜索量就越高。

淘宝宝贝的标题由多个关键字组合而成，如果按关键字类型分类，可将淘宝宝贝的标题关键字分为主要关键字、意向关键字和长尾关键字。如果按照关键字的搜索量和竞争热度进行划分，还可以分为热词、温词和冷词。

（1）按照关键字类型分类

淘宝的关键字通常是一个词语，如女装、衬衣、雪纺等。主要关键字是指描述宝贝主要特质的词语，如连衣裙、衬衣等。意向关键字即次要关键词，是附加描述宝贝性质的词语，如新款、棉麻等。两个或两个以上的关键字组合，即形成关键词，如“棉麻衬衣”“陶瓷杯子”等。而长尾关键词是指搜索量不大、竞争程度低，但转化较高的关键词。长尾关键词通常较长，多由2～3个词语或短语组成，如“碎花半身裙两件套”。

（2）按照竞争热度和搜索量分类

为了使宝贝更容易被买家搜索到，买家需要有技巧地设置宝贝标题中的关键词。一般来说，热词是指买家经常搜索且竞争度比较大的词语，也就是说大部分买家喜欢使用该词语搜索商品，同时大部分店铺也会将该词语放入自己的宝贝标题中，如“长裙”“修身长裙”等。温词相对于热词而言，搜索人数更少，同时竞争度也更小，如“学生长裙”“品牌长裙”等。冷词的搜索量一般都非常低，相应的，竞争度也非常低，如“草原长裙”“莫奈尔长裙”等。

除了常规情形外，还有极少部分的词语搜索量比较高，但竞争度很低，这样的词语就是精确度很高的词语。也就是说，会搜索这些词语的买家通常就是卖家所寻求的目标人群，他们的搜索目标十分明确，由他们带来的自然流量的转化率将十分可观。

一个好的宝贝标题并不是热词的组合堆砌，匹配度高、精确度高的冷词，往往也能为宝贝带来优质的流量。

3. 点击率

提高宝贝搜索量的目的，实际上就是为了获得更多点击率，点击率的高低直接决定着宝贝流量的多少。例如，某宝贝展现1000次，点击率为0.1%，表示点击商品的人数是1人；如果点击率为1%，表示点击商品的人数是10人；如果点击率为10%，则表示点击商品的人数是100人。

当然，宝贝点击率不仅会影响商品流量，还会影响宝贝排名。淘宝宝贝的排名受多方因素的影响，其中店铺转化率也是主要影响因素之一。店铺转化率包括浏览转化率和下单付款转化率，浏览转化率即卖家浏览宝贝后成功交易的概率，如果宝贝的点击率低，浏览转化率就低。当淘宝后台排序系统检测出宝贝的展示率高但点击率低时，就会降低宝贝的排名。

5.2 淘宝搜索的雷区

淘宝网作为一个大型的网络交易平台，为了完善交易机制，保障买卖双方的权益，必须通过严格的制度和规则对交易环境进行控制和约束，让买家可以放心购物。所以，在这种交易环境下，淘宝卖家必须了解淘宝规则，避免因违规而被淘宝处罚。

5.2.1 虚假交易

虚假交易是指用户通过虚构或隐瞒交易事实、规避或恶意利用信用记录规则、干扰或妨害信用记录秩序等不正当方式获取虚假的商品销量、店铺评分、信用积分、商品评论或成交金额等不当利益的行为。

卖家进行虚假交易，淘宝将对卖家的违规行为做出纠正，包括删除虚假交易产生的商品销量、店铺评分、信用积分或商品评论等不当利益；情节严重者，淘宝还将下架卖家店铺内所有商品。在纠正违规行为的同时，淘宝将对卖家进行违规扣分处罚。对涉嫌虚假交易的商品，给予卖家30天的单个商品淘宝网搜索降权的处理。如果卖家某商品多次进行虚假交易，则搜索降权时间滚动计算。

常见的虚假交易方式列举如下。

1. 发布无实质交易内容的商品

（1）发布纯信息，包含但不仅限于：减肥秘方、赚钱方法、会员招募、商品知识介绍、免费信息以及购物体验介绍等。

（2）发布免费获取或价格奇低的商品，包含但不仅限于：无偿从发行方获得的优惠券或资格权、免费商品、软件下载、电子刊物（凡是通过网络传输的一切电子商品）、电子邮件地址邀请等；1 元以下虚拟类商品（不包括 Q 币/收费 Q 秀/点卡按元充/游戏货币，其中 Q 币/收费 Q 秀/点卡按元充 / 新手卡价格不能低于 0.1 元）；1 元及 1 元以下服务类商品；手机壁纸、图片、铃声等。

（3）在搭配套餐等打包销售形式的宝贝描述中，有明确表示仅部分商品会发货的文字内容。

2. 采用以下形式进行虚假交易

（1）将一件商品拆分为多个不同形式或页面发布。包含但不仅限于如下情况：商品和商品的运费分开发布；一个宝贝拆分为不同价格打包出售。

（2）将赠品打包出售或利用赠品提升信誉等。

（3）使用虚假的发货单号或一个单号重复多次使用。

（4）以直接或是间接的方式，变更商品页面信息、大幅度修改商品价格或商品成交价格等。

（5）卖家限制买家购买虚拟物品的数量。包含但不仅限于：限制某件商品一个ID只能购买一件；特殊市场另有规定的遵从其特殊规定。

（6）在移动/联通/电信充值中心、网络游戏点卡、腾讯QQ专区3个类目中发布虚拟类商品时使用限时折扣工具。

（7）其他进行虚假交易的形式。

3. 通过以下手段进行虚假交易

（1）卖家自己注册或操纵其他账号（如炒作团伙账号、亲朋好友账号、公司同事账号等），购买自己发布的商品。

（2）卖家利用第三方（包括其他卖家）提供的工具、服务或便利条件进行虚假交易。

（3）其他非正常交易手段。

高手支招

为了保证交易环境的公平公正，淘宝网会对弄虚作假行为做出十分严厉的处罚，因此严禁出现刷单行为。此外，建议不要频繁修改宝贝价格，否则会影响系统对店铺宝贝的判断。

5.2.2 规避信息

规避信息是滥发信息违规中的一项重要违规行为，指通过各种方式刻意规避淘宝商品发布规则的要求来发布商品，规避信息行为包括但不限于以下内容。

1. 利用SKU低价引流

利用SKU低价引流是指通过刻意规避淘宝商品SKU设置规则，滥用SKU设置，涉嫌低价引流的行为。利用SKU低价引流的情形包括但不限于以下情形。

（1）不同品类的商品放在一个SKU中售卖，如在床上四件套商品的SKU里出现枕套，并且枕套对应的价格远远低于正常四件套的价格区间。

（2）不同材质、规格等属性值对应价格不同的商品放在一个SKU中售卖，如将防水无纺布和类布纹放在一个商品的SKU中出售，且价格差距较大。

（3）将常规商品和商品配件放在一个SKU中售卖，如将手机充电器和手机放在一个SKU里售卖，并且价格差距比较大。

（4）将不存在的SKU（指这个SKU的商品实际并不存在）与常规的SKU放在一起售卖，如商品为手机贴膜，卖家设置“价格为0.1元拍错不发货”的SKU，低价吸引流量。

（5）将常规商品和非常规商品放在一个SKU中售卖。非常规商品如二手、样机、模型、瑕疵品、一只鞋等。

2. 以非常规的数量单位发布商品

指将商品的正常规格进行拆分后发布，如窗帘的正常规格以“米”为单位，但卖家拆分后以“毫米”为单位进行销售。

3. 商品邮费偏离实际价格

发布实物商品时商品的邮费价格远远超过其商品价格，并且不符合邮费行业标准，如一件衣服商品价格设置为2元，江浙沪邮费价格设置为53元，或虚拟物品有邮费。

4. 换宝贝

换宝贝是指通过编辑商品类目、品牌、型号等关键属性使其成为另一款商品的商品要素，主要包括以下情形。

（1）将商品A修改成为完全不同品类的商品B，例如，原出售商品为袜子，现出售商品为T恤。

（2）将商品A修改成为完全不同品牌的商品B，例如，原出售商品为耐克的运动鞋，现出售商品为鬼冢虎的运动鞋。

（3）手机类目的商品，出现以下情形的：将商品A修改为完全不同型号的商品B，或将翻新机换成全新机。例如，原出售商品为iPhone 6，现出售商品为iPhone 6s，或原出售商品为苹果官方翻新机，现出售商品为苹果全新机。

5.2.3 信息重复

信息重复是滥发信息的一种重要违规行为，指发布的商品信息存在重复。信息重复主要包含以下情形：重复铺货，即店铺中同时出售同款商品两件以上的；重复铺货式开店，即开设两家以上店铺且出售同样商品的。

重复铺货中的同款商品是指完全相同以及商品的重要属性完全相同或高度相似的商品。对于不同的商品，必须在商品的标题、描述、图片、重要属性等方面体现商品的不同，否则将被判定为重复铺货。

同款商品不允许发布的情况如下。

（1）同款商品不同颜色分别发布（男装、女装、运动服、箱包、鞋类、内衣配件类目除外），如在男装、女装、运动服、箱包、鞋类、内衣配件类目同款颜色分别发布是可以的，但如果一件宝贝主图中已包含了各种颜色或者各种颜色的销售属性，然后又以此不同颜色分别发布展示，即属于重复铺货。在男装、女装、运动服、箱包、鞋类、内衣配件类目以外的其他类目下，同款商品不同颜色分别发布就属于重复铺货。

（2）同款商品不同规格分别发布（服饰配件、箱包类目除外），在服饰配件、箱包类目以外，以大、中、小或者是其他不同的规格分别发布属于重复铺货，如一件衣服以大、中、小不同的尺码分别发布。

（3）通用型商品不同适用车型或不同适用机型分别发布，在汽车、用品、配件、改装类目下的通用型商品不能分不同的车型分别发布，在3C数码配件类目下的通用型商品不能分不同的机型分别发布。

（4）同款商品附带不同附赠品或附带品分别发布，如一款雅诗兰黛的化妆品发布了一次，成为商品A。同时，将同样一款雅诗兰黛的商品和一个小样赠品又发布一次，成为商品B。商品A和商品B的标题、图片、详情、价格等信息都类似，属于重复铺货。

（5）同款商品以不同主图角度的发布形式多次发布，如一款商品以主图正面、侧面等不同的角度，在其他商品标题、价格、详情都高度相似的情况下，分别发布在两个不同的商品里，有两个不同的商品ID，属于重复铺货。

（6）同款商品不同地区分别发布（移动/联通/电信充值中心、本地化生活服务除外）。如在移动/联通/电信充值中心类目下的手机充值卡商品，浙江地区面值为100元的移动手机充值卡和上海地区面值为100元的移动手机充值卡可以分开发布。

（7）手机号码/套餐/增值业务一级类目下的网络电话卡类目商品，每个卖家所发布的相同运营商的不同面值的充值商品不能超过15件。

5.2.4 类目错误

类目错误即品类不一致，包括标题里品类信息不一致，出现多个品类的关键词、商品实际品类与发布品类不符、标题与属性里的品类不一致、标题与图片里的品类不一致等情况。如跑鞋、休闲鞋、球鞋、凉鞋、靴子、高跟鞋等多个完全独立的品类同时出现在标题，将毛衣错放到“3C数码配件市场”类目，标题是连衣裙但图片却是靴子等情况，都属于类目错误。例如，下图所示的连衣裙和半身裙为两个独立品类。

5.2.5　属性错误

属性不一致即属性错误，如材质、款式、风格、型号、功效等属性信息在标题、图片、属性或者详情中的描述存在不一致的情况。

（1）材质属性关键词不一致。如标题中的材质属性是纯棉，而属性中的材质属性是涤棉，这是两种不能在同一件商品材质上共存的材质。

（2）标题里有两种或两种以上的同属性值关键词，同时在属性值中选择了其中一种属性值关键词或者选择了其他属性值关键词。如标题里出现了博美犬、贵宾犬、比熊犬3种说明品种的属性值关键词，而品种属性值选择的是贵宾犬。此时标题中的品种属性值和属性中的属性值选择是不一致的。

（3） 标题里的属性值与描述里的属性信息互斥。如标题里材质属性的属性值是纯羊毛，描述里的属性值却显示羊毛含量没有达到95%及以上。

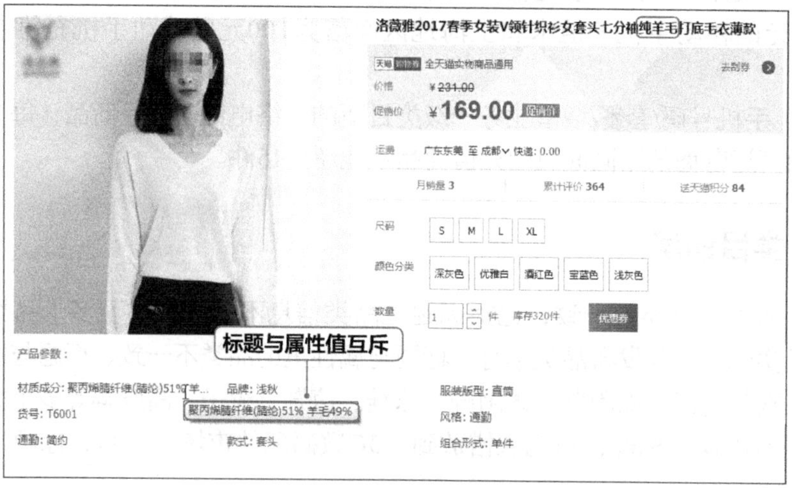

5.2.6　价格不一致

价值不一致指商品的标题、图片或者详情页面中描述的商品价格与标注的商品价格不一致。如一个商品标题或者详情描述、图片描述是15元，但标注的商品价格却是22.8元。或者在商品图片、标题或者详情页写的“拍下改价”“拍下后价格减××”等价格描述和标注的商品价格不一致等。

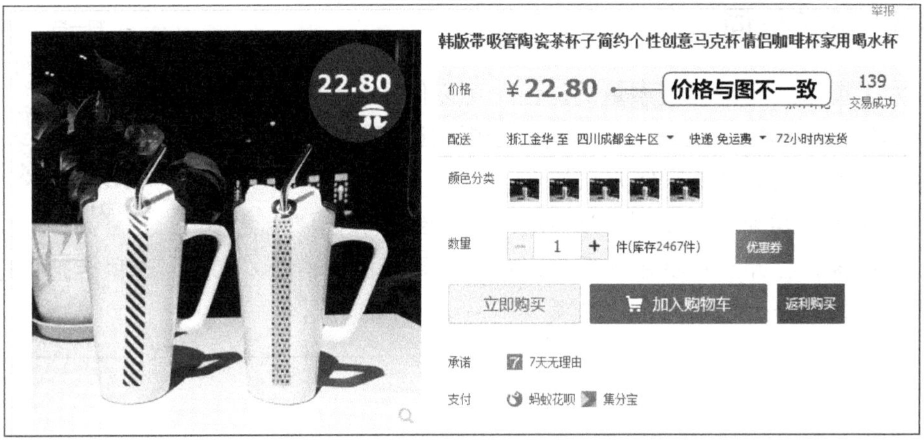

5.2.7　邮费不一致

邮费不一致指商品的标题、图片、详情页中对邮费的描述与实际运费模板设置的信息不一致。如商品标题或描述中写明“包邮、包快递、包平邮、包EMS等”，却在运费模版中设定运费价格，让买家承担邮费。如果商品属于住宅家具等开通三包服务类目的商品，商品标题中写三包到家（指包物流、包配送、包安装），但实际运费模板设置的却是由买家承担运费或者到物流点自提的，也属于邮费不一致。

5.2.8　宝贝不一致

宝贝不一致指“宝贝类型”的选择项与商品详情中对宝贝类型的描述出现不一致的情形。如全新商品，宝贝类型选为“二手”；或宝贝类型选为“全新”，商品为二手。以3C数码类商品举例，如笔记本、手机等二手商品，以全新的方式发布，但是在详情中写“8成新”。

高手支招

除了上述违规行为之外，将心情故事、店铺介绍、仅供欣赏、仅联系方式等非实际销售的商品或信息作为独立的商品页面进行发布，发布易导致交易风险的外部网站的商品或信息等广告信息行为，都属于违规行为。

5.3 宝贝标题优化

宝贝标题优化是淘宝SEO优化的重点内容，其目的是为了提高宝贝排名，让宝贝获得更多展示机会，获得更多流量。为了符合买家的搜索习惯，增加宝贝被搜索到的概率，淘宝卖家一般都使用买家热搜词来组成宝贝标题。

5.3.1 软件找词

扫一扫

软件找词

为了提取到有确切搜索量的词语，可以借助搜词软件。淘宝网提供了选词助手工具，帮助卖家分析和选择热搜词。查看淘宝商品热搜词的具体操作方法如下。

01 进入淘宝卖家中心，在“营销中心”栏中单击“生意参谋”超链接，打开生意参谋主页面，在顶部导航栏中单击“流量”选项卡，在打开的页面左侧选择“选词助手”选项。

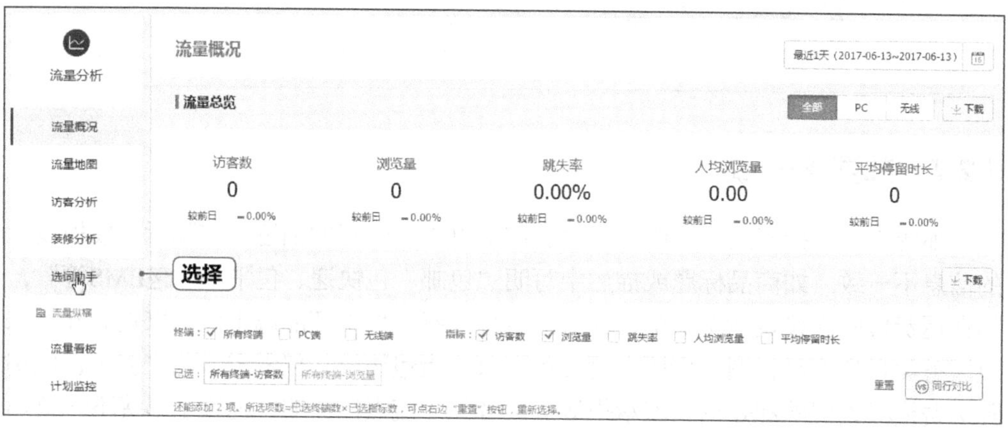

02 单击“行业相关搜索词”选项卡，在搜索文本框中输入关键词，然后单击 查看 按钮，选词助手将根据搜索内容显示相关关键词的搜索情况。

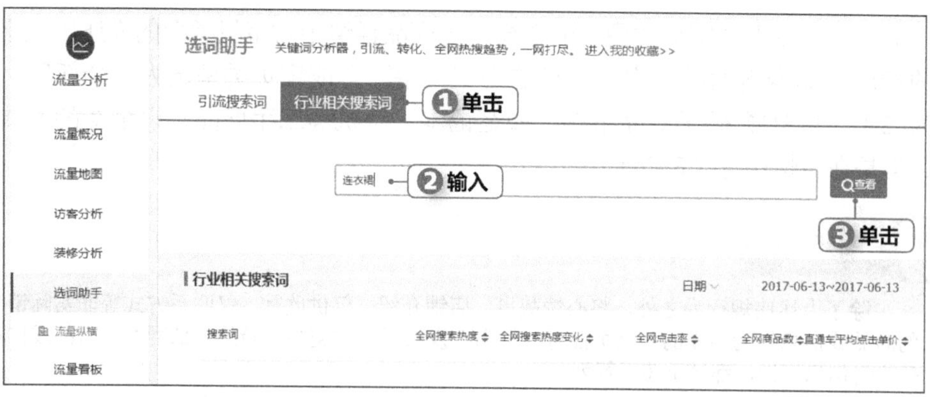

03 在搜索结果上方单击 指标 按钮，在打开的下拉列表中选中相应的复选框，设置需要显示的指标，设置完成后单击 确定 按钮即可。

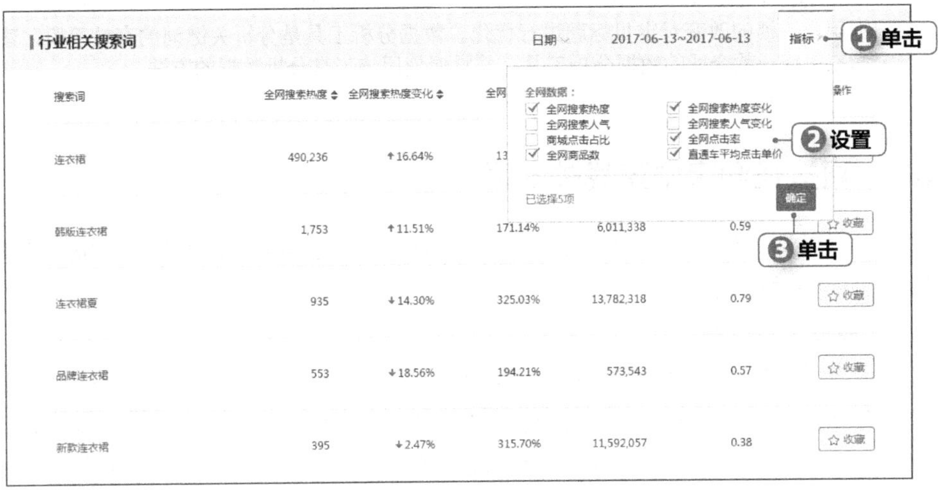

04 在搜索结果上方单击 日期 按钮，在打开的下拉列表中设置数据显示日期。

05 设置完成后单击 下载 按钮，在打开的下拉列表中单击 确定 按钮，可下载该搜索数据并将其保存为Excel文件以便查看。

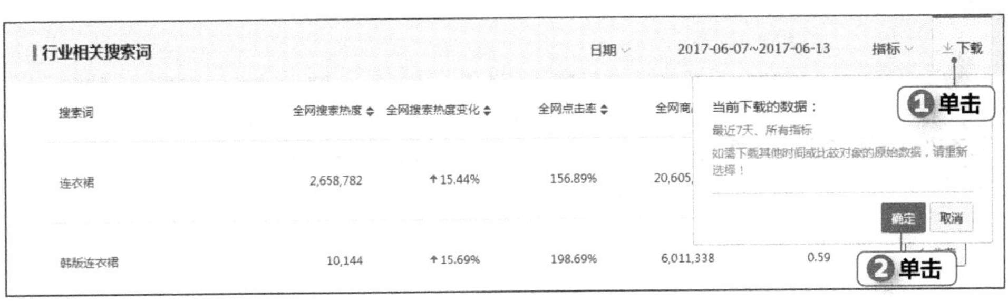

高手支招

淘宝类目下的热搜词并不是一成不变的，淘宝卖家应该密切关注淘宝用户的搜索习惯，并根据用户习惯的改变对宝贝标题进行优化。数据分析工具是分析关键词的有效手段，建议淘宝卖家选择一款合适的数据分析工具，并掌握使用该工具分析数据的方法。

5.3.2 直接在淘宝中查找关键词

除了通过选词软件寻找关键词之外，直接通过淘宝类目和淘宝首页也可以查找出当前热销的关键词。

1. 通过类目查找

为了方便买家查找所需商品，淘宝列举了非常详细的类目列表，而在该类目列表中，有一些词语是主要关键词，有一些词语则是当前热销词，或搜索量比较大的词。进入淘宝网首页后，将鼠标指针移动到左侧类目上，即可查看该类目当前相应的关键词。

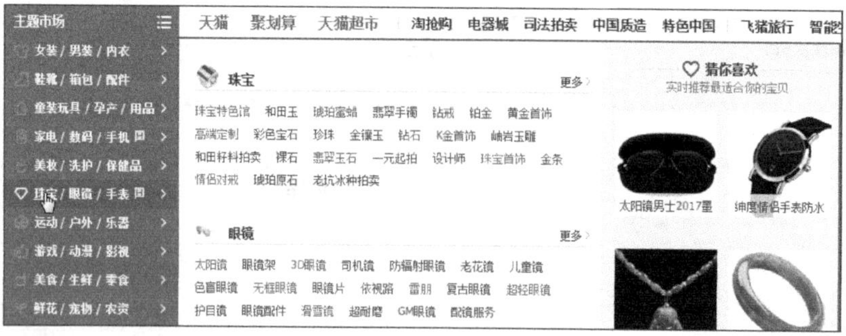

2. 在淘宝搜索页中查找

在淘宝搜索页面中，也可查找当前搜索量较大的词语。例如，在首页的搜索文本框中输入主要关键词后，在打开的下拉列表中将显示当前买家热搜的词语。此外，在首页的"特色市场"板块中选择相应类目，在打开的页面上方的"选购热点"栏中也可以查看当前类目下的热搜词语。

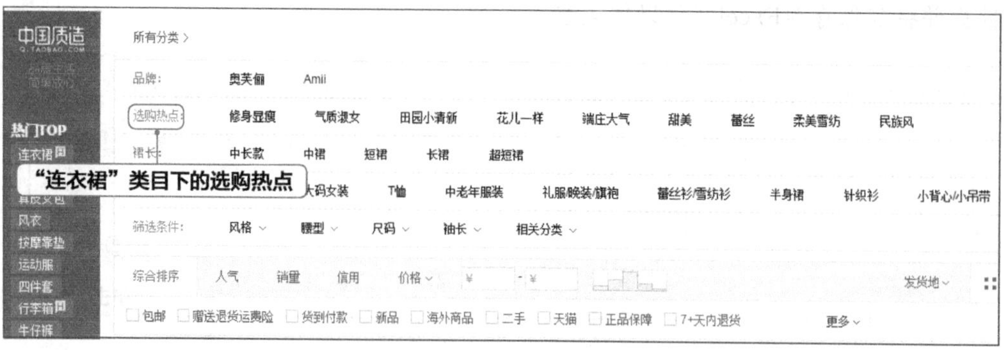

5.3.3 建立关键词词库

淘宝宝贝的标题基本是由多个关键词组合而成的，而组合标题的前提是建立关键词词库。一个全面且有效的词库可以帮助淘宝卖家更好地选择主要关键词、次要关键词、品牌词、高转化率的长尾关键词等。

要想建立词库，首先应该寻找词语。前面已经介绍了通过软件选词、淘宝类目和淘宝搜索页查找关键词的方法，搜集到相关关键词后，将其整理成Excel表格保存即可。

除了关键词之外，卖家也可以关注一下品牌词和属性词，以“连衣裙”为例，在淘宝首页搜索连衣裙之后，在打开的搜索页面上方的“品牌”“风格”栏中即可收集连衣裙的品牌词和属性词。

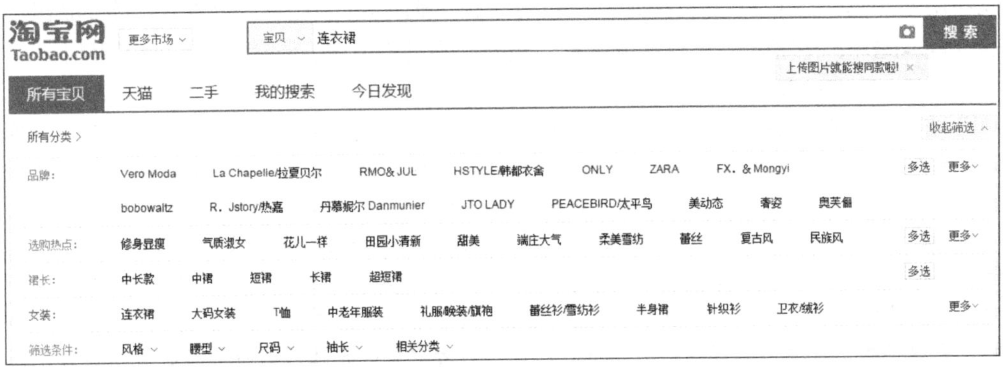

当然，除了筛选行业热词之外，也可以在淘宝排行榜中搜索热度最高、搜索量上升最快的关键词数据，分析买家搜索习惯的变化趋势。具体方法：单击淘宝网首页搜索框下方的“更多”超链接，进入“淘宝网排行榜”网站首页，在其中选择需要查看的榜单即可。

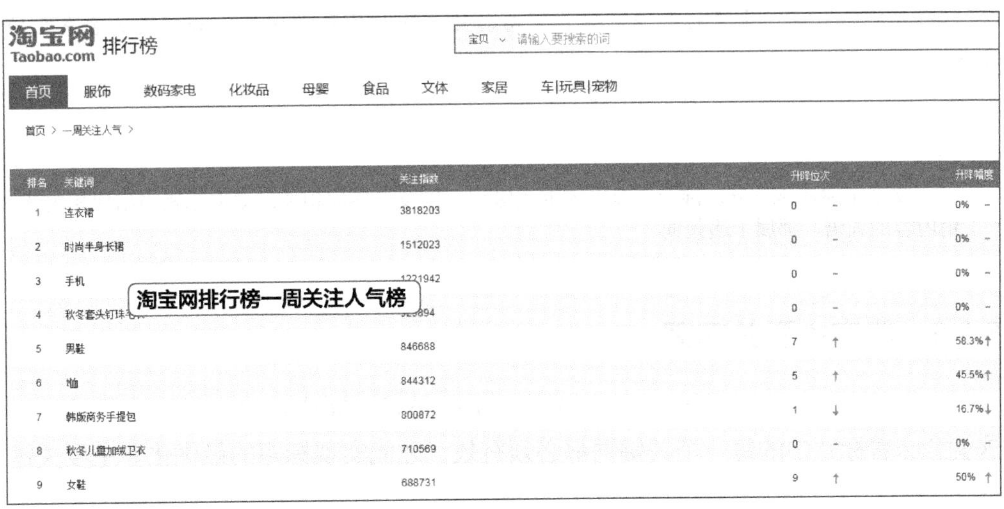

淘宝网排行榜一周关注人气榜

5.3.4 筛选无效关键词

淘宝宝贝标题要避免与他人的宝贝标题重复，同时还应该对重复、违规、不相关等无效关键词进行删除。

1. 删除重复关键词

当我们通过各种途径和手段提取行业关键词词库以后，首先必须删除重复的关键词。重复关键词十分影响宝贝标题的质量，影响其他有效关键词的输入。为了防止关键词词库中出现重复关键词，可使用Excel的“删除重复项”功能删除重复数据。

2. 删除违规词

《中华人民共和国广告法》（以下简称《广告法》）对广告禁用词进行了规定，极限用语不得出现在商品列表页、商品的标题、副标题、主图、详情页以及商品包装等位置。此外，淘宝网也对与宝贝无关的热词、不良渠道词、营销词等进行了限制。

- 极限用语 极限用语包括与“最”有关、与“一”有关、与“级/极”有关、与“首/家/国”有关、与品牌有关、与虚假有关、与欺诈有关、与时间有关等的词语，如国家级、世界级、最高级、最佳、最低价、第一、首个、顶级、最新、第一品牌、全网销量第一、全球首发、全网首发、世界领先、销量冠军、领袖品牌、独一无二、史无前例、万能等。
- 功能性用语 《广告法》规定不能为不具备该功能的商品描述该功能，如商品批准文号为国妆备进字，并非特妆准字，不属于特殊化妆品，但却在宝贝详情页面宣传特殊化妆品功效，属于虚假宣传，违反广告法。育发、染发、烫发、脱毛、美乳、健美、除臭、祛斑、防晒、美白都属于特殊用途化妆品功能词。此外，将普通食品描述为具备养肝护胃、提升免疫力、化痰止咳、促进××、改善××等功能，也同属于该情况。同时宣传医疗用语，如治疗、治愈、医治、防癌抗癌、处方药、医疗、止咳、活血化瘀等也需慎重使用。
- 与宝贝无关的热词 无关热词是指搜索量很大但与当前宝贝没有直接关系的词语，如当前宝贝是雪纺连衣裙，但标题中加入了“真丝连衣裙”热搜词。宝贝标题与宝贝不匹配，属于违规行为，不仅无法为宝贝带来流量，还可能导致宝贝下架降权。
- 品牌比较词 宝贝标题中不能出现与其他品牌相比较的词语，如“媲美香奈儿的香水”。

高手支招

除了上述违规词外，涉及不良渠道的关键词、以及未参加相关活动但标题中出现相关营销内容的词语，都属于违禁词。

5.3.5 确定主要关键词

淘宝的宝贝标题不能超过30个汉字，卖家必须在30个汉字内描述宝贝情况，这就意味着标题中的每一个关键词都必须有效，才能实现标题的最优化。主要关键词一般是宝贝标题中的主要引流词，对于大卖家而言，原则上是选择搜索量比较大、热度比较高的关键词。

淘宝卖家主要可以通过生意参谋、直通车、淘宝热销榜和排行榜等方式来确认关键词的热度。

在数据分析工具中验证关键词热度，通常可以使用全网关键词查询功能查看该关键词的搜索人气、搜索指数、搜索占比、点击指数、转化率等，然后通过这些数据分析该关键词的热度。在直通车中，同样可以查看宝贝的搜索人气、搜索指数、占比、点击指数、在线宝贝数量、转化率等数据。在淘宝排行榜中，也可以通过当前主要关键词的关注指数、升降次序、升降幅度等数据来分析关键词的热度。

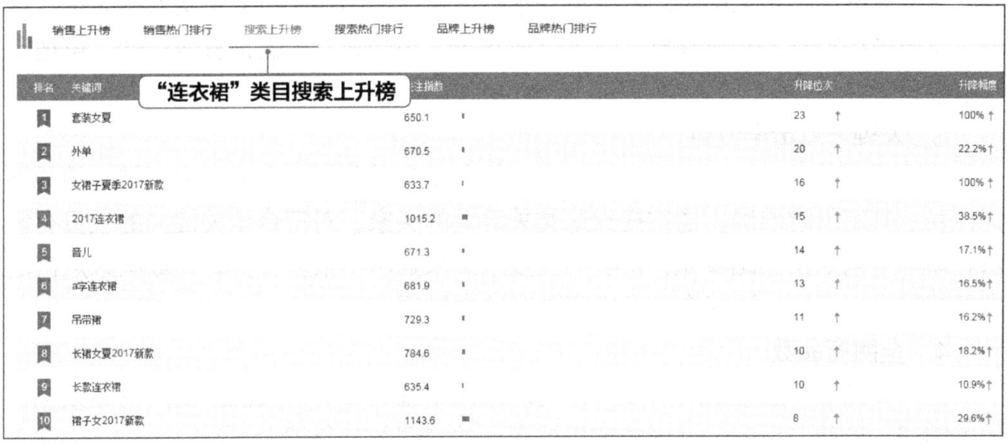

5.3.6 关键词数据分析

在完成标题的初步组合后，还需要具体分析关键词。关键词目标人群、关键词转化率、关键词点击率、全网商品数等都是分析关键词的重要数据。

1. **关键词人群分析**

关键词人群分析是指分析适合店铺的买家人群，通过分析判定关键词词库中部分关键词的优劣性。关键词人群分析主要包括人群筛选和人群定位两部分。

（1）人群筛选

人群筛选即市场定位，根据整个宝贝的市场行情判断自己店铺的宝贝的价格层次、目标人群的类型等。对于不符合当前宝贝层次和类型的关键词要排除。

（2）人群定位

人群定位是指对目标人群的年龄、性别、消费层次、职业、爱好、地区等数据进行分析。不同职业、不同性别、不同地区、不同消费层次的用户，通常购物习惯也会有一定差异，如果卖家可以针对目标人群筛选出适合的关键词，对搜索优化、展示量、点击率、转化率等数据而言，都将十分有利。

例如，分析“气质长裙”关键词，通过数据分析工具分析出该关键词的搜索热度，分析喜欢搜索该词的买家的地域分布情况，分析喜欢搜索该词的买家的年龄分布，分析喜欢搜索该词的买家的消费等级，分析喜欢搜索该词的买家的爱好定位，如这部分买家是上班族、居家主妇，还是爱美人士等。

当确定了目标消费人群的特点之后，就可以针对该类消费者的搜索习惯和要求等优化标题中的关键词，同时根据其消费层级有目的性地展示宝贝，优化价格。

2. 关键词转化率分析

关键词转化率分析是指通过分析转化率来筛选掉转化率低的关键词。如果宝贝获得了一定的展示率，但却没有获得足够的转化率，淘宝会降低该宝贝的排名。一般来说，关键词的转化率可以行业平均水平为标准，稍高于行业平均水平为优，过高容易被系统审查，甚至降权。低于行业水平太多则表示关键词有效性低，可适当调整或删除。

3. 关键词点击率分析

关键词点击率分析可以从全网点击率的角度来做分析，全网点击率越高的关键词，表示其定位越准确，通常搜索这类关键词的买家，对符合该关键词的宝贝有需求。如果全网点击率比较低，说明淘宝搜索结果显示了很多宝贝，但被买家点击的宝贝却较少。原则上选择全网点击率更高的关键词。

4. 全网商品数

全网商品数一般是指所有搜索得到的结果中宝贝数的最大值。全网商品数越大的关键词，说明使用该关键词的宝贝越多，关键词的竞争越大。

搜索词	全网搜索热度	全网搜索热度变化	全网搜索人气	全网点击率	全网商品数
气质长裙	55	↑37.50%	49	358.18%	424,293
学生长裙	42	↓31.15%	35	238.10%	190,834
半长裙	28	↑55.56%	23	132.14%	47,542
波斯米亚长裙	24	↑300.00%	20	83.33%	614
韩版长裙	24	−0.00%	21	554.17%	987,283

5.3.7 组合关键词确定宝贝标题

通过生意参谋等数据分析工具，可以帮助淘宝卖家了解当前类目中的买家热搜词、关键词搜索热度、人气、点击量等数据，通过分析和选择关键词数据，即可确定商品的标题。

1. 关键词的种类

淘宝宝贝一般由多种关键词组合而成，如核心关键词、属性词、品牌词、促销词、功能词等。

- **核心关键词** 核心关键词即顶级关键词，是对商品本质的描述，如“连衣裙”“笔记本”属于核心关键词。
- **属性词** 属性词即用于描述商品的词语，如形状、尺码、材质、大小、颜色等。
- **品牌词** 品牌词即指商品的品牌，如李宁、迪奥等。
- **促销词** 促销词指商品在促销时使用的词语，如买一赠一、包邮等。
- **功能词** 功能词用于描述商品功能的词语，如保暖、防滑、防水、便捷等。

2. 组合关键词

在组合关键词之前，可以先对当前宝贝不同类型的关键词进行排序和选择。例如，搜索关于宝贝属性、特征、功能、材质的关键词，筛选排序靠前或搜索量大的词语，去除重复的关键词，然后组合筛选出的词语。

通常情况下，宝贝标题中关键词的种类越多，被搜索到的概率会越大。

以“雪地靴”的标题组合为例。

首先确定核心关键词——雪地靴。

其次分析雪地靴的品牌、属性、材质、功能等。在分析这些关键词时，可以查看淘宝雪地靴搜索页上方的属性栏，或发布商品页面的属性设置项。如该商品的属性为“圆头、平跟、二层牛皮、加绒加厚、短靴、软底”等，功能为“保暖、防滑”等。

然后确定商品的品牌，如“UGG新款”等。

最后，可以根据用户的搜索习惯加入一些比较有人气的词语，如“休闲、舒适”等。

分析完雪地靴的关键词后，接下来即可组合这些关键词，形成宝贝标题，如“UGG2017年新款加绒雪地靴防滑软底平跟短靴女舒适保暖”。

3. 关键词组合规则

为了使宝贝标题更符合用户搜索习惯，增加宝贝被搜索到的概率，在组合宝贝标题的关键词时，可以遵循以下规则。

- **排序先后** 淘宝宝贝关键词的组合排序不分先后顺序，所以不需刻意调整关键词组的顺序。例如，在淘宝搜索页输入“加绒雪地靴”和“雪地靴加绒”，搜索结果一样。
- **排序紧凑** 所谓的关键词排序紧凑即关键词的紧密性。用户搜索的关键词与宝贝标题中某个关键词越接近，其排序将越靠前。如用户搜索“加绒雪地靴”时，“加绒雪地靴”将优先于“加绒短筒雪地靴”显示。
- **节省字符** 淘宝宝贝标题可以输入30个汉字，卖家在设计宝贝标题时不要使用重复的词语，尽可能加入商品特性、商品功能相关的词语，这样不仅可以避免字符浪费，还有利于锁定更多的目标客户群。

高手支招

全网搜索热度高的关键词，说明搜索的买家比较多，同时，与该关键词有关的全网商品数也非常多，这样的关键词通常竞争比较激烈，对店铺的排名要求较高。卖家在使用数据工具分析关键词时，可以试着查找搜索热度比较低，但是点击率较高、全网商品数较少的关键词，这样的词语虽然热度不高，但竞争比较少，且目标买家定位更准确。此外，还可以发掘一些长尾关键词。原则上，低销量多用长尾词，中销量多用中频词，高销量多用竞争热门词。

5.4 宝贝排名优化

从宏观意义上来说，商品人气、卖家服务质量、商品相关性、商品图片等都会影响宝贝的排名，其中很多影响因素不是立刻就能得到改善的，而有些影响因素则任何时候都能优化。

5.4.1 类目属性优化

淘宝规定宝贝类目必须与宝贝本身相符合，类目错误可能导致宝贝降权，使宝贝排名靠后，所以宝贝类目优化十分必要。一般来说，宝贝类目优化主要包括类目放置正确、类目最优和完善细节3个方面。

- **类目正确** 类目正确是宝贝类目优化的第一步，卖家在发布商品时，可以在“类目搜索”文本框中查询当前宝贝的类目分类，淘宝将根据用户输入的商品核心关键词匹配相关类目。

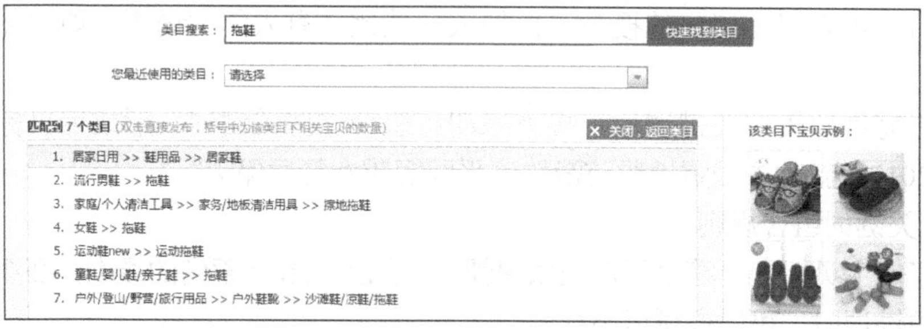

- **类目最优** 类目最优是指为宝贝选择最适合的类目。某些商品具有一些共通属性，如“拖鞋”，按照淘宝商品发布后台的匹配情况，拖鞋可以放置在“居家日用>>鞋用品>>居家鞋”类目下，也可以放在“女鞋>>拖鞋”类目下。买家在淘宝搜索商品时，除了可以输入关键词进行搜索外，还可以通过淘宝类目进行搜索。比较这两个类目，“女鞋”的类目流量大于“居家日用”的类目流量，说明将拖鞋放置在“女鞋”类目下，搜索量将更多。但是，搜索量多一般都意味着竞争环境激烈，如果宝贝不具备强力的竞争优势，那么放入竞争环境相对温和的“居家日用”类目下也可以收获不错的效果。所以宝贝究竟放置到哪一个类目之下，需要根据宝贝的实际情况来分析。

● 完善细节　在优化了类目后，为了使宝贝与类目最大限度地匹配，可以在宝贝标题中带上类目名称，如“居家拖鞋”等。

5.4.2　橱窗推荐优化

每一个淘宝店铺都拥有橱窗推荐板块，淘宝橱窗推荐的作用与商店橱窗展示一样，都是展示店铺中比较有吸引力的商品，主要起到吸引客流，提高宝贝曝光率的作用。淘宝的橱窗推荐机制，可以让店铺中橱窗推荐的宝贝优先获得展示机会。

店铺的等级不同，拥有的橱窗推荐数量也不同。

● 信用等级　心级卖家奖励10个橱窗位；钻级卖家奖励20个橱窗位；冠级卖家奖励30个橱窗位。

● 开店时间　开店时间少于90天，奖励10个橱窗位；开店时间满1年奖励2个橱窗位；开店时间满2年奖励5个橱窗位；开店时间满3年奖励10个橱窗位。

● 消保　缴纳消保保证金的，奖励5个橱窗位。

● 店铺周成交额　周成交额是指上周的周成交额，计算周期为周四00：00：00至下周三23：59：59。如果近30天无成交，或店铺不满一星，或主营类目不符合要求，或上周处于惩罚状态，则没有奖励橱窗位。成交额奖励橱窗的使用有效期为1周，每周五老的奖励失效，新的奖励生效。

● 金牌卖家　金牌卖家奖励5个橱窗位。

● 违规扣分　一般违规扣分（A类扣分）满12分及以上，扣除5个橱窗位；严重违规扣分（B类扣分）满12分及以上，扣除10个橱窗位；出售假冒商品被违规扣分（C类扣分）满24分及以上，扣除20个橱窗位。

每一位淘宝卖家都希望拥有尽可能多的橱窗推荐，但是当店铺信用级别、宝贝成交量、金牌卖家等条件不满足时，能够拥有的橱窗位就十分有限。橱窗位是店铺非常有用的引流入口，新手卖家的橱窗位虽然无法与钻级、冠级店铺相比，但合理利用已有的橱窗位，也可以引入可观的流量。

很多不了解淘宝宝贝上下架时间规则的新手卖家会一次性上架店铺内的所有宝贝，然后挑选一部分设置为橱窗推荐，其实这样的做法十分不利于宝贝排名和店铺引流。淘宝宝贝越靠近下架时间，排名会越靠前，如果让所有宝贝在同一时间上架，那么这些宝贝的下架时间将十分靠近，也就是说一周之内，店铺宝贝将集中在一天获得展示机会，还可能产生互相竞争的情况。所以宝贝尽量分批次上架，然后将销量、人气、DSR评分较好，临近下架的宝贝设置为橱窗推荐。

高手支招

在淘宝“卖家中心”后台的“宝贝管理”栏中，单击“橱窗推荐”超链接，即可查看、设置和管理橱窗推荐的宝贝。

5.4.3 商品上下架时间优化

商品上下架时间是影响商品排名的因素之一，特别是对于小卖家或新开设的店铺而言，受成本和店铺等级的影响，很多推广活动都无法顺利参加，此时设置商品上下架时间就成了获取商品流量非常有效的手段。

1. 分析商品上下架时间

淘宝网的商品下架周期为7天，即从商品上架开始计算时间，7天后即为商品下架的时间，如果商品的出售状况正常，淘宝系统会继续自动上架商品。商品上下架规律尽可能地给予所有商品公平展现的机会，但淘宝网的卖家数量非常庞大，同类商品竞争激烈，同一时段下架的商品数量众多，如果下架时间设置不合理，很多商品就无法获得良好的展示机会，此时就需要分析商品上下架时间。

（1）分析合适的商品上架时间

互联网用户在进行网络购物时，不同的消费群体有不同的消费习惯和消费时间。通过分析行业每天和每周的访问高峰期，可以基本确定消费人群的主要活动时间段，从而有目的性地设置商品上下架时间，引入更多有效的流量。如目标消费群为上班族的商品，其销售高峰期一般是上班族的休息时间和下班时间，在这个时间段里，商品的有效流量最多。淘宝网中提供了很多经营数据分析工具，均可用于分析用户的年龄、性别、消费时间等信息，从这些分析工具中提取的数据可作为商品上下架时间的依据。

（2）分析行业上下架情况与店铺上下架的情况

分析行业上下架情况主要是为了避开实力强劲的竞争对手，有针对性地规划商品的上架时间。热门行业中的中小卖家在市场中的竞争力比大卖家低，如果将商品上下架时间设置为与大卖家一致，则很可能在商品下架时也无法获取靠前的排名，而通过分析大卖家的商品上架时间，可以帮助中小卖家避开正面竞争。如果是竞争力较强的卖家，则可参与流量高峰期的竞争，实现流量的最大化和有效化。

在分析了行业上下架情况、每天流量高峰期以及每周流量高峰期之后，即可将行业情况与店铺经营数据结合起来，分析商品上下架时间的状态和分布情况，调整不合理的地方，尽可能让店铺中的商品均匀分布在一周中的合适时间，使整个店铺的流量得以在一周中保持较稳定的趋势。

2. 商品上下架技巧

卖家为了更好地引入流量，需要将商品的上下架时间设置在目标消费者的主要消费时间段中，同时避开流量极少的时间段，这里介绍一些优化商品上下架的时间，更好地留住有效流量的小技巧。

● 时间选择　一般来说，商品上架应尽量安排在互联网用户的流量高峰期，即互联网用户上网的主要时间段，如早上9：00—11：00、中午12：00—15：00、晚上19：00—23：00均为网上流量较大的时期。当然，具体的时间安排应该以本行业目标消费人群的活动时间为准。

- 商品上架时间分布　在设置商品上下架时间时，一般以主要的引流商品为主，然后合理分配其他商品的上架时间。需要注意的是，店铺商品不要在相同或较短的时间段内上架，而应该合理分布在一周中分批上架，稳定店铺在一周中的搜索排名。
- 结合橱窗推荐　可以搭配橱窗推荐，利用好上下架时间，让商品得到更多的展示机会和流量。
- 避免整点上架　当同类目中的卖家数量较多时，在设置商品上架时间时将会有很大的重复性，而整点上架的商品通常重复性更高，可能会降低商品的展示机会，因此建议避开整点上架产品。

5.5 疑难破解

淘宝宝贝的搜索优化需要持续关注、持续调整，新手卖家要想获得更靠前的排名，不仅需要掌握搜索优化的常用方法，还应该了解优化过程中可能出现的问题。

1. 影响淘宝搜索排名的主要因素有哪些?

影响淘宝搜索排序的因素非常多，前面已经提到过相关性、是否作弊等因素，其次成交量、关键词匹配、商品下架时间、收藏量、好评率、商品促销、橱窗推荐、消费者保障、店铺动态评分、商品价格、点击率、商品主图、商品属性完整度、停留时间、跳失率、金牌卖家、公益宝贝、动销率、退款纠纷率、客单价等众多因素都会影响商品搜索排名，不同的因素权重不一样，对商品排序的影响也不相同，下面对主要因素进行介绍。

- 点击率　新品上架后的随机展示概率是相似的，在固有的展示次数里，如果点击率高，如100次展示机会中获得20次点击量，则表示该商品的标题和图片搭配比较合理，能够获得不错的点击率，淘宝会继续增多该商品的展示机会。反之，点击率过低即可能降低排名。
- 跳出率　跳出率是产品质量好坏的一种体现，淘宝根据买家在店铺的停留时间和跳出率来判断宝贝详情页是否吸引买家，买家停留时间越长、在店铺中浏览的页面越多、跳出率越低，则越有利于提升排名。
- 转化率　转化率是商品能否得到买家认同的一种体现，一般来说，转化率越高的产品页面，说明产品描述越求实，客户信任度越高，淘宝将对这类商品的排名进行提升。如果是转化率过高的商品，则可能进入人工审核系统，审核合格则给予提升排名的处理，反之，如果检测出有刷信誉、刷单等嫌疑，则会被降权。
- 综合评分　综合评分包含多种因素，如人气、销量、信誉、价格等都属于综合评分的范畴，其中人气又包括浏览量、收藏量等。总而言之，不管是商品质量还是服务质量都需要做好，赢得更多买家的好评和青睐才可能提高综合评分。综合评分值较高，则淘宝将提升其排名；综合评分值过低，则会给予降低排名和权重的处理。
- 动态评分DSR　DSR评分是店铺综合服务水平的体现，DSR评分越高，对提升排名越有利。
- 下架时间　淘宝网中的商品在即将下架时会获得排名提升和更多展示机会，这就是为什么要慎重设置商品上下架时间的原因。

● 橱窗推荐 橱窗推荐的商品排名一般更靠前，金牌卖家还可以获得精品橱窗，精品橱窗对商品权重的影响很大。

● 商品属性的完整度和准确度 淘宝卖家在填写商品的属性时，必须尽量完整且定位准确，尽量完整是指尽量按照淘宝网中列举的条目填写，定位准确则是指描述产品的类目和属性时必须准确，如属于短靴的鞋子，必须填写短靴，不能填成长靴等，否则容易被淘宝降权处理。

● 消费者保障 参加消费者保障的商品，排名将更靠前。

● 退款纠纷率 退款率和纠纷率是判断商品质量和服务质量的重要指标，退款率比同行高的店铺，排名也会降低，而有纠纷或纠纷率高的店铺，会被淘宝做降权处理。

● 降权 当淘宝判断店铺出现违规行为时，会对店铺进行降权处理，因此卖家要熟知淘宝规则，避免出现违规行为。

● 全店动销率、滞销率 动销率也是一个会影响搜索排名的因素，建议卖家将长时间未出售的商品重新编辑或下架，这样有利于提升店铺权重。

● 回头客 回头客是判断店铺品质的重要依据，也是淘宝判断店铺质量的因素之一，回头客越多的店铺，排名会更靠前。同理，商品的再购率高，排名也会更靠前。

● 关键词匹配 一般来说，淘宝商品的标题关键词细分要用该商品所在类目下的热门关键词，同时在商品的详细描述里，也尽量包括商品的热搜关键词，这样更有利于提升排名。

2. 新手卖家可以使用哪些排名优化策略?

在淘宝商品的营销推广方面，大卖家不管是资金还是资源，都远远高于小卖家。小卖家如果直接与大卖家竞争，无异于以卵击石，所以在资金和资源均不充足的情况下，小卖家一定要学会抓住自然搜索流量。

在淘宝网搜索宝贝时，通常显示100页搜索结果，每一页大约40多个商品，买家在查看搜索结果时，一般只查看前10页的宝贝，也就是说，显示在10页以后的宝贝的展示机会将非常少。

小卖家要让自己的宝贝排名靠前，首先当然是优化宝贝标题。淘宝的一个热词，每天的搜索量都非常大，但竞争也异常激烈，小卖家在面对这些热词时几乎没有竞争力，甚至在竞争一些热度中等的词语时，也无法获得优势。此时，小卖家或新手卖家就需要另辟蹊径，在冷词中寻找机会。冷词并不是没有搜索量的词，而是搜索量非常低的词语，这些词通常不会被大卖家采用，竞争度低，是小卖家前期积累客户和人气的关键。

那么如何优化宝贝标题呢?

第一步，分析宝贝特质。这里的分析宝贝特质与确定宝贝标题时分析宝贝特质类似，但可以挖掘得更深入一些。如一个唐朝仕女的陶瓷摆件，分析该宝贝，可以得出唐朝、仕女、陶瓷、摆件、居家装饰品、人物、中式风格、复古等特质。

第二步，分析关键词数据。分析关键词数据即分析关键词的有效性、搜索人气、竞争情况、点击率等。如在淘宝搜索页输入“唐朝仕女摆件”，搜索结果显示只有8页，这说明在宝贝标题中植入该词，有很大概率使宝贝排名靠前。接下来验证该词是否有效，可以在生意参谋的选词助手中验证，输入搜索词后发现该词在最近一天或最近一周都没有搜索量，说明该词是无效关键词，不能作为核心竞争关键词使用。其次，再分析其他关键词，在选词助手中验证"陶瓷摆件""家居摆件"，发现这两个关键词搜索热度高，但是全网商品数非常多，竞争非常激烈。"仕女摆件"热度相对较低，全网商品也相对较少，竞争程度低，并且"仕女摆件"的点击率高于"陶瓷摆件"和"家居摆件"，这在一定程度上说明该词对目标客户群的定位更准确。

搜索词	全网搜索热度 ⇕	全网搜索热度变化 ⇕	全网搜索人气 ⇕	全网点击率 ⇕	全网商品数 ⇕
陶瓷摆件	2,546	↑12.26%	2,043	222.78%	1,276,812
家居摆件	1,346	↑4.83%	1,070	295.39%	2,528,278
仕女摆件	46	↑4.55%	37	334.78%	10,280

接着继续挖掘其他关键词，"陶瓷摆件"既然是热搜词，不适合小卖家参与竞争，就可以考虑稍微改变一下关键词，避开竞争。如分析"陶瓷人物""陶瓷人物摆件""陶瓷人物小摆件"等关键词，发现这些关键词都有一定的热度，同时竞争程度比较低。

按照相同的方法，继续分析"中式风格摆件""中式复古摆件"等关键词，验证词语的有效性和竞争程度，最终挑选适合的词语组成商品标题。

搜索词	全网搜索热度 ⇕	全网搜索热度变化 ⇕	全网搜索人气 ⇕	全网点击率 ⇕	全网商品数 ⇕
陶瓷人物	42	↑61.54%	34	290.48%	36,053
陶瓷人物摆件	36	↑5.88%	33	313.89%	27,848
陶瓷人物小摆件	27	↑68.75%	23	292.59%	6,162
陶瓷摆件 人物 仕女	1	−0.00%	1	0.00%	1,642

此外，小卖家如果出售的宝贝并非比较知名的品牌商品，则标题中尽量不要使用品牌词，不知名的品牌基本上没有搜索量，这样的关键词一般没有太大的意义。

最后总结一下小卖家寻找精确冷词的技巧：避开热门词，抓准宝贝特质，突出材质、款式、功能等属性，避开品牌词。

3. 橱窗位推荐有哪些小技巧？

橱窗位推荐的数量一般都是相对固定的，因此卖家要有选择性地进行橱窗推荐。下面介绍一些橱窗位推荐的小技巧。

- **长期推荐** 为了保持长期且持续的自然流量，可在店铺的引流商品或畅销商品中选择3~5款作为长期橱窗推荐，尽可能保证这些商品的展现量。
- **推荐下架商品** 对于接近下架的商品，可以通过橱窗位优先展示。
- **及时释放商品** 对于已经过了下架时间的商品，应及时撤销，并推荐其他适合的商品。
- **根据价格推荐** 在进行橱窗推荐时，可以选择一些性价比较高的，具有价格优势的商品来吸引更多买家，增加流量。
- **做好优化** 对于橱窗推荐的商品，一定要同时做好标题优化和图片优化，这样才可以获得更多的展示机会和流量。为了更好地管理橱窗推荐位，可以选择一些自动推荐或管理工具。

5.6 边学边练

（1）假设现在需要对一款夏季长裙的宝贝标题进行优化，该长裙的部分特质为雪纺、碎花、2017夏季新品、大摆、无袖，试着组合并优化该长裙的标题。

（2）通过分析夏季长裙的特点、目标人群等来优化该商品的上架时间。

（3）为新手卖家或小卖家的“女士泳衣”宝贝选择一个最优类目。

第6章 优化店铺，提升访客量

本章导读

视觉冲击和审美视觉感观是激发客户潜在兴趣的主要因素，直接决定着店铺营销效果的好坏。在这种背景下，宝贝的主图和详情页的效果，在很大程度上决定了宝贝的点击率和转化率。在拥有不错的排名的基础上，宝贝能否第一眼就吸引客户，能否进一步留住客户，从而促使客户下单购买，关键在于宝贝主图、详情页和卖点文案的设计。

知识技能

※ 掌握宝贝主图优化的方法

※ 掌握详情页优化的方法

※ 掌握宝贝卖点文案的策划与写作方法

6.1 宝贝主图优化

一般来说，网店宝贝推广优化主要包括3个方面的内容，第一是淘宝SEO优化，目的是让消费者看到宝贝；第二是淘宝主图优化，目的是让消费者点击查看宝贝；第三是详情页优化，目的是让消费者购买宝贝。在这3个重要的优化内容中，主图优化是宝贝视觉营销的第一步，如果主图能够形成视觉冲击，吸引看到的买家，就可以为宝贝带来点击量，为后面的成交打下基础。

淘宝网在展示商品时，通常是商品主图加商品标题的形式，我们在通过淘宝SEO优化获得展示机会后，能不能将展示量转变为点击率，很大程度取决于商品主图的质量。而为了优化宝贝主图，吸引买家点击，一般可以使用以下优化技巧。

6.1.1 根据宝贝卖点挑选模特

模特可以直观地表现宝贝，让宝贝图片更具冲击力，如果将合适的模特展示图设置为主图，可以为宝贝引入更多流量。

1. 模特形象

很多商品都需要模特，特别是服装类商品。在挑选商品模特时，必须根据商品的特性进行挑选，例如，休闲服饰的模特可热情可优雅，商务服饰的模特则应该大气成熟，运动服饰的模特则应选择运动型或力量型。合适的模特可以让商品效果锦上添花，更方便买家通过图片代入商品的使用环境。

2. 模特动作

模特动作可以映衬商品特性，增加商品表现力，使整个商品图更加和谐亮眼，还能使客户产生共鸣。如下图的同类型商品，左图的表现力比右图更好，客户通过左图可以想象出比较有美感的使用场景，而右图的想象空间则相对平淡。

高手支招

一般来说，有模特的产品主图均使用真人模特图，同时展现正面、反面、侧面、细节等，还可以展示多种颜色。如果商品的品牌定位比较明确，那么店铺的风格、产品的风格都需要提前设计，模特的妆容、表情、动作、场景及道具等，都需要与品牌风格呼应。

6.1.2 根据图片效果设计背景

商品图片最适合的背景，通常是实拍背景，也就是说根据环境引导的方式，将商品放置到实际使用场景中进行拍摄。但如果是室内拍摄的图片，很多时候就需要手动布景，或通过后期处理的方式添加背景。原则上，背景效果不能喧宾夺主，颜色不能过于繁杂。下图所示的两款礼服图片，背景均略显复杂，前者背景的复杂程度有些喧宾夺主，同时颜色过于繁杂，不能很好地衬托商品效果；但后者图片的背景却与商品相辅相成，不仅不会遮盖商品的亮点，同时还能起到映衬商品、突出主题的效果。

6.1.3 环境引导

环境引导是指通过将商品放置到实际使用环境的方式来展示商品，引起买家的代入感，从而增强买家的购物欲望，提升点击率，如服装的街拍效果，运动用品的运动效果等。

6.1.4 展示卖点

卖点是指商品具有的别出心裁、与众不同的特点。对于部分实用商品，特别是对于功能性商品而言，要想最大化引入流量，只凭借美观的图片是不够的，还需要展示足够的卖点来激发买家的购买欲望。卖点一般通过宝贝详情页展示，当然为了抓住消费者的眼球，也可在主图中展示比较有代表性的卖点。由于主图图片大小有限，所以卖点展示必须简练明确，这就需要卖家深入分析目标消费人群的特点，挖掘他们真正的需求。一般来说，商品性能、特点、价格、质量、促销信息、细节等都是买家想要了解的信息，都可作为卖点展示在主图中，如以商品使用图、细节图的形式进行展示，以产品的配套件或赠品展示，也可搭配文案展示。如下图中喷雾文案“敏感肌救星”，对于敏感肌肤的客户群而言，这就是卖点。

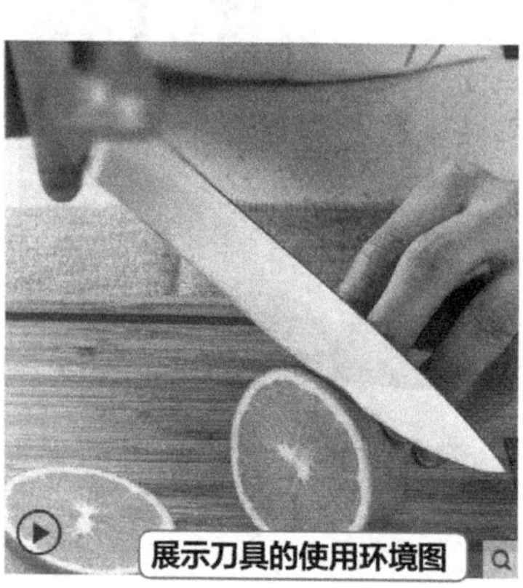

6.1.5 文案优化

商品的主图效果关系到品牌形象与品牌定位，不能使用“牛皮癣广告”式的文案。另外，主图与产品的搜索权重也息息相关，不能频繁更换，所以文案设计最好可以一步到位。一般来说，主图文案内容都比较简洁，要求能够直击要点。同时，在排版、字体搭配、颜色搭配上也有一定要求。

- **文案排版** 文案通常有左右排版、中心对称排版、中心围绕、上下排版等排版方式，具体采用哪种方式要根据图片的实际效果而定。如较规则的、整体呈竖式长方形的产品，可以采用中心对称和左右排版方式，不规则的产品可以采用上下排版和中心围绕的方式。

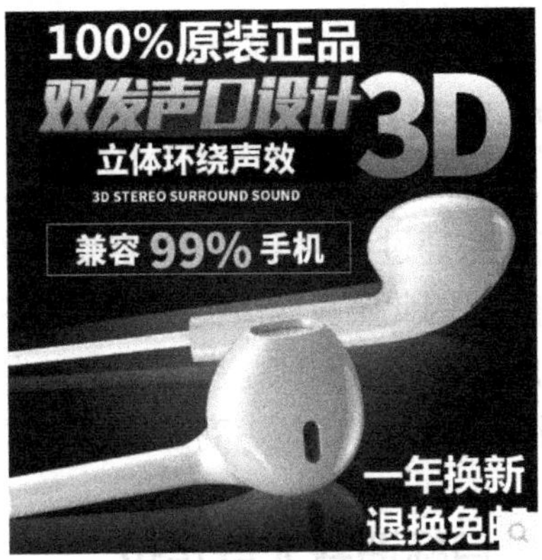

- **文案颜色** 文案颜色一般可尽量根据产品颜色来定位，如选择同色系或者补色系，保持整个主图效果的和谐。
- **图文比例** 为了使主图效果重点突出，在搜索页面中更具优势，一般产品比例要保持在整个画面的2/3以上，文案内容不建议超过1/2。

高手支招

宝贝主图是否添加文案、怎么添加文案、文案内容的多少，都没有固定要求。一般来说，强调功能特点的商品可以搭配文案说明，而主要体现宝贝美观性、使用环境、上身效果等用途的图片，则不需要刻意添加文案。

6.1.6 为商品添加特殊效果

为了体现宝贝的真实性，很多商品一般都会选择实拍图作为主图。但对于很多想要展示功能性的商品而言，还可以添加一些特殊效果，更清晰地展现宝贝的特点。如为了体现洗面奶深层清洁和补水的特性，可以添加一些水珠效果；为了表达食物现做或鲜香的特性，可以添加“烟”的效果；为了体现衣服加绒加厚的特点，可以添加“鸭绒”或“火”的效果。

6.2 宝贝详情页优化

当买家通过各种渠道进入店铺查看商品时，主要是通过宝贝详情页了解商品的基本信息，因此宝贝详情页的质量好坏，直接影响买家的购买行为和商品的销量。详情页的制作过程其实就是引导买家一步步深入关注商品的过程，好的详情页应该同时兼顾目标消费人群定位、商品展示、页面布局、加载速度、关联营销等多个方面。

6.2.1 目标消费人群定位

分析目标消费人群，是为了通过分析买家的性别、年龄，找准详情页内容的定位，结合产品特征整理出完整的思路，设计出最符合目标消费群体的内容。如某零食店分析出的目标消费人群多为年轻女性，即可针对年轻女性的性格特征设计与她们喜好相符的页面风格；某店的主要目标客户群是小朋友，则可以设计童趣的卡通风格来迎合小朋友的喜好。一般来说，目标消费人群定位应尽量建立在数据分析的基础上，不要凭借主观臆断做决定，避免定位错误。

6.2.2 详情页宝贝展示流程

商品展示是详情页的主体部分，也是卖家非常关注的内容。一般来说，商品展示需具备一定的逻辑性和规律性，以买家购物的心理活运过程为基础。

1. 诱发买家的兴趣

诱发买家的兴趣是详情页优化的第一步，目的是给予买家良好的视觉体验，通常可以通过商品效果图、细节图、焦点图等商品图或吸引人的文案作为详情页第一屏的内容。为了吸引买家眼球，部分卖家也会在宝贝详情页中添加一些多媒体元素，但需要注意的是，如果详情页第一屏出现过度美化、过度复杂、颜色杂乱、不合理的关联营销等不仅会影响页面的整体美观，而且很容易让买家反感，打消买家继续查看的欲望，反而得不偿失。

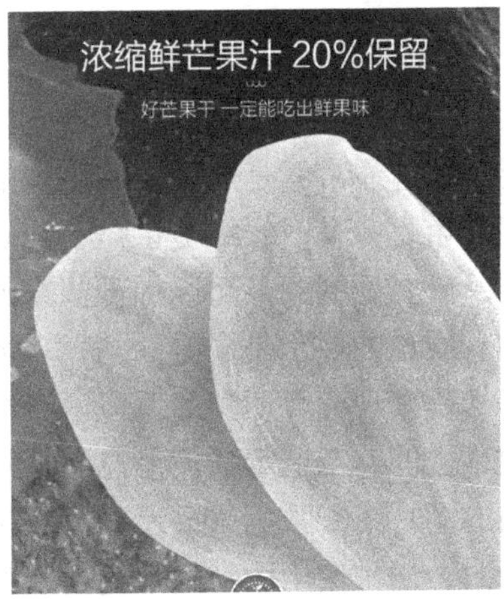

2. 展示商品的卖点

消费者在购买商品时，最关注的是商品的作用和商品可以带来的收益，所以有效地展示卖点是打动买家、促成订单的重要手段。卖点挖掘的常见流程一般是依次描述商品的特点、商品的作用、商品可以带给买家的利益等。有些卖点效果不明显，如同类商品基本都具备的卖点，不足以促使客户产生购买行为。而有些卖点却与众不同，只有少数同类商品才具备，甚至有些卖点其他商品也具备，但却没有挖掘出来展示给买家。提取卖点的途径很多，可以从商品本身的特点中提取，从商品使用环境中提取，也可以从商品对比中提取，但是不管怎么提取，都应该以消费者的实际需求为基础，否则就无法达到吸引消费者的目的。

高手支招

挖掘痛点也是吸引客户购买商品的重要手段，痛点是指客户在使用这类商品时容易出现的不满和落差，卖家通过为客户解决这种不满和落差来促成商品的销售。

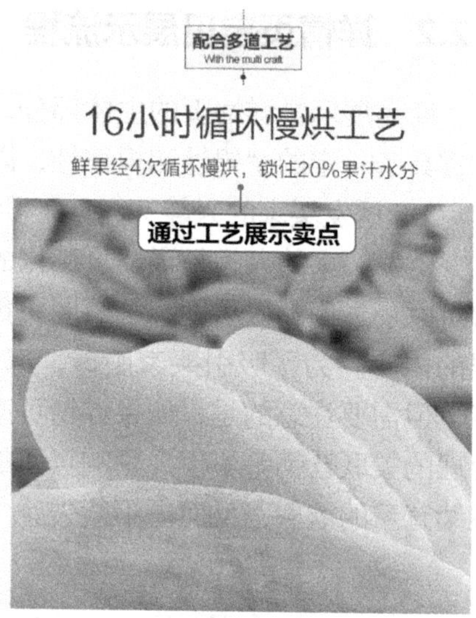

3. **展示商品的细节**

展示细节通常就是展示商品质量的环节，对于部分商品而言，细节与卖点有一定程度的重复，有时候细节也是卖点。但不管怎样，质量都是买家最关注的商品品质之一，质量好的商品可以提升买家的购买欲望，提升买家的访问深度，提高商品转化率。质量的展示是多方面的，功能、性能、工艺、参数、材质、贴心细节、性价比等都是表现商品质量的手段。在展示商品质量时，应该注意展示方法，如在展示参数、性能、工艺等数据信息时，不要直接使用烦琐的文字和数据，最好通过简单直白的图片搭配数据来展示，让买家能够一目了然。在展示功能、细节、性价比等信息时，通常使用图片搭配简单文案的方式，即图片为主，文案为辅，注意详情页的整体视觉效果，突出商品本身。

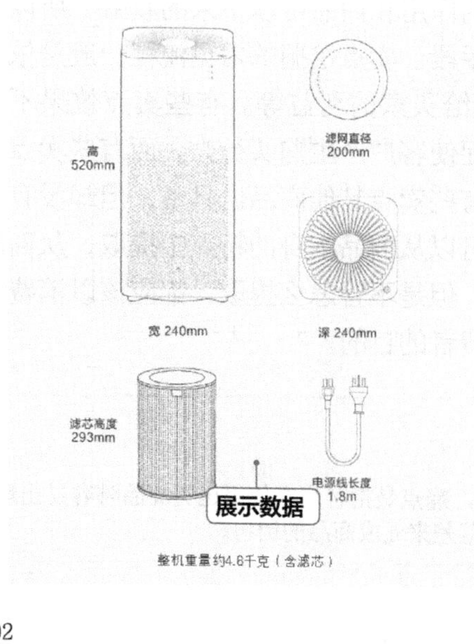

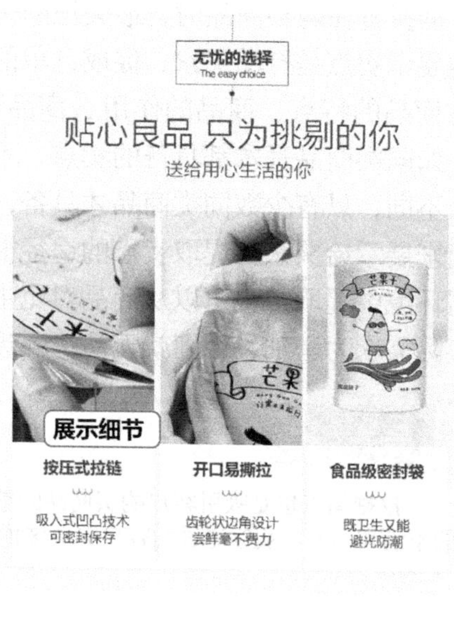

4. 用保障打消买家顾虑

在完整展示了商品的基本信息后，还需进一步打消买家的顾虑，进一步催化买家的购买欲望。证书、售后服务、评价、包装、物流、消费保障等都是进一步打消买家顾虑的有效方式。

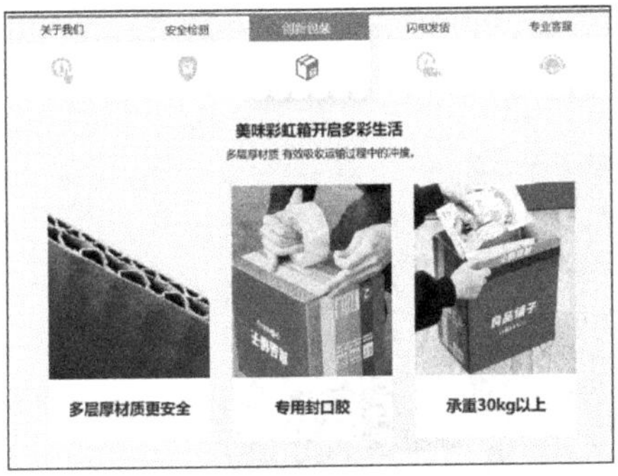

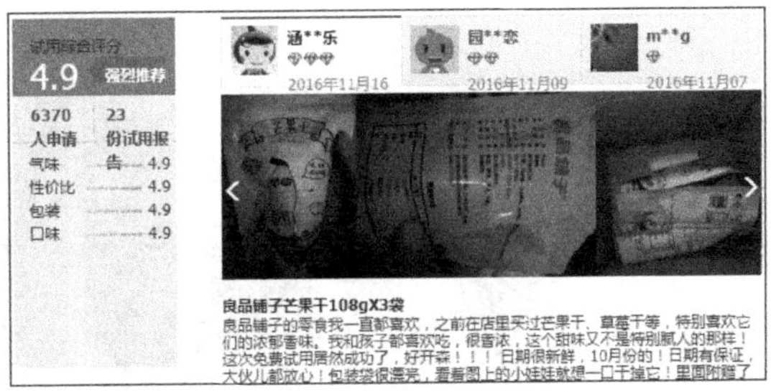

高手支招

如果商品有多个 SKU 属性，则在发布商品时，就应该设置好所有的 SKU 信息。标题下方的 SKU 一般用于方便买家选择商品，除此之外，在详情页中也需要进行展示。如商品有多种颜色时，就需要在宝贝详情页中展示这些颜色，供买家查看。

6.2.3 详情页的页面布局

页面布局是指详情页的整体布局效果，好的布局效果可以带给买家良好的视觉感受，还可以引导买家深入查看详情页信息。

1. 整体布局

详情页的整体布局应该遵循统一整洁的原则，即颜色统一、风格统一，版面整洁规范。同时，在内容安排上应该具备一定的逻辑性，如在挖掘商品痛点时，应该先列出买家关注的痛点，再提出解决方案，引导买家阅读内容。

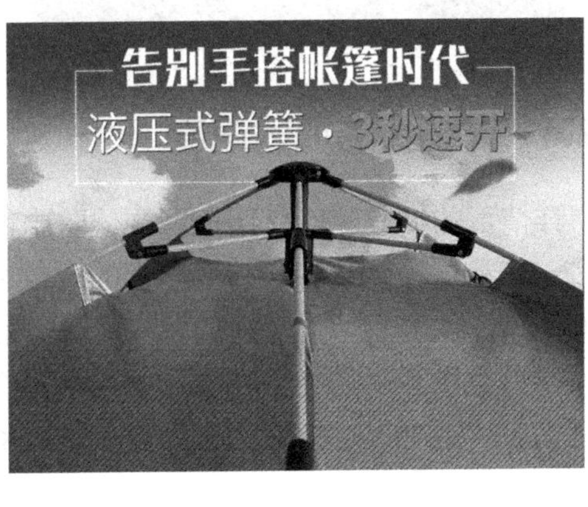

2. 图片布局

淘宝宝贝详情页描述均以图片为主，因此需要突出图片的表达效果。在布置图片时，尽量做到同等级的图片大小统一、颜色和谐。如果不熟悉图片布局的技巧，可以多查看一些优秀的宝贝详情页的布局方式。

3. 文案搭配

虽然图片是淘宝宝贝详情页的主体，但文案也是必不可少的一部分。将文案中的设计元素与客户目标群的喜好、详情页风格等相结合，不仅可以使文案起到描述和说明商品的作用，还可以使图片中的内容更加生动充实，为商品增色。宝贝详情页的文案内容一般较少，且为了保持图片美观，文案不能覆盖图片本身。为了让文案排版更好看，还需对文字大小、字体搭配、颜色搭配进行优化和处理。

6.2.4 详情页的加载速度

详情页的加载速度是买家网购体验中很重要的一个因素，如果宝贝详情页图片过多、容量过大，或者详情页内容的屏数过多，会延长用户加载网页的时间，加载时间太长，就容易增加用户的跳失率。一般来说，服装类目的详情页屏数都较多，建议详情页内容多的类目在制作好详情页图片后，先将其切片为合适的大小，再上传到淘宝店铺中。这样做的目的是在加载每一张图片时，不需要花费太长的时间，图片依次陆续加载，不影响买家查看。

6.2.5 关联营销

宝贝详情页中的关联营销实际是一种店内促销手段，其常见形式包括商品搭配套餐、商品搭配推荐、促销活动、商品推荐等。在详情页中添加适当的关联营销，不仅可以激发买家的潜在需求，提高客单价，还可以起到引导买家查看相关商品的作用。如果买家在看完了详情页的所有内容后，依然没有产生购物行为，则表示商品的某个或某些方面无法满足买家的需求，但商品或店铺本身又对买家具有吸引力，因此可以通过关联营销的形式为买家推荐其他相似商品。在设置关联营销时，建议推荐评价和性价比都较好的商品，或与该商品类似的商品，商品推荐在精不在多。关联营销的位置一般可以放在详情页开头，也可以放在商品信息之后及售后信息之前，在设置关联营销时，注意设置商品的跳转链接，方便买家直接查看关联商品，同时清楚地标注商品的属性、特点、价格等。

6.2.6 品牌介绍

如果商品有良好的品牌文化，或者具有一定的品牌知名度，也可以在详情页前面添加品牌的相关信息。品牌介绍不仅可以增加商品可信度，传递商品价值，还可以增加商品曝光度，让更多人了解和记住品牌。品牌信息不宜过多，否则容易引起卖家的阅读疲劳和视觉疲劳，一般选择优质的商品图片，搭配可以体现品牌风格和特色的简单文案即可。品牌介绍一般做成图文结合的形式，必须保证有良好的视觉效果。

6.3 文案的策划与写作

网上商品的文案体现在商品的各个方面，如品牌文案、商品文案、主图文案、宝贝详情页文案、推广文案等。好的文案可以更好地宣传店铺或品牌，提高品牌形象，增加消费者对品牌的好感和信任度。

6.3.1 文案的策划

满足消费者的需求是营销的基本目的，当消费者不了解商品时，就需要通过文案来介绍商品。在进行文案写作之前，首先需要进行文案策划。一般来说，策划网店文案时主要可以从以下5个方面着手。

1. 分解商品属性

分解商品属性即明确商品功能，突出商品优点。要策划出好的文案，必须充分地了解商品有文案价值的属性。如某户外帐篷的特点是安全牢固、便于安装，那么“安全牢固、便于安装”就是该户外帐篷较有文案价值的属性，在文案中突出这一点，即可吸引不会搭建帐篷或懒于搭建帐篷的消费者。

2. 明确客户群

准确定位目标人群是文案策划的基础。职业、收入、性格、年龄、生活习惯、兴趣爱好的不同，会导致消费者的消费习惯也不一样。因此，需要具体分析消费者的消费行为，了解其消费的原因和目的，才能更贴切地针对产品的属性写出针对性较强的文案。例如，经调查发现，一部分年轻的手机用户对手机摄像头的像素要求比较高，则公司在推出这类手机时就可以在时尚、外形、摄像头像素的文案上做文章。

3. 分析卖点

消费者在选择某个商品时，会考虑该商品多个方面的属性，如实用性、便利性、操作感、安全性等。为了让消费者可以在层层考量中选择我们的产品，就需要直白地将卖点分析给消费者。分析卖点也是强调商品优点的一种手段，清楚地告诉消费者这个卖点可以带给他什么，比长篇累牍地描述商品功能更有效果。苹果公司每一个产品的宣传语通常都十分简单，却能非常直观地告诉了消费者能够带给他们什么。在商品文案设计中，告诉买家“你能用产品做什么”，远比告诉买家“产品本身可以做什么”更有效。例如，改变了数字音乐多媒体播放器时代的初代iPod，在MP3已经在市场上风靡很久的背景下，iPod 后来者居上，抢占竞争市场，它的与众不同在哪里？它的卖点是什么？对于一款新产品来说，可能或多或少都能找出一些特点，不过找到特点并不是最关键的一步，最关键的是如何推销这个特点，就像乔布斯推销初代iPod，当别人对产品的描述还停留在“1GB 储存量”的时候，苹果已经先行一步打入客户内心，让客户因为“把1000首歌装进口袋”而心动。

4. 定位使用场景

定位使用场景是指给消费者指明商品的使用场合。很多时候，商品不仅仅具有通用功能，在某些特殊时候或场景中使用时，还可能会产生意料之外的效果。所以在策划文案时，可以突出介绍这些特殊场景，这样不仅可以增加商品的隐性价值，还可以使消费者产生商品实惠贴心的感觉。例如，某上班族衬衫的抗皱性比较好，那么在文案中则可以描述“精选舒适抗皱面料，不怕挤公交和地铁”这样的场景。

5. 明确“竞争对手”

商品的竞争对手并不仅是指经营同类商品的经营者，还可能是环境、习俗、职业、场合等。例如，太阳能电器对于电力稳定充足的地区而言，其稳定性不如电力电器，因此竞争对手不是其他电器，而是“电”，策划太阳能电器的文案时，就需要突出“不依赖电力、随时可用”这个特性。

6.3.2 卖点文案的写作

对于网上商品而言，卖点文案一定要搭配好图片。若是改进了商品图片，卖点文案也需要随文更改，下面介绍常用的卖点文案的写作方法。

1. 主图文案的写作

主图文案是网上商品的主要文案之一，一般都字数精炼，一目了然。好的主图文案一般需要做到3点：目标明确、紧抓需求、精练表达。

- **目标明确** 目标明确指要明确主图的目的。一般来说，主图的目的都是吸引消费者深入查看、点击或收藏。

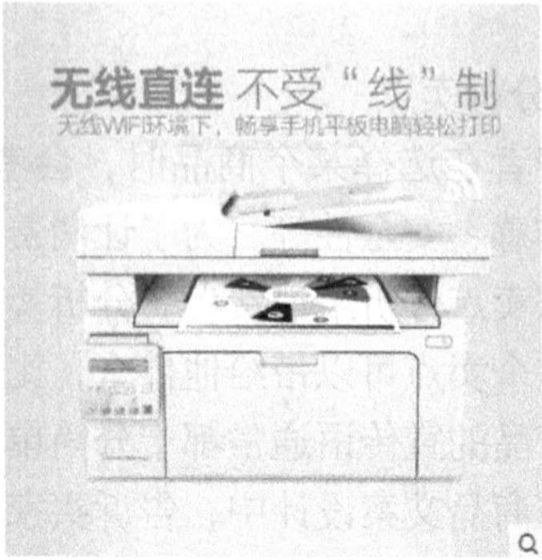

● 紧抓需求　紧抓需求指明确消费者希望从主图文案中得到的信息。消费者希望知道什么，主图文案中就要包含什么，如价格、品质、活动等。

● 精练表达　精练表达指精确精确地表达消费者希望了解的信息。消费者在网上商店选择商品时，通常最先看到的都是主图，如果主图文案过多，消费者难以抓住重点提取自己所需的信息，会直接放弃阅读转而查看下一个商品，因此主图文案一定要精炼，让消费者可以快速直白地对商品有了解商品。如海鲜食品的文案可以是"深海捕捞，渔家自晒"等。

2. 详情页文案的写作

详情页文案与转化率息息相关，它不仅可以吸引客户查看商品，还能促成消费者的购买行为。详情页文案的写作逻辑一般与详情页图片的展示流程相适应，即根据消费者的购物心理来安排文案的顺序。

● 引发消费者兴趣　引发兴趣是吸引消费者关注的第一个环节，一般可从品牌介绍、焦点图、目标客户场景设计、产品总体图、购买理由、使用体验等方面来考虑。引发消费者兴趣的文案要求精练新颖，便于记忆，要能够第一时间吸引消费者的注意，同时展示商品的特点。如果是介绍品牌，则一般使用品牌的广告文案。

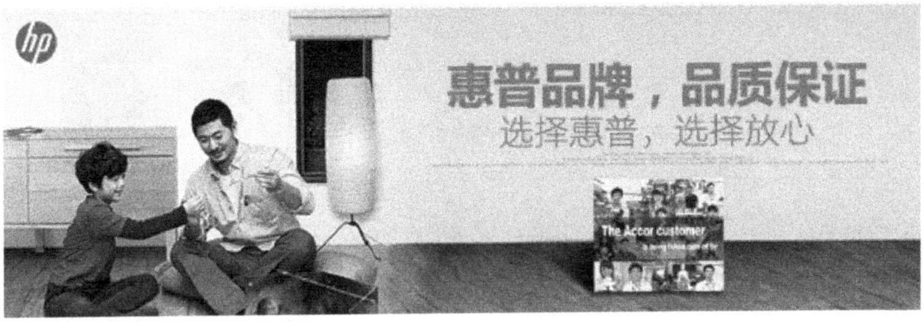

● **激发消费者需求** 激发消费者需求是引发消费者兴趣的进一步延伸，当消费者在是否购买之间摇摆不定时，通过激发他的潜在需求，就可以巩固他的购买行为。简而言之，激发消费者需求就是给他一个购买的理由。激发消费者购买需求的文案通常是对商品功能、特点、材质、工艺等的介绍，或者对商品卖点的剖析。卖家还可通过挖掘痛点来刺激消费者需求，多方面、多角度展示和介绍商品。

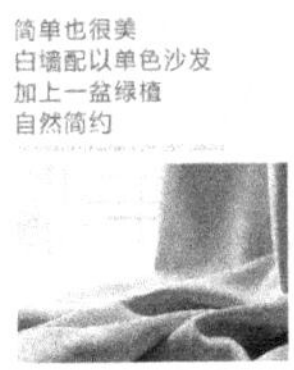

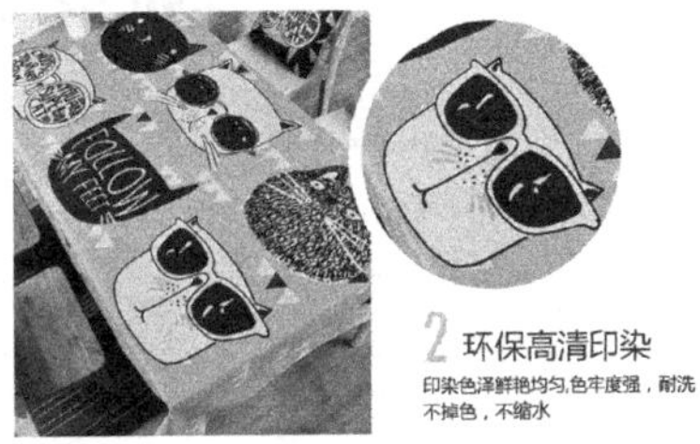

● **获得消费者信任** 消费者要购买商品，就得先信任商品，只有获得消费者的信任，商品才能更顺利地卖出。商品的细节、产品的参数展示、好评展示等都是获取消费者信任的有效手段。

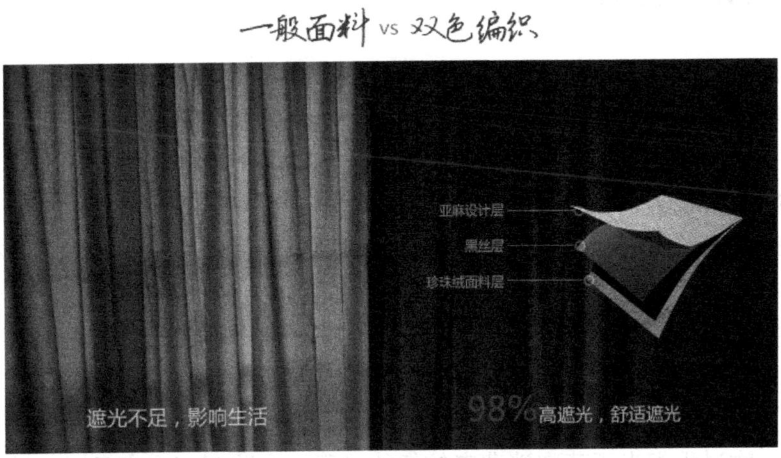

● **打消消费者顾虑** 打消消费者顾虑是获取消费者信任的一种延伸，向消费者传递购买行为不会有后顾之忧的信息，能进一步奠定消费者的购买欲望。商家保证、商品证书、商品价值展示、售后服务等都可以用来打消消费者的顾虑。

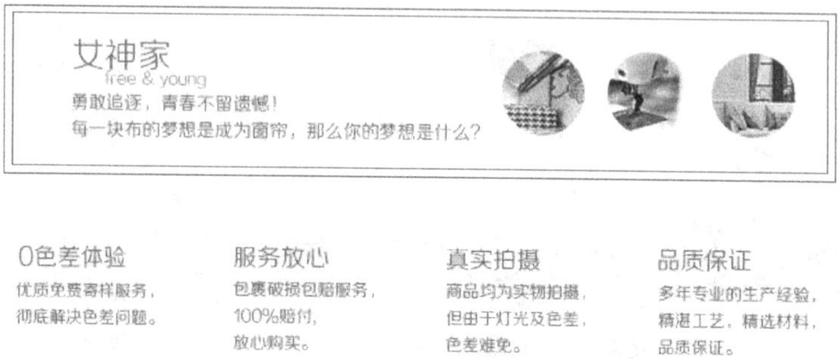

● 激发消费者购买　**卖家可以通过优惠活动、促销活动等进一步激发消费者的购买欲望，表达产品物超所值的信息，也可以通过推荐帮助他们做出购买决定。**

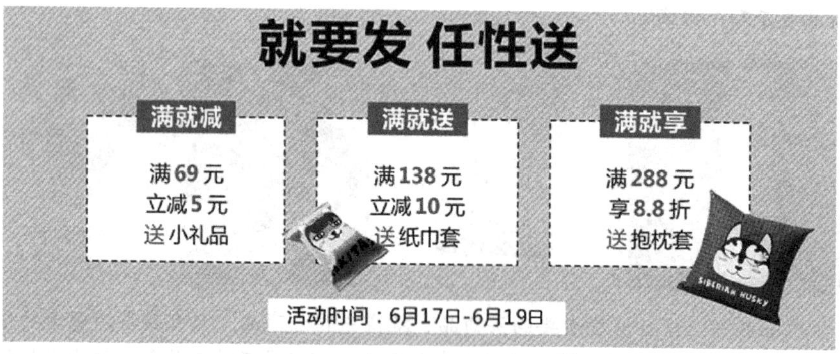

6.4 疑难破解

图片优化对于店铺收藏率、点击率和转化率非常重要，好的产品图片能使宝贝快速获得客户好感，产生购买冲动，下面对店铺图片优化过程中可能出现的问题进行解答。

1. 网店中的图片优化需遵循哪些原则?

图片是网店的灵魂，商品点击率和转化率都直接受图片质量的影响，视觉效果优秀的图片不仅可以让商品从众多竞争者中脱颖而出，引入更多流量和点击率，还可以刺激消费者的购买欲，从而提高商品转化率。因此网店经营者必须掌握图片优化的技巧和方法，优化图片一般应遵循以下5个原则。

（1）使用实拍图片

网上购物过程相当于获取消费者信任的过程，在购买网上商品时，消费者的信任感建立在商品实拍图的基础上。图片的作用首先是展示商品，方便消费者了解商品信息，这就需要在合适的环境和场景中对商品进行拍摄，增强商品带来的真实感。在使用模特拍摄实拍图时，最好能够通过设计模特的姿势、动作和搭配，让买家清楚地看到商品在实际使用时的效果。

（2）保证图片清晰度

图片清晰是网店商品图片展示最基本的前提，清晰的商品图片，不仅能更加直观地体现出商品的质感和材质等信息，还可以大大提高商品的美观度和视觉冲击力，刺激买家的消费欲望。反之，不清晰的商品图片可能会阻碍消费者了解商品信息，容易将图片质量问题上升成商品质量问题，影响消费者的第一印象和购物体验，从而对商品失去信心。

（3）多角度展示细节

商品实拍图可以很好地展示商品的整体效果，让买家清楚商品的外形、颜色、款式等信息。如果想进一步体现商品的质量、性价比和特点，提高买家对商品局部细节的认知，就需要对商品的细节进行展示。在展示商品局部信息时，需要挖掘商品有价值的细节，以服装商品为例，有特色的拉链、花边，缝合良好的线缝、衣边，商品LOGO、吊牌等都可用于局部细节的展示。细节图展示合理，可以加深买家对商品的好感度，促成买家购买商品。

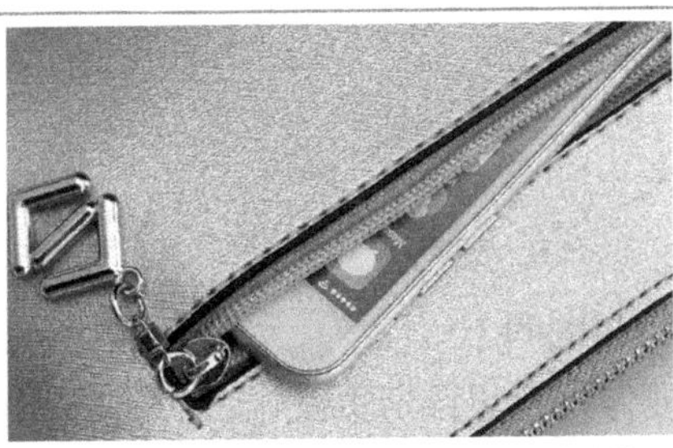
包身背后设有拉链袋，可放下手机公交卡等物件
Bag is equipped with a zipper bag, can be put down the phone bus card and other objects

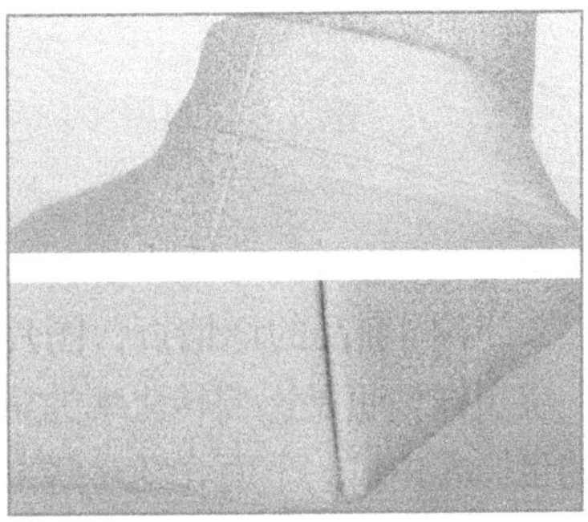

（4）突出图片重点

不管是什么效果、什么形式的商品图片，商品永远是图片的主体，是图片的重点表现对象，因此在优化商品图片时，一定要分清图片的主次内容。主体对象突出的商品图片，可以快速将买家的注意力引导至商品上；而主次不分的图片，则容易混淆买家的视线，让买家难以第一时间了解所需的商品信息，影响买家的购物体验。为了避免主次混乱的情况出现，在拍摄商品图片时，应尽量使用干净简洁的背景，不要在镜头中放入太多的陪衬物。下图左边女包的重点就不够突出，容易分散

买家的注意力。

（5）图文搭配保持美观

电子商务营销是视觉营销，要想获得优秀的营销效果，必须保持图片要有一定的美观度，保证可以第一时间抓住消费者的眼球。根据实际需要，可以在不影响图片效果的前提下添加一些合适的文案内容。文案应尽量简洁精炼，不能繁杂，否则不仅会影响图片的美观度，还会造成买家的视觉疲劳，难以促成交易。

2. 不同商品的详情页，图片优化的技巧相同吗？

宝贝详情页是影响转化率的重要因素，要做好宝贝详情页优化，前提是了解该商品的目标客户群。下面介绍一些主要行业的宝贝详情页图片放置的注意事项。

- **服装行业** 服装行业的详情页首先要求有较好的视觉效果，即要有全方位、多角度的商品展示图，通常为模特展示图。其次可放置一些细节图、款式图和颜色图，还可以放置一些对比图、挂拍图等。
- **美妆行业** 美妆行业的目标客户通常比较关注商品的使用效果、包装、真伪、生产批号、功效等，因此美妆行业的部分商品一般需要通过图片搭配文案的方式来展示。一般可以搭配商品全方位展示图、对比图、商标图、认证证书和质检报告、使用效果对比、商品尺寸等，还可搭配一些实体店图片，提高买家的信任度。

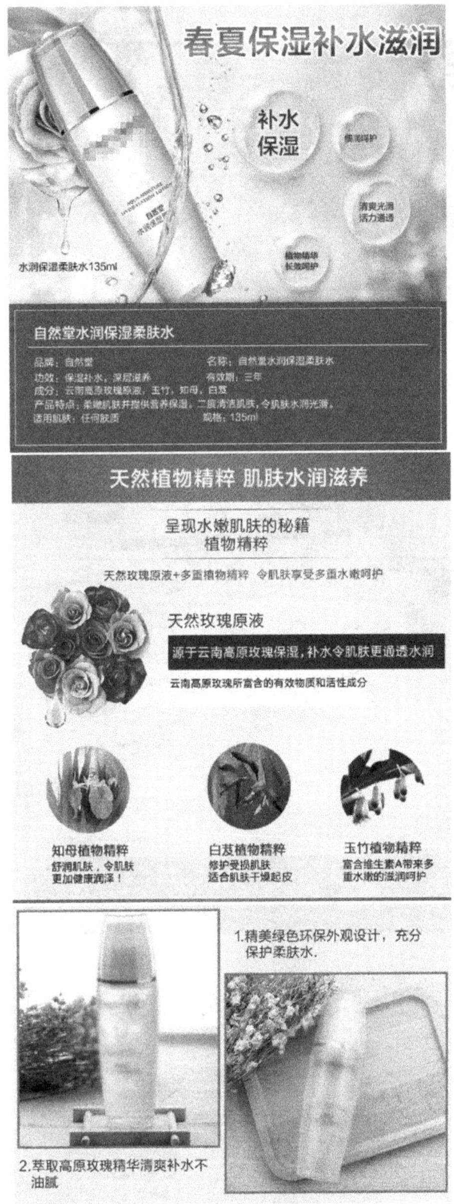

● 家居行业　购买家居产品的客户通常比较关注商品的实拍效果和搭配效果，因此商品实拍图、做工和材质细节图、多方位展示图、商品搭配图、款式图都是比较受卖家欢迎的信息。为了给买家提供更大的选择空间，建议尽量提供一些不同风格的搭配和摆放方案，展示商品在实际使用环境中的不同效果。此外，还可放置认证证书、质检报告、商品尺寸、对比图、实体店图等信息，这样可以让数据体现得更加完整。

● 数码行业　数码产品的详情页展示可以放置商品的全方位展示图、实拍图和细节图等，然后搭配文案介绍商品功能、参数，此外，还可以放置一些尺寸图、配件图和材质图等。

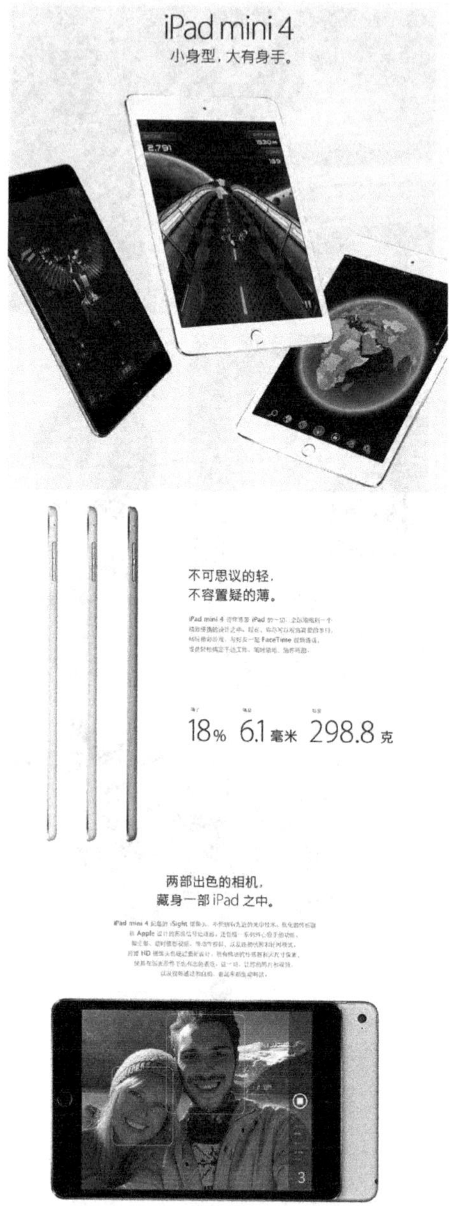

6.5 边学边练

（1）某饰品店准备主推一款具有鲜明民族特色的饰品，分析如何优化该宝贝主图，从哪些方面进行优化。

（2）假设现在需要为该款饰品设计宝贝详情页，简述详情页的图片和文案如何安排。

第7章 巧用淘宝活动营销商品

本章导读

淘宝营销活动是淘宝店铺比较常用和比较主流的推广方式，如淘金币、试用中心、聚划算、天天特价等。只要店铺满足活动要求，即可报名参加活动或竞争活动名额。淘宝营销活动对店铺和宝贝流量的影响非常大，不同的推广渠道具有不同针对性和广泛性，带来的推广效果也不相同。淘宝内部推广渠道的价值很大，淘宝卖家都应该了解和掌握这些重要的推广渠道。

知识技能

※ 了解淘金币

※ 掌握使用中心的报名方法

※ 掌握聚划算的竞拍方法

※ 掌握天天特价的报名方法

视频讲解

（视频讲解：6 分钟）

7.1 淘金币

淘金币是淘宝网的一种虚拟积分，是淘宝用户的激励系统和通用积分系统。淘宝平台向活跃的高质量用户奖励金币，用户在提供抵扣的商品交易中使用金币可以获得折扣，卖家可以在交易中赚取金币，并通过花金币来获得平台流量，提升店铺用户黏性。

7.1.1 淘金币的作用

淘金币是淘宝网非常大的流量营销平台，日均1500万UV，集结了1.8亿淘金币黏性用户，拥有超高转化率。对于参加淘金币活动的卖家而言，活动即使结束，也会持续为店铺输送回购用户，同时免收销售佣金，活动成本十分低。淘金币对宝贝或店铺推广的作用总结如下。

- 淘金币抵扣　淘金币抵扣指全店支持买家使用淘金币抵扣部分商品金额，促成买家下单，提升店内的成交转化率。可使用淘金币抵扣的商品将展示在手机淘宝搜索列表页的“淘金币抵钱”筛选项内。
- 淘金币频道商品推广　淘金币频道商品推广指卖家在淘金币频道内按商品被点击的次数支付淘金币给淘金币官方账户的方式进行商品推广。商品展示不收取淘金币，买家点击商品时收取淘金币。开通该推广的商品将由系统根据消费者的喜好以及消费者的购买偏好对消费者进行展示。
- 店铺签到送淘金币　店铺签到送淘金币指卖家给予浏览店铺并签到的买家或者浏览店铺并有过购买记录的买家一定数量的淘金币奖励，以促进买家持续进店浏览，提升店铺用户黏度，提高二次购买率。
- 关注/收藏店铺送淘金币　关注/收藏店铺送淘金币指卖家对关注/收藏店铺的买家给予一定数量的淘金币奖励，以提升店铺关注人气。
- 浏览短视频送淘金币　浏览短视频送淘金币指卖家针对观看微淘短视频的买家，给予一定数量的淘金币奖励，以提升买家观看短视频的时长，提高买家进店率。
- 淘宝群任务送淘金币　淘宝群任务送淘金币是指已开通淘金币打卡的卖家，可设置针对连续打卡的消费者给予额外的淘金币奖励。

7.1.2 淘金币活动准入要求

淘宝网规定，申请加入淘金币的卖家须同时符合以下条件。

1. 店铺基础要求

（1）淘宝卖家

- 符合淘宝网营销规则。
- 店铺开通卖家淘金币账户，并设置全店抵扣。
- 店铺淘金币数量≥0。
- 符合淘宝各类目的行业资质标准。
- 因出售假冒商品（C类）被处罚的卖家，不得报名。
- 店铺内非虚拟交易占比≥90%，虚拟类目（如本地生活、房产、卡券类等）除外。

（2）天猫商家、天猫国际商家

- 符合天猫营销活动报名基准规则。
- 符合天猫各类目的行业资质标准。
- 因虚假交易被违规扣分达48分及以上的卖家及商品，永久限制参加营销活动；其他因虚假交易被违规处理的卖家及商品，限制参加营销活动90天。

2. 商品基础要求

（1）有基本资质。

（2）淘金币抵扣比例（淘宝）：≥1%。

（3）活动结束后的15天内不得以低于参与淘金币活动的折扣价（淘金币抵扣后）报名其他营销活动或在店铺内进行促销。

（4）商品图片、标题与详情。

（5）图片像素：600像素×450像素，1MB以内。不允许出现水印、LOGO、文字等信息，只突出商品本身，要求高精度强质感。

（6）标题要求是“利益点+标题”（如满2件减10元×××），详情页突出淘金币活动氛围。

7.1.3 设置淘金币活动

淘宝卖家通过设置淘金币活动，可以获得更多优质客户、稳定流量和超高转化，同时淘金币活动不需投入成本，不限类目，所有卖家都可参与，是淘宝官方非常热门的一个推广平台。想参与淘金币活动的卖家可通过淘宝后台的卖家中心开通和设置。

1. 开通淘金币

扫一扫

开通淘金币

首次参加淘金币活动的卖家需要先申请淘金币账户，申请方式非常简单，其具体操作如下。

01 在淘宝网首页顶部的导航栏中单击“卖家中心”超链接，进入淘宝卖家中心后台，在“营销中心”栏中单击“店铺营销中心”超链接，在打开的页面中的“品牌活动”栏中单击“淘金币”图标。

02 打开淘金币首页，在页面中单击点击开通金币卖家账户按钮。

03 在打开的页面中显示提示信息，提示卖家还未开通淘金币，单击立即申请淘金币账户按钮。

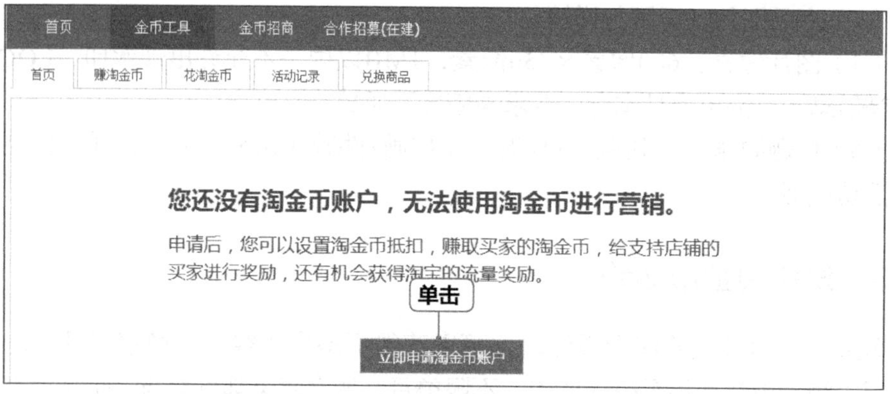

04 在打开的页面中阅读《淘金币用户服务协议（卖家版）》，单击同意协议并申请账户按钮。

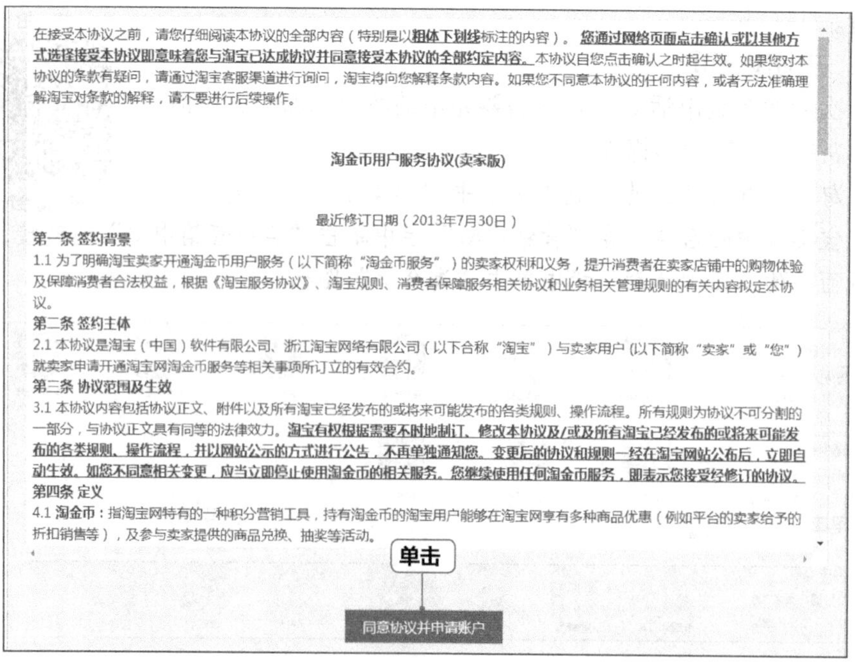
在接受本协议之前，请您仔细阅读本协议的全部内容（特别是以**粗体下划线**标注的内容）。**您通过网络页面点击确认或以其他方式选择接受本协议即意味着您与淘宝已达成协议并同意接受本协议的全部约定内容。**本协议自您点击确认之时起生效。如果您对本协议的条款有疑问，请通过淘宝客服渠道进行询问，淘宝将向您解释条款内容。如果您不同意本协议的任何内容，或者无法准确理解淘宝对条款的解释，请不要进行后续操作。

淘金币用户服务协议(卖家版)

最近修订日期（2013年7月30日）

第一条 签约背景

1.1 为了明确淘宝卖家开通淘金币用户服务（以下简称"淘金币服务"）的卖家权利和义务，提升消费者在卖家店铺中的购物体验及保障消费者合法权益，根据《淘宝服务协议》、淘宝规则、消费者保障服务相关协议和业务相关管理规则的有关内容拟定本协议。

第二条 签约主体

2.1 本协议是淘宝（中国）软件有限公司、浙江淘宝网络有限公司（以下合称"淘宝"）与卖家用户（以下简称"卖家"或"您"）就卖家申请开通淘宝网淘金币服务等相关事项所订立的有效合约。

第三条 协议范围及生效

3.1 本协议内容包括协议正文、附件以及所有淘宝已经发布的或将来可能发布的各类规则、操作流程。所有规则为协议不可分割的一部分，与协议正文具有同等的法律效力。**淘宝有权根据需要不时地制订、修改本协议及/或所有淘宝已经发布的或将来可能发布的各类规则、操作流程，并以网站公示的方式进行公告，不再单独通知您。变更后的协议和规则一经在淘宝网站公布后，立即自动生效。如您不同意相关变更，应当立即停止使用淘金币的相关服务。您继续使用任何淘金币服务，即表示您接受经修订的协议。**

第四条 定义

4.1 淘金币：指淘宝网特有的一种积分营销工具，持有淘金币的淘宝用户能够在淘宝网享有多种商品优惠（例如平台的卖家给予的折扣销售等），及参与卖家提供的商品兑换、抽奖等活动。

05 同意了《淘金币用户服务协议（卖家版）》，即可申请淘金币账户。在打开的页面中单击确定按钮，完成申请。

2. 淘金币抵钱

设置淘金币抵钱活动，即全店支持买家使用淘金币抵扣部分商品金额，买家用于抵扣的淘金币，70%存入卖家淘金币账户，供后期店铺营销活动发放使用。此外，设置淘金币抵钱将有机会获得淘宝会员俱乐部的展示位。

（1）淘金币抵钱规则介绍

淘金币抵扣工具是指在买家下单时，可以使用淘金币抵扣一定比例的商品金额，促进买卖成交，同时，卖家也可获得相应数量的金币（买家抵扣金币的70%到卖家淘金币账户，30%回收到淘金币平台）。此外，开通淘金币抵钱的店铺还必须符合以下规定。

门槛类型	门槛要求
卖家类型	集市
店铺星级	≥4星
开店时间	≥90天
近90天有成交	是
账户B类违规处罚	＜12分
账户C类违规处罚	＜12分

（2）设置淘金币抵钱

扫一扫
设置淘金币抵钱

符合开设条件的卖家可以设置淘金币抵扣开始时间、全店商品的淘金币抵扣比例、全店商品支持买家使用淘金币抵扣的商品金额等。设置淘金币抵钱的具体操作如下。

01 进入淘金币首页，单击“金币工具”选项卡，再单击“赚淘金币”选项卡，在“淘金币抵钱”栏中单击立即运行活动按钮。

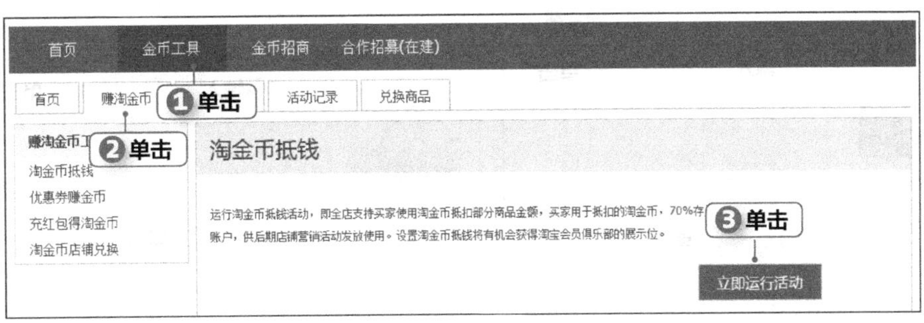

02 在打开的页面中可查看淘金币抵钱规则，在“活动详情”栏中设置活动时间和抵扣比例，这里设置为“2017-06-30”“抵扣2%”，设置完成后单击开通抵扣按钮。此时将打开提示框提示淘金币抵钱活动已成功开启，单击确认按钮，确定全店抵扣

比例为2%。

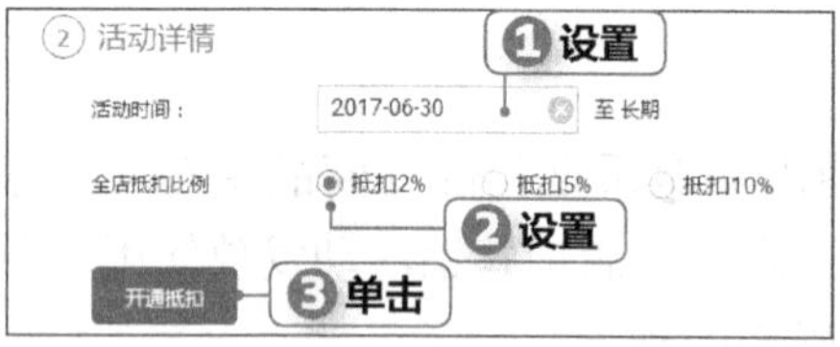

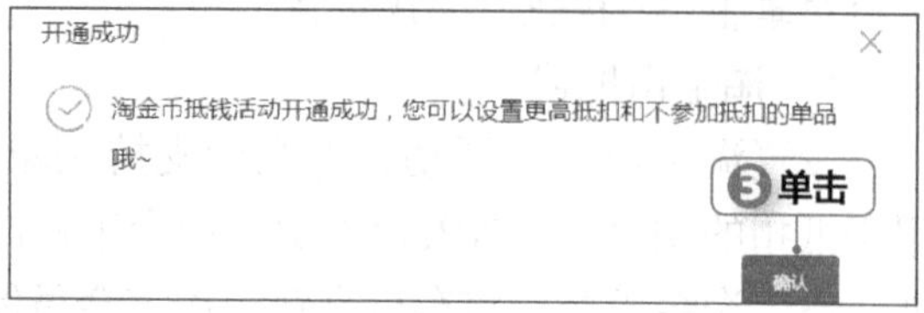

03 设置成功后，全店宝贝的淘金币抵扣比例将显示为2%。

04 返回淘金币抵钱设置页面继续进行高抵扣设置，单击“高抵扣设置”栏后的添加单品按钮，在打开的“添加高抵扣单品”对话框中输入高抵扣单品的地址，单击校验按钮进行校验，校验完成后设置抵扣比例，如设置抵扣比例为5%，表示该单品可用淘金币抵扣5%，单击确认按钮。

05 返回淘金币抵钱设置页面设置不参与抵扣的商品，在“不抵扣设置”栏后单击添加单品按钮，打开“添加不抵扣单品”对话框，在其中输入不抵扣单品的地址，单击校验按钮进行校验，校验完成后单击确认按钮。设置为不抵扣的商品将不参与全店的淘金币抵扣活动。

高手支招

在淘金币抵钱设置页面继续单击添加单品按钮，可添加其他需要参与高抵扣活动或不参与抵扣活动的商品。在已添加的单品后单击“删除”超链接，可删除参加活动的商品。

3. 店铺签到送淘金币

扫一扫
店铺签到送淘金币

店铺签到送淘金币功能，可以提高店铺流量，促进买家持续进店浏览，提高用户黏性和二次购买率。一般来说，当店铺在运营过程中有老客户召回和新客户引流的需求时，可以使用该工具，作为唤回老客户的手段或流量补充渠道，目前主要在手机淘宝“金币任务”中展示给买家。

01 进入淘金币首页，单击“金币工具”选项卡，再单击“花淘金币”选项卡，在“店铺签到送淘金币”栏中单击立即运行活动按钮。

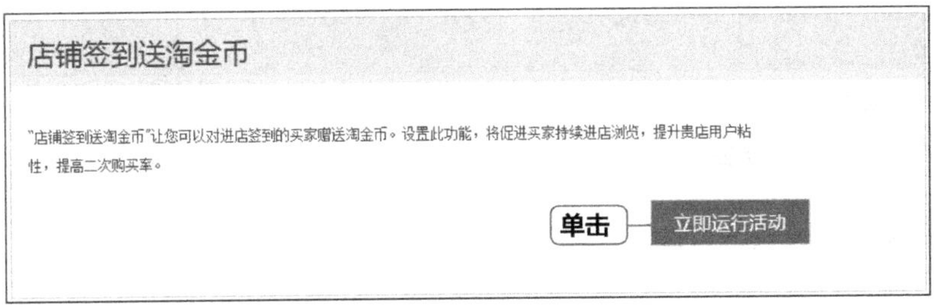

02 在打开的页面中查看店铺签到送淘金币规则，并设置活动开通时间、金币总预算、发放范围等，设置完成后单击确定开通按钮。在设置金币预算时，要知道活动预算越高，曝光给买家的次数就越多，获得流量的概率越大。发放范围主要包括“成交买家”和“全部买家”，前者是符合条件的买家都可以在金币任务中看到店铺，后者由算法控制，由系统个性化地向买家推荐店铺。

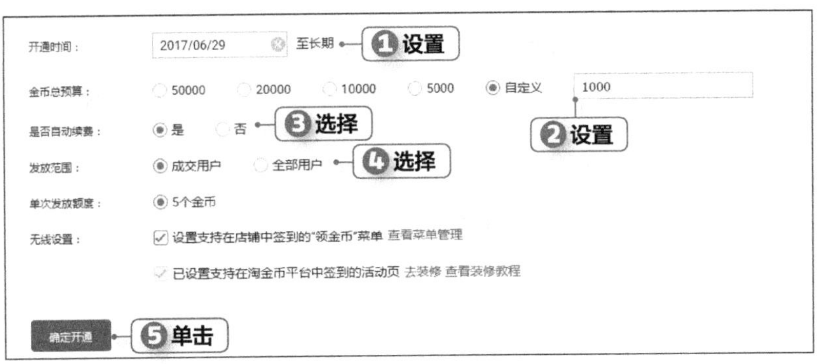

高手支招

发放范围的选择需要根据店铺的实际情况来判断，如果店铺流量一般，已购买家不是很多，目前很需要展示量和流量，那么可以考虑送金币给“全部买家”。需要注意的是，这样的店铺在设置了签到送淘金币活动后，还需进一步跟进其他活动留住买家，提高整体转化率。如发微淘，发布特价、低客单价等能够短时间内吸引买家注意力、让买家快速下决策的商品，留住买家。如果店铺有一定的引流能力，有一定的粉丝，目前的重点是维护老客户，保持老客户的活跃度，则可以考虑送金币给“已购买家”。

4. 收藏店铺送淘金币

扫一扫

收藏店铺送淘金币

收藏店铺送淘金币可以有效增加店铺的粉丝，每位买家在一个月内收藏某店铺只能够获得一次淘金币，收藏后取消再次收藏，一个月内不重复赠送。买家在PC端“收藏”店铺，或者在无线端“关注”店铺均可获得淘金币。收藏店铺送淘金币的具体操作如下。

01 进入淘金币首页，单击“金币工具”选项卡，再单击“花淘金币”选项卡，在“收藏店铺送淘金币”栏中单击立即运行活动按钮。

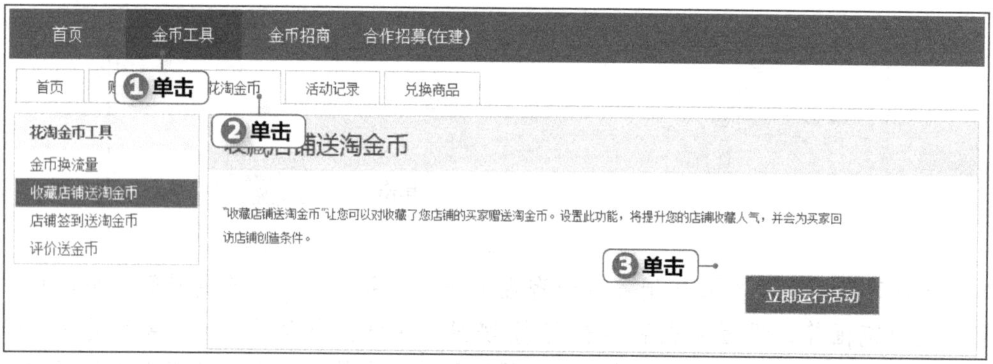

02 在打开的页面中查看收藏店铺送淘金币的规则，对赠送数量、活动淘金币预算、活动时间等进行设置，设置完成后单击确定开通按钮。

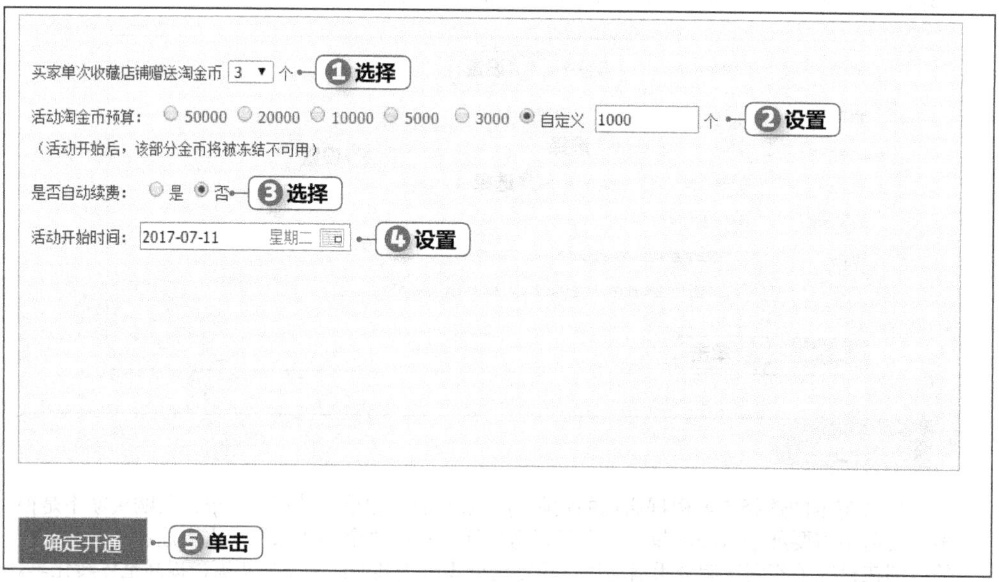

7.2 试用中心

淘宝试用中心是一个由商家提供试用品供买家试用的营销导购平台和试客分享平台，集用户营销、活动营销、口碑营销、商品营销为一体，聚集了百万个试用机会和试用商品，试用者试用商品后可以提交全面而真实的试用报告，为消费者提供购买建议。作为卖家，则可以通过试用中心对店铺和宝贝进行宣传和推广，提高品牌价值与影响力。

7.2.1 试用中心的功能和业务

试用中心提供的业务主要包括免费试用和试用报告两个部分。

1. 免费试用

免费试用是试用中心推出的买家可以完全免费获取试用品的专业试用平台，会员只需关注提供试用品的店铺，即可通过该平台自由申请某一种或某几种试用品的试用权，申请通过后即可免费获取该试用品。

2. 试用报告

试客在成功申请到免费试用品后，需要提交试用报告。试用报告是会员对商品品质、性能等试用体验后所做出的客观真实的试用感受，支持文字、图片、视频等多种内容呈现方式，可以为其他消费者提供真实的购物参考，找到真正适合自己的商品。

试用报告可以通过点赞、转发和评论等方式产生互动，对商品起到口碑推广的作用。同时淘宝将对优质试用报告进行“精华”评定，在满足“试用报告写作基本要求”的前提下，针对各类目商品不同特性做出精彩展示的报告可被评为精华报告，精华报告会在试用报告频道展现。提供试用品的商家也可以参与“商家推荐”评定，受到商家赞赏的报告会被商家评为商家推荐报告。

7.2.2 试用中心报名条件

试用中心的活动可以用于推广品牌，提升品牌影响力，获得更多潜在客户和宝贝收藏，是比较受卖家青睐的一种推广方式，但淘宝网中对试用中心的报名条件也设置了要求。

1. 店铺要求

- 集市店铺的店铺信用等级为一钻以上，店铺综合评分为4.6分以上，并且加入消保。
- 商城店铺的店铺综合评分为4.6分以上。
- 店铺无严重违规及售假处罚扣分的情况。

2. 商品要求

- 试用品必须为原厂出产的合格全新且在保质期内的产品。
- 试用品总价值（报名价×数量）需不低于1500元，价格不得虚高。
- 试用品免费发送给消费者，消费者产出试用报告，商品无需返还卖家。
- 大家电商品若入驻菜鸟仓库、天猫物流宝及天猫国际，其商品试用采用名单发放的形式，不会生成订单，商家按试用后台名单发货。
- 凡是报名参加试用活动的商品，会自动设置收藏店铺申请条件，商家无需设置。
- 如报名包含多个SKU的商品，系统会随机选择SKU下单，建议卖家与买家协商后再发货，如果协商不了，商家需按照报名的SKU发货。为避免损失，建议下架其余不期望参加活动的 SKU，谨慎报名。

7.2.3 试用中心报名流程

参与试用中心活动，一方面可以展示店铺最优质的商品，提升店铺流量，另一方面，也可以培养店铺潜在用户，增加微淘和店铺收藏量。当店铺满足淘宝试用中心的条件后，即可申请参与使用，其流程如下。

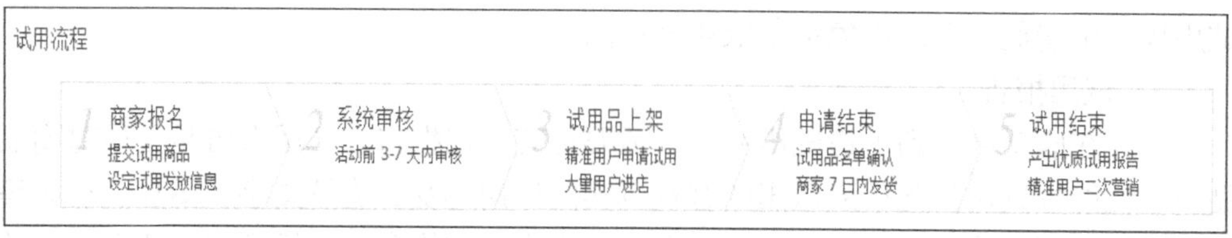

7.2.4 参加免费试用活动

根据实际情况和需要选择要参加的活动并报名，申请通过后即可获得在试用中心展示的机会，下面以参加免费试用活动为例，介绍参与淘宝试用中心的方法，其具体操作如下。

扫一扫

参加免费试用活动

01 进入淘宝卖家中心，在“营销中心”栏中单击“店铺营销中心”超链接，在打开页面的“品牌活动”栏中选择“试用中心”选项。

02 进入试用中心，单击 报名免费试用 按钮，在打开的页面中选择排期，然后单击 我要报名 按钮。

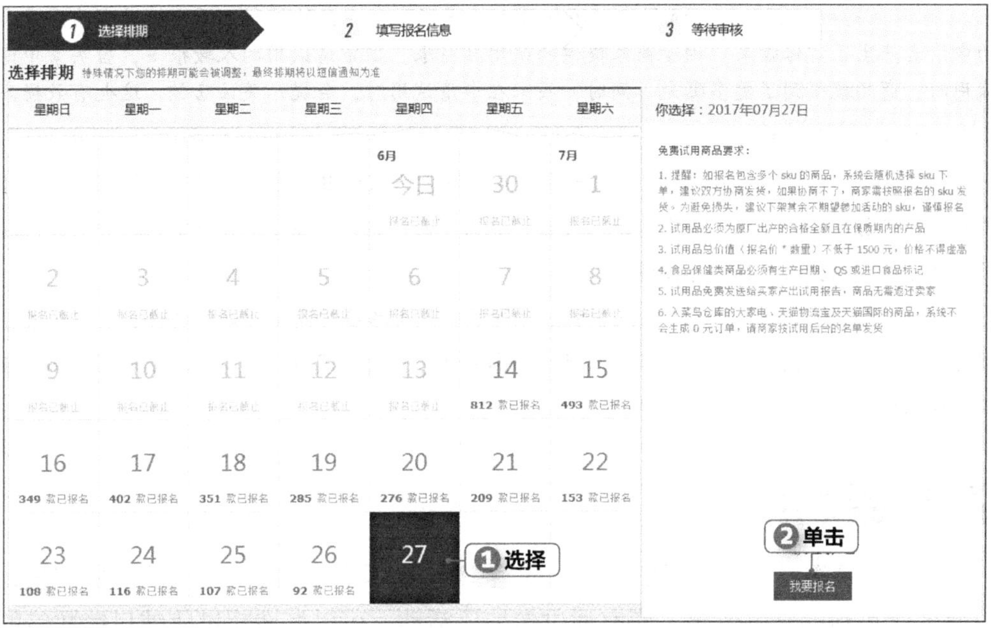

03 进入信息填写页面，在该页面中填写试用商品基本信息，包括试用商品的名称、链接、数量、图片等。

04 在“填写商家信息”栏中填写商家的联系方式，包括旺旺和电话，设置完成后单击提交报名申请按钮提交申请即可。

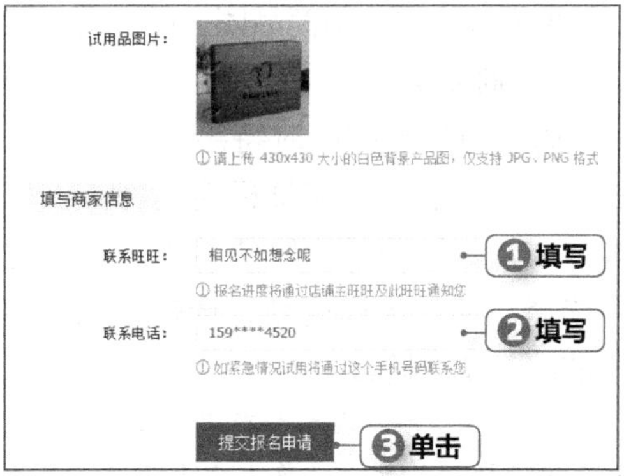

7.2.5 宝贝参加试用中心的优势

淘宝试用中心是全国最大的免费试用中心，在网店推广中具有很高的影响力，其推广优势主要体现在以下方面。

● 增加曝光量和粉丝　试用中心不仅可以给买家带来实在的福利，还直接对有购买意向的申请者产生了宣传效果。由于商家提供的试用品有限，但申请试用的人数很多，当买家申请试用时，商品就得到了更多曝光。同时，买家在申请试用时，会提示关注店铺，这也有效提高了店铺的收藏量和粉丝。

● 导入优质流量　通过免费试用平台导入的流量比较精准，大部分买家申请试用的商品都是自己目前需要的商品。在申请试用之后，页面下面还将推广显示店铺当前的相关商品，通过这个方式可以拉动店铺整体流量。

● 试用报告口碑宣传　试用报告相当于买家购买商品后对商品的详细评价，图片和文字描述都非常清晰详细，对其他买家而言具有很高的参考价值，同时这样的评价更容易赢得其他买家的信任，打消买家的购买疑虑。

7.3 聚划算

聚划算是淘系规模中爆发力最强的营销平台，汇聚了数量庞大的用户流量，具有非常可观的营销效果，商家通过参加该活动，可以打造超过店铺日销数倍的营销数据，获得更多的收益。聚划算对招商商品的要求较严格，除了基础招商标准外，还对不同类目的商品有不同的要求。招商商品通常需要缴纳一笔保证金和基础费用，聚划算将按照不同类目的费率进行收费。

7.3.1 聚划算的参聚类型

聚划算主要包括商品团、品牌团、聚名品、聚新品、竞拍团 5 种类型。

1. **商品团**

商品团是一种限时特惠的体验式营销模式，具有坑位数多、参聚概率相对较大、主团展示、流量稳定的特点。较好的爆款营销渠道和较低的用户获取成本方式，可以帮助卖家快速地规模化地获取新用户。商品团的报名流程主要包括选择活动、选择商品、选择坑位、填写商品报名、商品审核、费用冻结、上团前准备 7 个阶段。

● 选择活动　在参加商品团之前，商家首先应该查看招商公告，了解招商要求。然后登录聚划算后台，单击右上角的“商户中心”超链接，跳转到商户中心首页，单击“我要报名”按钮。在打开的页面中查看可报名的活动，以及活动介绍、收费方案、保证金规则、报名要求和坑位规则等信息，选择适合自己的活动。如果不符合报名条件，则活动后会显示“您不符合该活动报名条件”的提示信息，单击“查看原因”超链接可查看原因。

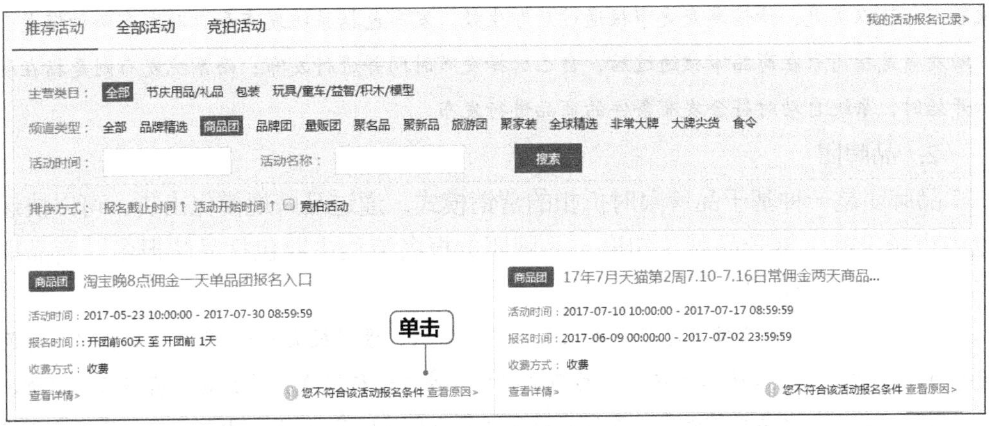

● **选择商品** 选择符合审查规则的商品并提交即可。如果“提交”按钮显示灰色，则代表商品不符合聚划算商品机审规则，单击“查看原因”超链接可了解具体原因。

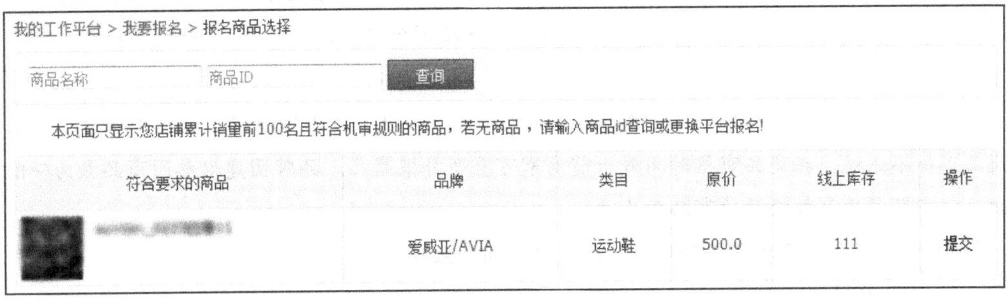

● **选择坑位** 如果商家所选商品符合所选坑位的条件，则系统将展示6周内所有的坑位。如果商家的商品不符合条件，则淘宝默认不展示不符合条件的坑位，单击“显示不可报坑位”超链接即可看到具体不可报的坑位内容。

● **填写商品报名** 在填写商品报名页面，商家需对商品的标题、卖点、团购价格、描述、费用等信息进行填写，商品报名详情填写完毕后，将进入小二审核的步骤，一般5个工作日内会给出审核结果。

● **商品审核** 商品审核包括一审和二审两个阶段，一审主要由系统对商品报名价格、报名商品货值、历史成交及评论、商品DSR评分、店铺近3~6个月成交排名、店铺聚划算成交额和历史单坑产出水平等进行审核；二审主要由人工对库存、价格具有市场竞争力、商家分值择优录取、是否存在拼款、换款等信息进行审核。

● **费用冻结** 费用冻结主要包括保证金和保底佣金两部分。保证金是指聚划算为了维护消费者的权益，将会冻结商家一定的款项，确保商家根据承诺提供商品和服务，若商家出现客户付款后不发货、商品有质量问题等情况，聚划算平台会将保证金赔付给消费者；保底佣金是指卖家参加聚划算，成交额未达到目标成交额（保底交易量）时需要承担的技术服务费。当订单总金额达成或超出目标成交额（保底交易量），则全额返还（解冻）保底佣金预付款，当订单总金额未达成该类目的保底佣金，则减去实时划扣的佣金之后所形成的差额部分，从保底佣金中扣除，剩余保底佣金解冻并返还卖家。

● **上团前准备** 上团前准备包括信息变更和发布两部分。信息变更是指商品从待审核至开团中全程均可修改信息，信息变更提交后30分钟会完成审核，信息变更不影响发布，在发布状态下仍可以变更，待信息变更审核通过后即生效。发布包括系统发布和自助发布两种模式，自助发布是指商家在商品审核通过后，自己选择发布时间并进行发布；而系统发布则是指在展示开始时，系统自动对符合发布条件的商品进行发布。

2. 品牌团

品牌团是一种基于品牌限时折扣的营销模式，通过品牌规模化出货，可以快速抢占市场份额，提升品牌认知度。品牌团的报名流程主要包括品牌报名、商品报名、上团准备3个阶段。

- 品牌报名　品牌报名包括商家报名、商家审核、素材提交3个流程。商家报名的时间为每月4日~12日，商家选取对应类目的品牌团报名入口进行报名，并在其中填写品牌名称、期望上团日期、报名类目等信息；商家审核的时间为每月13日~15日，由系统根据商家分值进行排序，择优录取，审核内容主要包括日均店铺成交额、店铺3项DSR评分、历史参聚表现、旺旺响应速度等；素材提交主要包括品牌营销LOGO、品牌营销banner、品牌入口、流量入口图、无线banner、新版品牌入口、品牌主题、品牌故事介绍（PC端）、品牌故事介绍（无线端）等内容。
- 商品报名　品牌团商品报名与商品团报名步骤一致，商品审核与商品团二审类似，若商品审核不通过，在商品审核时间截止前商家可重新补报商品。品牌团建议参团商品数为6~80款，以实际最终参加活动的商品数为准。
- 商团准备　品牌团上团准备工作与商品团一致。

3. 聚名品

聚名品是一种精准定位“中高端消费人群”的营销模式，以“轻奢、潮流、快时尚”为核心定位，聚集高端品牌。其佣金收费方式较灵活，具有单品团、品牌团等多种玩法。聚名品的招商对象为符合聚名品规则要求的天猫旗舰店、旗舰店授权专营店、天猫国际旗舰店、全球购（需认证）、淘宝集市店铺，收费都采用佣金的形式，适合参与聚名品的主要类目包括男装、女装、男鞋、女鞋、运动、户外、母婴童装、美妆、箱包、服装配饰、眼镜、家居等。

（1）单品团

商家可一次报名多款商品，并在当日一同开售。单品团的报名时间为提前一周的周二，要求商品价格必须为30天内的最低价。单品团活动预热两天，以佣金的形式收费。

（2）品牌团

品牌团分为日常品牌团和营销活动。其中，日常品牌团的报名时间截止时间为上月15号，要求商品价格必须为30天内的最低价，活动预热两天，售卖两天，以佣金的形式收费。营销活动包括平台发起和商家发起，佣金和特殊优惠收费。

符合聚名品招商的品牌可以申请加入聚名品品牌库，符合要求的店铺可以加入聚名品商家库，加入成功后即可选择“聚名品”频道类型，在这里可以选择所有聚名品可报名的活动。

4. 聚新品

聚新品是新品营销效率最高的平台，可以快速引爆新品类商品，快速积累新用户群体，形成良好的口碑传播。聚新品适用于高潜力、高增长的新品类、国际品牌、国内知名品牌、知名淘品牌、营销能力强且具备规模化的供应链及服务能力强的大中型商家，适用于创新设计、创意概念、创新技术应用、属性升级的商品。聚新品采用保底+佣金+封顶的收费模式，要求商品没有销售记录或在10件以内，且备货量为30万、40万，小二会根据品牌影响力、店铺日常运营能力、投放计划、销售预估、价格优势等指标进行选择。

5. 竞拍团

竞拍团是一种适合中小卖家快速参聚的营销模式，通过市场化的竞价方式，增加中小商家的参聚机会。参加竞拍团的卖家需要通过聚划算首页进入竞拍报名阶段，找到竞拍坑位入口，然后选择店铺优秀款提交商品，进入提交商品流程，填写商品价格和数量。审核通过后，商品即为待排期状态，商家可进入竞拍大厅参与竞拍，对商品进行出价。竞拍成功后可以在保证金页面或者宝贝管理页面支付保证金。

聚划算竞拍团的竞拍模式为暗拍模式，基本规则是出价最高的商家获得坑位，但是只需要支付第二高的价格。例如，3个人在参与一个坑位的竞拍，出价分别是5000元、4000元、3000元，那么出价5000元的商家将获得这个坑位，但是只需要支付4000元的价格。

7.3.2 聚划算竞拍坑位

聚划算商品团分为竞拍模式和佣金模式，展现位置均在商品团位置，但竞拍模式是以竞拍方式获得排期资格，是否得到坑位由商家自由竞拍决定，且取得坑位后排期不会被更换。

参与竞拍的商家都只能在有效出价时间内出价，竞拍结束后，聚划算会按照出价高低和出价时间确定入围商家。

与其他参聚类型相比，竞拍模式的优点是自由竞拍，商家拥有更大的主动权和决定权，所以对于竞拍团来说，操作的重点不是报名，而是竞拍坑位。

1. 竞拍团的坑位竞拍规则

竞拍团的坑位竞拍需要注意两项规则，即出价规则和成交规则。

（1）出价规则

- 竞拍起拍价为人民币2500元，单次加价幅度为100元及其整数倍，最高加价倍数视具体类目而定。
- 商家每次出价时，其出价不得低于起拍价。
- 每次竞拍的商家可获得3次修改价格的机会，最后一次出价的价格为有效价格。

（2）成交规则

- 竞拍结束后，根据每个类目可竞拍的位置数，取出价格最高的前几名入围成交。如果入围商家中存在价格一样的情况，则按照出价时间来决定，先提交有效价格的商家优先入围。
- 如果参与商家数量大于可竞拍的位置数，则竞拍成交价格为未入围商家中的最高出价；如果参与商家数量小于或等于可竞拍的位置数，则实际成交价格为入围商家中的最低出价。

2. 竞拍团竞拍技巧

参与竞拍的商家，特别是中小卖家，都希望能够以最合理的价格竞拍到坑位，但如何参与竞拍呢?

- 分析数据　竞拍模式依靠价格排序，价格高的竞拍者入围。卖家在竞拍坑位时，要保持理智竞拍，需要提前分析自己的销售行情、成本收益和竞争优势。如果竞拍价格太高，产品收益却跟不上，那么这次竞拍就无法达到理想的效果，甚至可能造成极大的亏损。
- 出价　每位参与竞拍的卖家的出价次数是有限的，但竞拍出价时间却有1小时，建议卖家不要提前出价。如果出价太早，每出价一次就浪费一次机会，出价次数用完则失去入围资格。可以自己可接受的最终竞拍金额为基础，在出价人数和别人出价次数达到一定数量的时候开始出价。

7.3.3 聚划算的选品准备

聚划算作为淘宝的一个优质的团购平台，对参选商品的甄选十分严格，因此商家在报名聚划算的相关活动时，必须提前做好选品准备。一般来说，选品的目的是为了顺利通过审核和尽可能引爆销量，这也是选品必须考虑的两个前提条件。

1. 顺利通过审核

报名聚划算活动的商品，需要通过淘宝小二的人工审核。以商品团为例，在填写商品报名信息后，进入商品审核阶段。其审核内容包括商品报名价格、报名商品货值、历史成交及评论、商品DSR评分、店铺近3～6个月成交排名、店铺聚划算成交额和历史单坑产出水平、库存、价格是否具有市场竞争力、是否存在拼款、换款等。为了快速通过审核，商家在报名活动之前，应该提前对商品进行选择，对照商品审核阶段的要求选择店铺内满足条件的商品。

此外，由于商品通过初审之后不允许擅自提高团购价和降低商品数量，所以必须提前对商品价格、数量等进行规划和准备，库存、运营人员都必须提前安排。

2. 引爆销量的选品

聚划算作为淘宝网非常火爆的营销平台，具有引爆流量、带动关联营销、拉动品牌推广、累积客户、打造爆款等多重作用，卖家想利用这个平台获得收益，必然离不开选品准备的环节，可以说选品的好坏直接决定了商品销量的好坏。

（1）参选商品需要具备的要素

商家报名参加活动的目的是为了引爆商品销量，提高销售额，但引爆销量有一个前提——好的款式，只有好的款式才能在活动上有好的表现，同时，在款式好的前提下，活动商品还应该具备一些必备要素。

- 利润空间大，销量转化较好。
- 热销潜力比较大，评价比较好。
- 货源比较稳定，不会出现断货、缺货的情况，最好不缺码、缺色。
- 尺码标准，颜色主流，容易被大众接受。
- 商品应季，符合当前流行趋势。

需要注意的是，在报名参加活动后，通常都有一个准备阶段，如一个月，因此卖家在选择商品时，应考虑一个月后的应季情况。如果4月报名商品为长袖衬衫，但5月活动开始时天气已经转热，购买长袖衬衫的人数会大幅度减少，商品也就没办法达到很好的销量。

（2）适合参选活动的商品分析

商品价格、属性、流行趋势、转化、货源等都是参选商品应该考虑的要素，一般来说，检测商品是否符合参选条件，可以通过数据分析工具进行分析，先分析行业情况，再分析自己店铺的商品情况。

- **价格** 价格分析通常包括两个方面，一个是价格选择，另一个是价格利润空间。价格选择需要分析当前类目下同类商品的主要成交价格和平均价格。例如，女装T恤类目下，成交量最高的价格区间是50～100元，平均价格为65.7元，这个数据就表示50～100元区间的T恤价格销量更好，而平均价格低于65.7元的T恤更容易成功报上活动，也就是说报名活动的价格要低于行业均值。价格利润空间是指价格在满足低于行业均值的前提下，商品剩下的利润空间。卖家报名活动不仅是为了提高转化和销量，也为了提高销售额。
- **商品属性** 分析商品属性实际上就是分析商品是否热销。依然以女装T恤为例，通过数据分析工具分析T恤的哪种材质成交量高、哪种风格成交量高、哪种版型成交量高、哪种元素成交量高、哪种领型和款式成交量高、哪种面料和颜色成交量高、哪种衣长和袖长成交量高等，与热销元素符合度越高，说明消费者接受度越高。

● **流行趋势** 如果当前时段某商品呈现某种流行趋势，则具备该趋势的商品会很容易被消费者所接受。例如，美妆类目下，当前十分流行泡沫洁面、气垫CC，那么该类型的商品更容易被消费者接受。

● **转化** 转化是影响消费者购买的重要因素，有1人购买的商品和有100人购买的商品，后者更容易得到消费者的信任。也就是说，选择转化率较好的优势商品作为活动商品，更容易带动销量。

● **货源和客服** 充足的货源准备和客服准备都是引爆销量的必备条件，否则有买家上门，但商品缺货，或者客服反应不及时，都会直接造成客户的流失。

（3）在店铺中选择适合参选的商品

为了保证销量，参选活动的商品一般要选择店内的热卖商品、优势商品，同时满足应季、款式好、有利润、有足够库存等条件。从数据的角度分析，也就是要选择支付转化率高、点击率高、商品货源有保障的商品。卖家可以查看直通车中的数据来分析店内商品，即加入购物车率和收藏率，也可以使用生意参谋分析单品的支付转化率和点击率。

● **支付转化率** 支付转化率高的商品，表示买家下单的概率大。店内商品的支付转化率，可以通过生意参谋“商品分析”中的“商品概况”来查看和分析。通过数据显示可以发现有些商品虽然访客数很高，但下单转化率却比较低，而有的商品虽然访客数不高，但下单转化率却比较高。活动商品通常选择支付转化率高于行业均值的商品。

支付金额排行TOP15　访客数排行TOP15　更多>>

商品名称	所有终端的访客数	所有终端的浏览量	所有终端的详情页跳出率	所有终端的下单转化率	所有终端的支付金额	所有终端的支付件数	操作
清新创意包装盒食品围巾文艺礼盒相框盒衬衣毛衣衣服牛皮纸礼品盒 发布时间：2016-12-19	1,113	3,015	81.24%	2.25%	1,172.16	34	单品分析
可定制简约礼品盒正方形情人节礼物包装盒商务礼品包装盒生日礼盒 发布时间：2017-02-20	236	543	72.48%	4.24%	216.8	9	单品分析
超大号加高礼品盒礼物盒衣服包装盒商务订制定装礼服婚纱玩偶礼盒 发布时间：2017-02-16	189	285	74.70%	0.53%	48	1	单品分析
小清新文艺复古森系礼盒森系创意李礼盒糖果盒口红情人节香水礼盒 发布时间：2016-10-27	160	347	69.10%	3.13%	167	5	单品分析

● **点击率** 选择点击率高的商品，是为了在活动中获得更多的流量。参与互动的商品，活动时间和活动流量有限，尽可能增加流量才能实现收益最大化。店内商品的点击率可以通过生意参谋“商品分析”中的“商品效果”来查看和分析。点击率高的商品表示款式比较受买家

欢迎，这样的商品在活动中更容易吸引活动平台中的流量，从而引来更多的访客，给店铺带来更多的成交额。

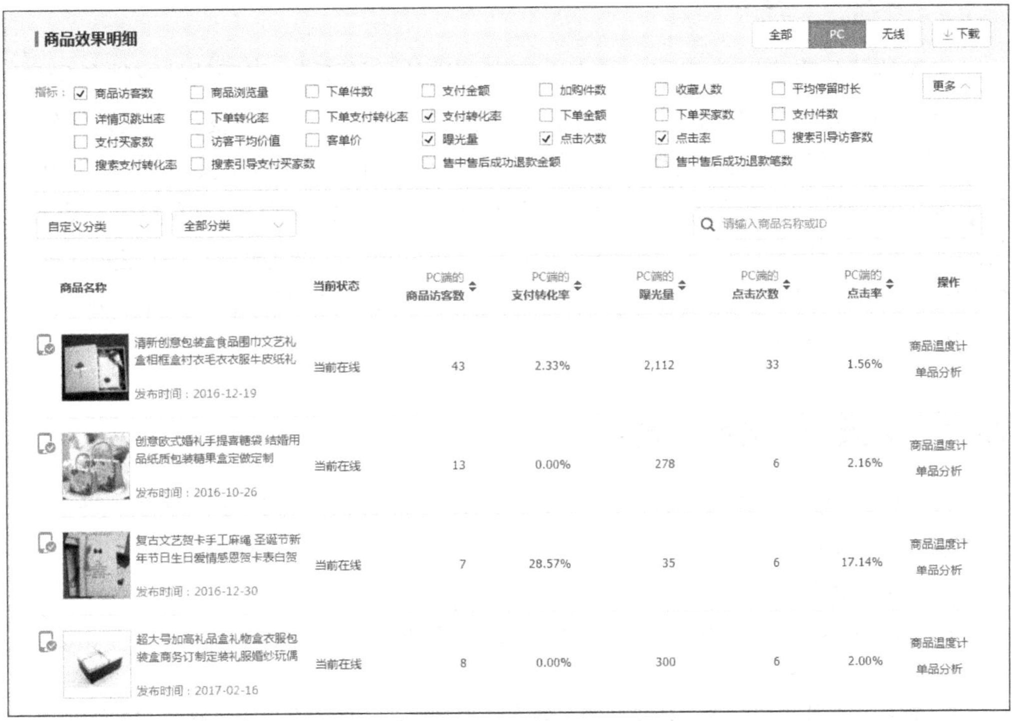

● **商品货源有保障** 货源是活动商品必须要考虑的因素。一般来说，活动商品在货源选择上需要具备尺码标准、颜色符合买家喜好、质量好等特点。标准的尺码可以缓解客服压力，避免咨询太多、客服回复不及时造成的买家流失。颜色的选择一定要符合商品属性分析出的数据，即商品颜色应该是成交量最高的颜色或包含成交量最高的颜色。质量是活动商品需要重点注意的问题，卖家参报活动的好处并不是只有冲销量、提高销售额，还包括客户的积累，质量好的商品不仅不会造成太大的售后压力，还能为店铺带来更多回头客。

（4）活动商品备货

参加活动的商品，一定要保证库存稳定。库存不稳定的商品将会给店铺带来很多不利的影响，如果库存不足或发货时间无法保证，活动平台将根据规定取消卖家的活动参与资格，并限制卖家下次参报该活动的时间，此外，发货时间延误不仅需对买家做出相应赔偿，还会对店铺权重产生影响。如果活动商品缺货、缺码，会给买家带来糟糕的购物体验，不利于店铺会员营销活动的开展。

为了保证活动期间商品发货井然有序，商家需提前做好发货准备。

● **清点入库** 清点入库主要是指清点产品的尺码和颜色，准备多少件，各有多少件，做到有备无患。

● **质检打包** 提前做好商品的质检和打包，可以避免很多售后问题，节省发货时间，提高物流质量。其中在做商品打包时，可以将不同商品的不同颜色和尺码分开放置，方便直接发货，这样即使发货量大，也能做到有条不紊。

7.4 天天特价

天天特价是淘宝网为集市店铺中小卖家打造的扶持平台，用于扶持有特色货品、独立货源和一定经营潜力的中小卖家，提供流量和营销等方面的支持。天天特价频道目前有日常活动和主题活动两个板块，其中日常活动主要包括类目活动和10元包邮等，主题活动主要包括限时特价、周末好货精选、特惠囤和特惠吃等。天天特价推广的商品一般有3个卖点——疯狂促销、应季精品、服务保障，旨在为买家提供物美价廉的商品。对于卖家而言，天天特价推广可以有效提升店铺流量和成交率，从而积累客户，增加销售额。

7.4.1 天天特价的准入要求

为了筛选优质卖家和商品，淘宝网对参加“天天特价”的店铺和商品均有一定的要求，其主要内容介绍如下。

1. 店铺准入要求

淘宝网规定，报名参加“天天特价”的店铺必须符合以下要求。

- 符合淘宝网营销规则。
- 报名“类目活动”和“10元包邮”的店铺创建时间为90天及以上；报名“主题活动”的店铺创建时间为180天及以上。
- 报名“类目活动”“10元包邮”“主题活动”的店铺信用等级为“三钻及以上”。
- 已加入淘宝网消费者保障服务且消保保证金余额≥1000元，需要加入“7天无理由退换货”服务。
- 因出售假冒商品（C类）被处罚的卖家，禁止参加活动。
- 因严重违规（B类）被处罚的卖家，禁止参加活动。
- 报名“主题活动”的店铺主营率≥80%，在线销售商品数≥10件。
- 店铺内非虚拟交易笔数占比达90%及以上，虚拟类目（如生活服务、教育、房产、卡券类等）除外。
- 同一店铺15天内限参加一次天天特价。
- 近半年店铺非虚拟交易的DSR评分3项指标分别不得低于4.6分（开店不足半年的自开店之日起算）。

2. 商品准入要求

- 报名“类目活动”“10元包邮”的商品库存：50件≤宝贝库存≤2000件，报名“主题活动”的商品库存：50件及以上。
- 报名商品最近30天交易成功的订单数量≥10件。
- 活动价格低于最近30天最低拍下价格，商品不得有区间价格（多个SKU时必须是同一价格）。

- 报名宝贝必须包邮（注：除港澳台地区外，全国包邮。卖家指定快递不能到达的地区，请用EMS或者其他快递包邮送达，不得让买家贴补邮费）。
- 所有提交报名的商品及活动页面素材须确保不存在任何侵犯他人知识产权及其他合法权益的信息。
- 运动户外类目商品需要符合淘宝网运动户外类行业标准。
- 食品相关类目商品需要拥有QS商品认证或进口食品中文标签。
- 活动结束后的30天内，不得以低于天天特价活动价报名其他活动或在店铺里促销。若有违反，将按照天天特价卖家管理细则进行相应处罚。

7.4.2 天天特价报名注意事项

天天特价是中小卖家必争之地，也是一个打造热卖款的利器，卖家在报名天天特价之前，应该先了解活动报名流程、报名规则和图片规范。

1. 天天特价报名流程

天天特价的报名流程与其他活动也较类似，卖家点击报名后，需要选择报名的日期，不同的日期提供的活动选项会略有差异。选择合适的活动日期后，卖家需要同意招商规则，填写报名表，等待审核。

如果审核通过，卖家需要清点库存，并清理其他活动。通过天天特价审核的店铺需在首页和参与活动的宝贝详情页面展示天天特价频道指定LOGO图片和天天特价定制邮费模板，为了提高商品点击和转化，还需要对宝贝进行优化。

2. 天天特价报名规则

天天特价的系统审核排序主要依据的是商品、店铺等的综合评分，如果图片、相似款、授权等不合格，系统会在报名后3~5天通知卖家，接到通知的卖家修改后可以重新选择日期报名。天天特价审核结果一般在活动开始前2~4天通知商家。审核未通过的商家可在收到未通过消息后重新选择合适的宝贝报名。

如果审核通过，则买家必须在正式活动开始前两天15：00前进行相关设置。

- 库存建议修改为报名提供的库存。
- 取消该宝贝的促销价格，恢复报名时的原价。
- 保持商品在线状态。活动期间如果商品未售罄下架，系统会自动屏蔽展示直到恢复上架。
- 活动期间（包括预热）若使用其他优惠工具，打折价格不得低于特价活动价格。
- 设置全国包邮。
- 标题前面添加天天特价。
- 一口价、库存、标题、主图等内容，在活动前两天15:00锁定后，不能再进行编辑。
- 宝贝页面会在活动前两天15:00前锁定，此日期后不能再对宝贝页面进行装修。
- 悬挂活动banner。

3. 天天特价图片规范

商品图片是报名天天特价需要重点注意的因素，如果图片不符合要求，将被取消当次活动资格，盗图、侵权等情节严重者将永久拒绝报名。天天特价的图片要求与商品主图要求略有区别，主要要求如下。

- 图片尺寸为480像素×480像素，手淘首页资源位图片尺寸为800像素×800像素。
- 图片格式为jpg。
- 图片大小不超过1MB。
- 图片背景白底，纯色、浅色背景图或者场景图均可。
- 图片清晰，主题明确且美观，不拉伸变形、不拼接、无水印、无LOGO、无文字信息。
- 商品图片应主题突出、易于识别、不会产生歧义、构图完整饱满。

7.4.3 天天特价高通过率的技巧

天天特价的门槛较低，这导致商家活动竞争压力非常大，如果盲目报名，通过率会比较低，因此需要在了解天天特价规则的前提下有计划地进行申报。一般来说，天天特价审核不通过主要分为以下几种情况：当天或3天内有相似款，宝贝综合评分较低；综合排名不达标；商品为非应季款；商品图片与商品链接不符；同期参与了其他活动等。而在选择好合适商品的基础上，卖家也可以通过一些小技巧来提高通过率。

1. 商品的选择

天天特价的审核排序主要依据的是商品、店铺等的综合评分，店铺评分主要包括是否加入消保、DSR动态评分、7+保障和各种服务保障、店铺的好评率、店铺收藏人气、店铺的完善度、老客户回访率等因素；商品评分主要包括报名的商品总价值、退款率、售后率、好评率、发货速度、商品质量、商品收藏、单品成长轨迹等因素，因此选择数据表现比较好的商品，更容易通过审核。

2. 报名时间的选择

根据淘宝宝贝上下架原理，离下架时间越近的宝贝权重越高，权重越高排名越靠前，所以必须提升宝贝的排名和权重。如果宝贝的综合排名不足，就可以利用上下架权重来。在天天特价活动期间，产品越接近下架，其权重和排名越高，通过的概率越大。

天天特价的审核时间一般为3~5天，正常情况下是3天，那么一般宝贝下架后第3天就是较合适的报名时间。例如宝贝24日下架，下一次下架时间是31日，为了保证天天特价的审核日期是商品下架时间，可以报名下月3日的活动，这样系统审核日期就是31日，也就是宝贝排名和权重最高的时候。此外，商品下架时间可以设定在17：50－18：00，淘宝审核会在18:00关闭。

确定报名哪一天的活动后，还需要确定什么时间开始报名。如果确定报名16日的活动，就需要在天天特价报名页面查看16日的活动最早什么时候可以报名，然后在报名时间开始当天准时报名。

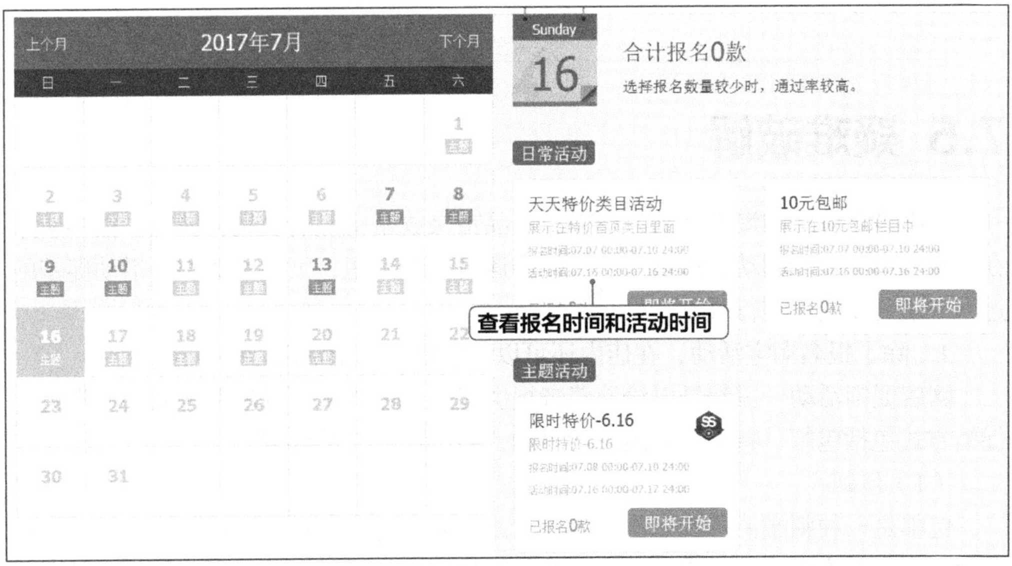

3. 价格设置

合理的价格对于提高天天特价活动通过率也十分有效，淘宝会根据整个行业的均价来衡量报名价格是否具有优势，所以并不是活动商品价格低于原价就有优势。

价格分析可以使用数据分析工具，或者参考往期类似产品的价格。

7.4.4 报名参加天天特价

在报名参加天天特价之前，建议卖家先了解天天特价报名活动的相关要求。具体报名方法：在卖家中心的“我要推广”页面中选择“天天特价”选项，打开“天天特价”页面，单击我要报名按钮，在打开的页面中选择报名日期和活动，然后单击立即报名按钮，在打开的页面中填写相关信息即可。

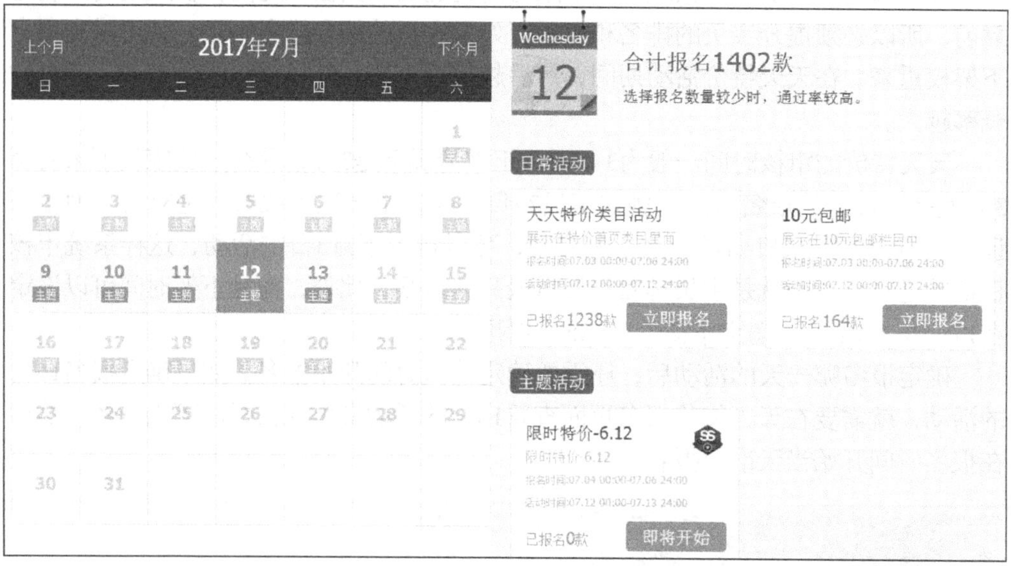

7.5 疑难破解

一次策划合理的淘宝活动，可以为商品带来成千上万的流量和销量，很多卖家在了解和参与淘宝活动的过程中，可能会遇到一些问题，下面将对部分活动促销的过程中遇到的问题进行解答。

1. 除了报名淘宝活动，在店内还可以开展哪些促销活动？

网店促销活动一般都是以给消费者提供优惠的形式来刺激消费者购买，常见的促销方式包括包邮、特价、赠品、优惠券、会员积分、抢购等。

（1）包邮

包邮是一种刺激消费者一次性购买大量商品的促销形式，以淘宝网中某些零食店为例，当买家在店铺里购买商品的总价格超过××元时，即可享受包邮服务，这个包邮的价格设置不可过高，这样买家为了免除邮费，通常会选择购买足量商品。需要注意的是，该方法只针对利润较少的商品，如果商品利润足够，则可以采用直接免邮的方式进行促销，这样可以留住更多买家。

（2）特价

特价是指在节假日、店庆、购物活动等时间段，定时或定量为部分产品推出的特价优惠活动。策划特价优惠活动时，一般需要在商品信息上体现出商品价格的前后对比、活动时间以及商品数量等，让买家可以清楚地看到优惠，进而促进店铺的销量。

（3）赠品

赠品指买家在店铺消费时可获得掌柜赠送的小礼品。赠送小礼品是淘宝网店经营者常用的一种方式，其目的在于维护与客户的关系，赢得客户好感。除此之外，也可采用达到一定消费额度就赠送某商品的方式来吸引客户。赠品的方式多种多样，不仅可以带给买家福利，还可以借此推销新品。

（4）优惠券

赠送优惠券是一种可以激励买家再次购物的促销形式。优惠券的种类很多，如抵价券、折扣券、现金券等，优惠券中一般需标注消费额度，即消费到指定额度可使用该优惠券，同时在优惠券下方还需要介绍优惠券的使用条件、使用时间、使用规则等信息。优惠券必须清楚地显示在店铺中，或卖家要明确指示优惠券的领取地址，让到店消费的消费者可以轻松看到优惠券信息，这样才能发挥促销效果。

（5）会员积分

淘宝的会员关系管理系统为卖家提供了会员管理的功能，通过该功能，卖家可为新老客户设置会员等级和会员优惠等，当然卖家也可将买家的消费额转化为消费积分，当积分累积到一定数量时，即可以积分换购或抵价商品，刺激买家进行重复消费。在设计会员积分制时，需要注明积分规则，如时间范围、兑换规则、兑换方式等。

（6）抢购

抢购是一种可以刺激消费者购物的有效方式，现在很多网店都会不定期推出商品秒杀活动，提供固定数量的商品，在指定时间开启通道供用户抢购，如“前3分钟半价”等。抢购由于优惠巨大，不仅可以吸引老客户，还可以吸引未使用过该商品的新客户，引起消费者的广泛关注，既推广了品牌，又带来了更多潜在的消费者。

2. 天天特价审核通过后具体需要进行哪些准备工作？

天天特价是很多中小卖家的主要活动基地，卖家收到审核通过的通知后，一定要做好以下准备工作。如果没有在规定时间内按要求进行设置，天天特价将取消卖家该次的活动资格。

- **设置库存** 商品库存要大于活动报名数量，因为二审通过后，天天特价后台会从商家报名的商品总库存中扣除报名的库存，因此要保证库存总数。如果报名商品存在多个SKU，则需要系统校验总库存数。例如，报名了一款眼影，眼影总共8款颜色，报名数量为300件，表示应设置这8款颜色的眼影总库存数为300件。
- **清理其他活动** 参加天天特价的商品，若使用其他优惠工具打折，价格不得低于特价活动价格，所有与活动冲突的标签必须取消，包括聚划算等活动平台的促销价格。

● 保持一个价格　取消区间价，参加活动的折扣价格由天天特价系统设置，不需要商家自动修改。参加活动的商品可以有多个SKU，但必须是一个价格，且活动结束后30天内不得以更低价格销售。

● 添加宝贝标题　参加天天特价的宝贝要在标题前面增加"天天特价"4个字，在活动结束后去掉"天天特价"关键字，否则会被系统处罚。如原宝贝标题为"睫毛膏7ml 防水纤长卷翘浓密"，参加天天特价时需要修改为"【天天特价】睫毛膏7ml 防水纤长卷翘浓密"。

● 设置"卖家承担运费"　天天特价全场包邮，所以报名的商家需要设置为"卖家承担运费"。除港澳台地区外，全国包邮，不得让买家补贴邮费。

● 保持商品始终在线　报名活动后商品需要保持在线，且二审通过后（活动开始前两天15:00）商品锁定，不得再修改标题、主图、价格、库存及邮费，活动期间如果商品是未售罄下架的，系统会自动屏蔽展示直到商品恢复上架。

● 店铺装修准备　做好店铺装修工作和上线准备工作，目前店铺LOGO不强制要求设置，但是部分主题活动需要卖家近30天内有无线店铺装修操作，若近30天内未操作过，建议卖家进行操作。

● 保证金　保证金的"可用余额"必须≥1000元，如不足，会被系统清退，卖家要注意及时补缴。

7.6 边学边练

（1）通过活动选品的相关知识在店铺内选择一款适合的商品，并报名参加聚划算活动。

（2）申请一次免费试用活动。

（3）报名参加天天特价活动，并根据天天特价报名要求准备好商品图片，要求图片为纯白色背景。

第8章 通过会员营销挖掘店铺潜力

本章导读

在运营网店的过程中，每一位卖家都必须思考一个问题——如何留住买家。很多卖家可能觉得这个问题并不难回答，留住买家的方法，无非是了解买家的需求，提供更完善的产品和服务，但是怎样才能了解买家的需求呢？怎样将新客户发展成老客户呢？这就需要分析店铺会员数据，了解影响买家购物行为的因素，从而分析出可以留住买家的营销手段。

知识技能

※ 掌握查看与管理会员数据的方法

※ 掌握分析会员数据的方法

※ 掌握会员营销的方法

视频讲解

（视频讲解：11 分钟）

8.1 分析会员数据的目的

会员营销是淘宝卖家十分重视的一种推广方法，通过对会员信息的整理分析，可以使卖家更了解自己的客户群，制订出更合适的营销方案，不断发展客户，培养客户忠诚度，为店铺带来更多的收益。此外，卖家还可以通过会员数据分析提高买家的复购率和客单价，更好地推广商品等。

8.1.1 提高复购率和客单价

如果要列举淘宝卖家最关注的店铺数据，成交率一定名列前茅。成交率是店铺前期营销和推广的主要目的，有了成交率，店铺才有发展的前景。那么淘宝店铺的成交率会受哪些因素影响呢？商品质量、商品价格、商品陈列、爆款推荐、搭配销售、客服能力、老客户比例、促销活动、口碑、服务等都会对商品的成交率产生影响。

成交率直接决定着成交额，从会员数据的角度进行分析，会员流量、转化率、客单价、复购率、客单价的提升均会对成交额产生影响。

网店营销，流量为王，然而随着网店队伍的快速壮大，在有限的市场中竞争流量的对手越来越多，流量的获取已经不再是一件轻松简单的事情，甚至排名靠前的店铺也几乎依靠付费活动来获取流量。在这样的背景下，成本不足的小卖家的生存环境越来越恶劣，所以每一个可能获取流量的机会都十分珍贵。会员维护和营销是一种成本非常低的获取流量的方式，卖家可以通过分析会员数据，维护会员关系，将新客户转化为老客户，借由老客户获得更多优质流量，也就是说，卖家通过合理利用会员数据可以有效地提高店铺的成交额。

众所周知，老客户流量带来的转化率远远大于新客户。老客户已经对店铺有了一定的了解，已经有购物经历，再次进入店铺的目的很可能是继续购买商品，甚至基于对商品和店铺的了解，可能会一次性购入多件商品，从而提高客单价。

从某种程度上来说，老客户相当于店铺的忠实客户，对店铺具有一定的忠诚度，复购率非常高。除此之外，淘宝搜索也会对老客户进行引导，当买家在搜索一款商品时，如果是买家曾经购买过的店铺，淘宝会给予标识和显示。很多买家在淘宝店铺中购买商品之后，没有收藏店铺的习惯，通常是在需要再次购物同类商品时重新去搜索，淘宝对购买过的店铺进行标识，非常有利于老客户的回访。

例如，买家曾经在一家店铺购买过牛仔短裤，当买家再次输入该关键词进行搜索牛仔短裤时，在搜索结果页中，淘宝将在买家曾经购买过该商品的店铺的搜索项上显示“购买过的店”字样，引导买家查看已购买过商品的店铺。

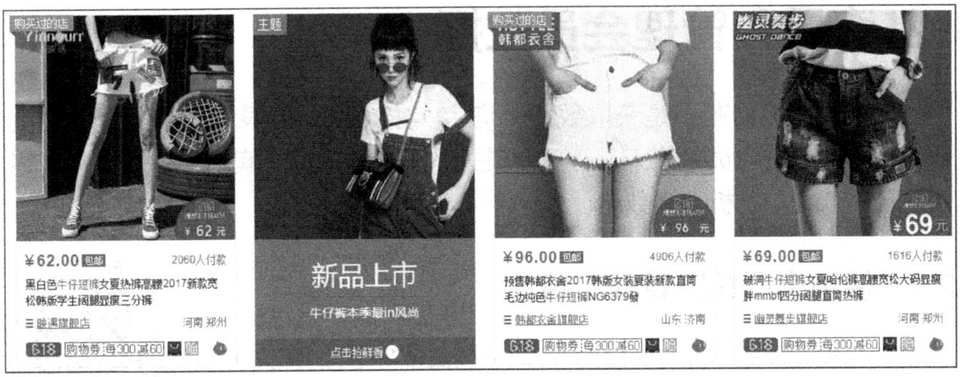

因此，合理管理店铺会员数据，发展老会员，是降低店铺销售成本，提高成交额的有效手段。

需要注意的是，淘宝对会员信息的管理非常严格，卖家必须遵循会员信息保密原则，不能随意让他人查看数据，或将会员数据分享给他人。会员数据流到其他商家或通过其他途径流出，会对会员造成十分恶劣的影响，影响买家对卖家的信任，引起买家对卖家的不满，导致卖家客户群的流失，还会使卖家受到淘宝的处罚。

8.1.2 推广商品

大部分卖家同时也是买家，如果有在网店购买商品的经历，对短信营销、邮件营销一定不陌生，而这些营销方式几乎全是建立在会员数据分析的基础上的。通过分析会员的购物习惯、喜好、行为等为其推荐可能感兴趣的商品，促使买家返店，再次进行消费。如通过后台查看买家曾经购买的商品，从而为其推荐该商品的促销信息，或者同类型商品。

当然，会员营销推广并不是盲目实行，必须基于数据分析才能执行，否则不仅无法起到好的推广作用，还容易弄巧成拙，遭致中差评。例如，买家刚在店铺购买了一种商品，没隔多久就收到了卖家的降价信息，这种情况会使买家产生“吃亏上当”的心理，如果商品还在评价期，很可能买家会给出差评，或者通过追评给出差评。此外，没有明确买家的喜好，为买家推荐了不符合其喜好的商品，或将低价商品推荐给高端客户，或对容易差评的买家进行推广，都是一种无效的推广行为。

对于会员营销，很多推广方式都建立在良好的会员关系之上，因此一定要做好老客户的维护工作。老客户维护的方式比较多，如节日问候、老客户回馈活动，为老客户提供生日福利等。其中老客户回馈活动可以直接通过淘宝的会员管理系统开展，操作十分简单，可以定期向老客户推荐优惠活动，提高老客户的回购率。

8.2 查看和管理会员数据

分析会员数据的基础是获取数据，淘宝卖家可以通过很多方式来获取会员数据，如订购专门的会员管理工具管理会员关系，也可以通过卖家中心后台的“客户运营平台”查看和分析会员数据。

8.2.1 使用会员关系管理工具

扫一扫

客户关系管理工具

客户关系管理工具是专门用于整理和管理客户的工具，可以使卖家的客户管理工作事半功倍。

1. 客户关系管理工具

淘宝为卖家提供了多种会员关系管理工具，在服务市场中选择“客户管理”选项，即可查看相关工具，其具体操作如下。

01 进入淘宝卖家中心，在“软件服务”栏中单击“我要订购”超链接，打开“服务市场”页面，将鼠标指针移动到“客户管理”超链接上，在打开的列表中可以查看不同类型的客户管理工具。

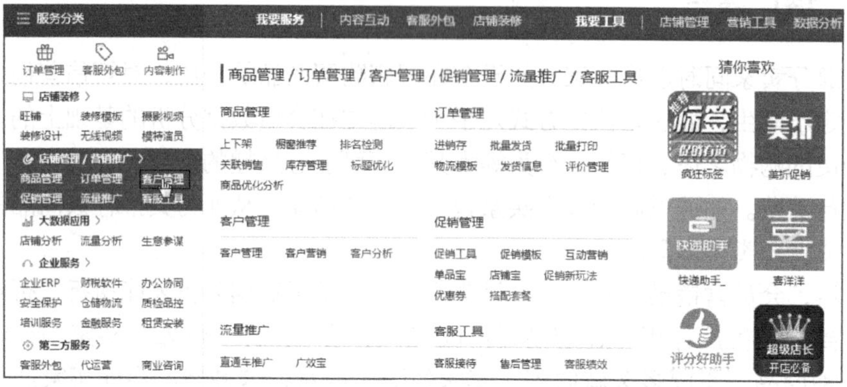

02 单击“客户管理”超链接，在打开的页面中将显示客户关系管理的相关工具。服务市场中的工具基本都是付费工具，需要购买后才能使用。

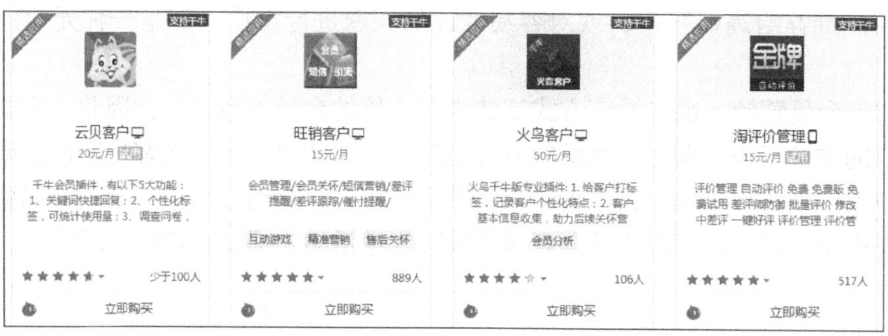

2. 淘宝的客户运营平台

淘宝后台的客户运营平台是淘宝免费提供的、非常常用的会员关系管理工具，可以对网店所有客户进行管理，如制订营销计划、设置会员等级、分析客户信息等。进入淘宝客户运营平台的方法：进入淘宝卖家中心，在“营销中心”栏中单击“客户运营平台”超链接，即可打开“客户运营平台”页面。

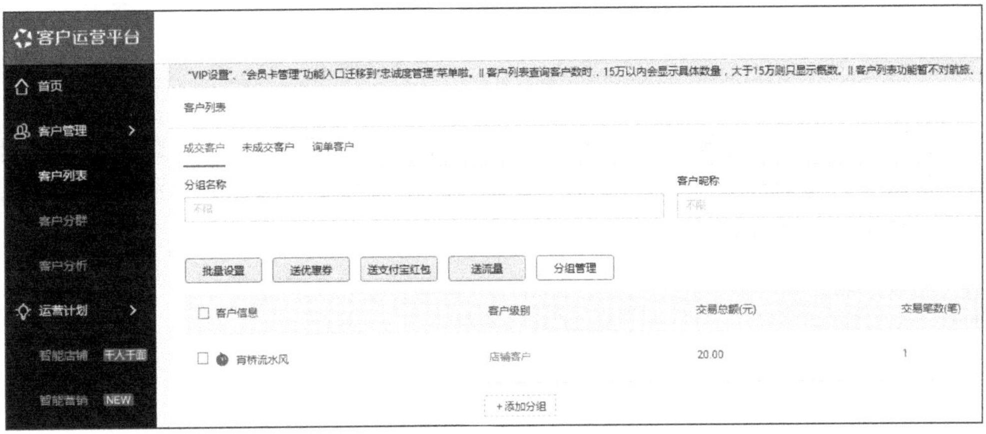

8.2.2 通过淘宝后台管理会员数据

淘宝后台的客户运营平台不仅为卖家提供了查看和分析会员数据的功能，还支持卖家对会员数据进行管理，如客户数据收集与整理、会员等级设置、客户分组、设置VIP等。

1. 收集和整理客户数据

收集客户数据是客户关系管理的基础，卖家可以通过客户运营平台查看和整理客户的手机、邮箱、地址等基本信息，如果卖家在与客户交流的过程中收集了其他客户信息，也可以存放在该会员管理系统中。下面介绍在淘宝后台的会员管理系统中收集和整理数据的方法，其具体操作如下。

扫一扫

收集和整理客户数据

01 进入淘宝卖家中心，在“营销中心”栏中单击“客户运营平台”超链接，进入客户运营平台页面。

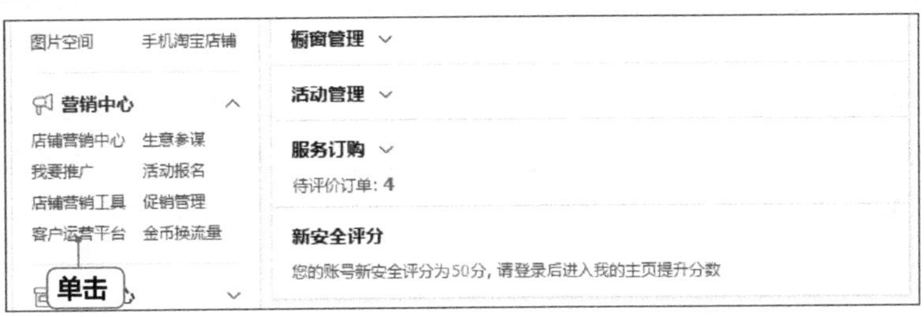

02 在左侧的“客户管理”列表下选择“客户列表”选项，进入客户列表界面，在需要查看数据的客户后单击“详情”超链接。

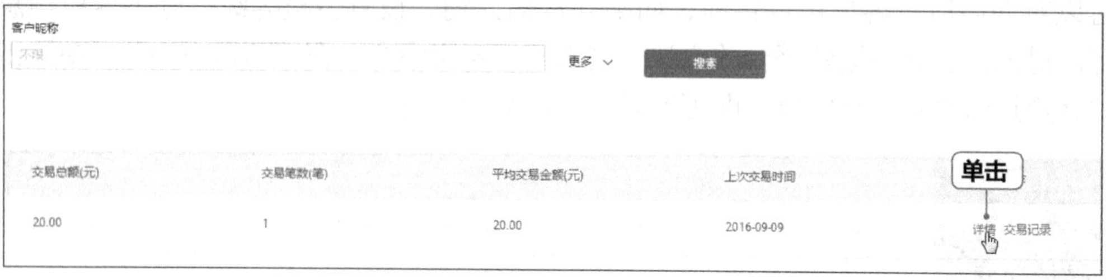

03 在打开的页面中将显示该客户的具体信息，单击页面右上方的编辑按钮，可对客户信息进行编辑和补充，还可在“备注”栏中添加备注信息。编辑完成后单击保存按钮完成保存即可。

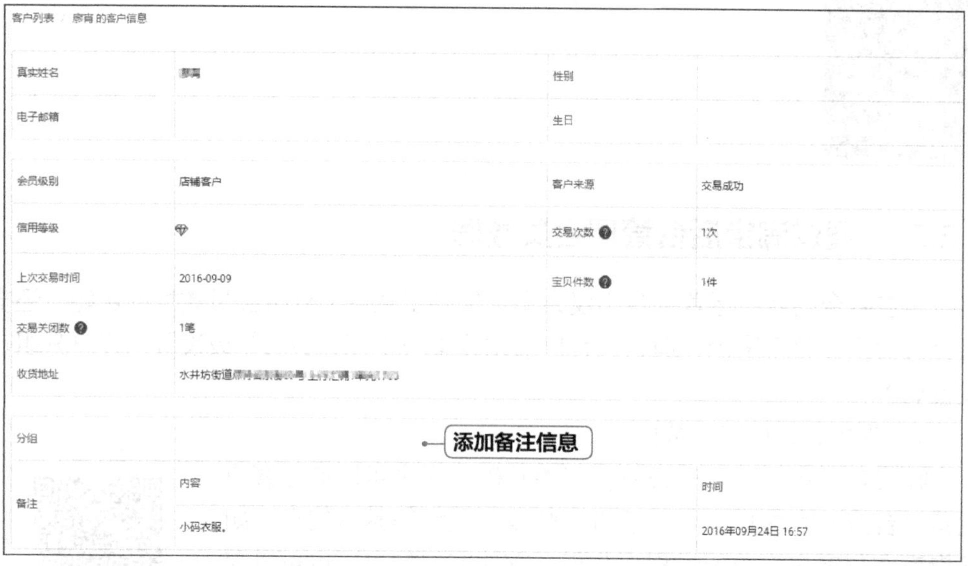

2. 设置会员等级

淘宝的会员管理系统为卖家提供了设置会员等级的功能，卖家可根据会员的消费情况、消费次数、客单价等为其设置不同的等级，还可为不同等级的会员设置不同的折扣。下面介绍在淘宝后台的客户管理页面设置会员等级的方法，其具体操作如下。

扫一扫

设置会员等级

01 进入客户运营平台，展开“客户列表”选项，进入客户列表界面，在需要更改会员等级的客户后单击“详情”超链接，打开客户信息页面，单击页面右上方的编辑按钮，单击“会员级别”栏右侧的下拉按钮，在打开的下拉列表中选择会员等级即可。

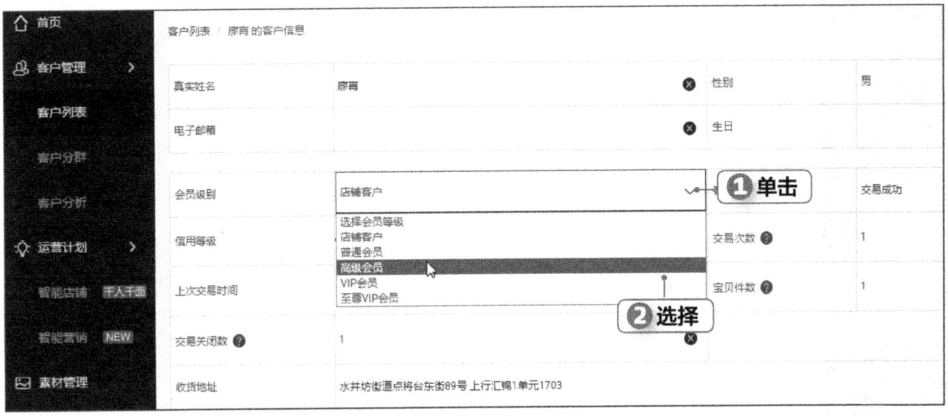

02 单击“会员状态”栏右侧的下拉按钮，在打开的下拉列表中可设置该会员是否享受折扣。

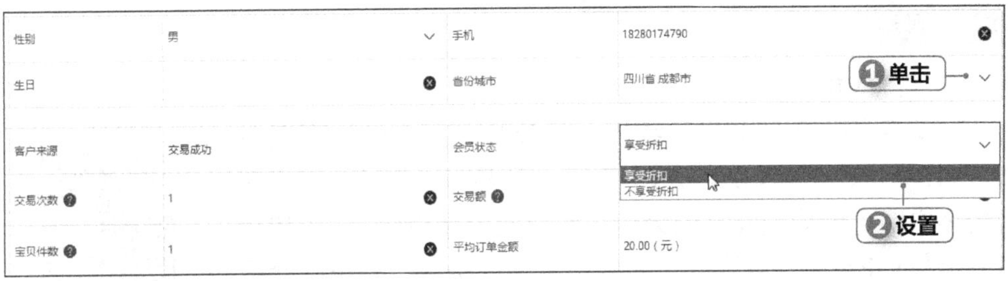

3. 客户分组

扫一扫

客户分组

设置了会员等级的消费条件后，系统会自动将满足条件的买家提升到相应的等级，给予店铺相应的优惠或折扣，除此之外，卖家也可以手动对客户进行分组，其具体操作如下。

01 进入客户运营平台，展开“客户列表”选项，单击右侧的 分组管理 按钮，进入分组管理页面，单击 新增分组 按钮，在“分组名称”文本框中输入组名称，单击 确定 按钮即可完成创建。

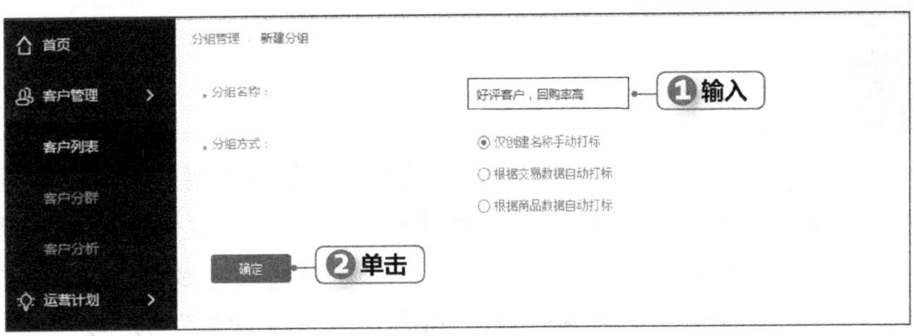

02 建立好分组之后，进入客户的详细资料页面，单击 +添加分组 按钮，在打开的下拉列表中即可为客户设置分组。

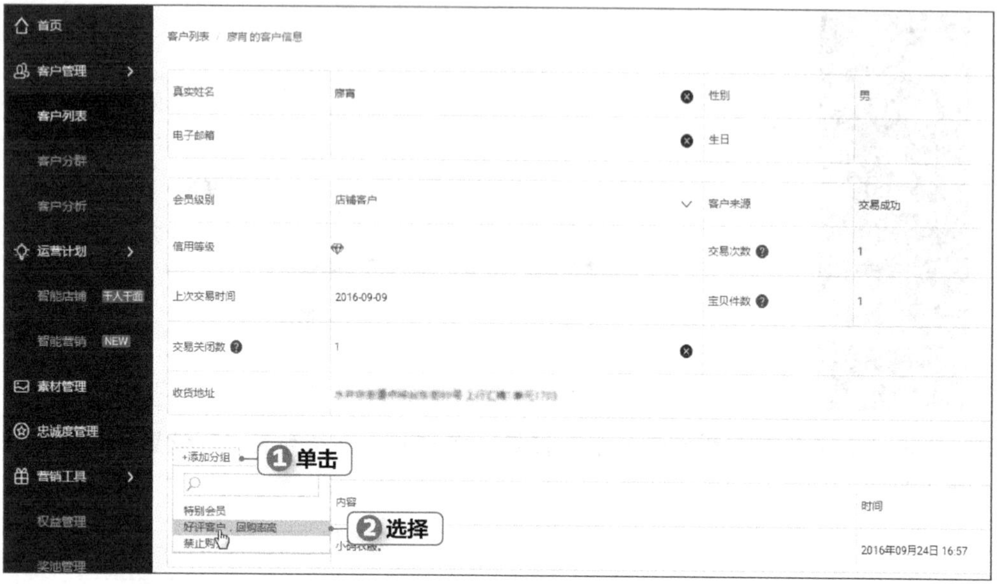

4. 设置VIP

淘宝后台的会员管理系统将会员分为普通会员、高级会员、VIP会员、至尊VIP会员4个等级，只要购买商品并完成交易的客户即可自动变成普通会员，而要成为高级会员、VIP会员和至尊VIP会员，则要满足店内指定的消费条件。下面介绍设置VIP会员条件的方法，其具体操作如下。

扫一扫

设置VIP

01 进入客户运营平台管理页面，展开“忠诚度管理”选项，在打开的页面中单击“VIP设置”栏后的 立即设置 按钮。

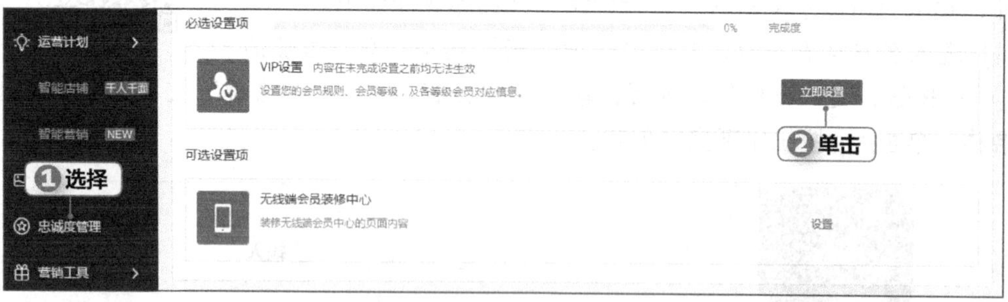

02 打开设置页面，在其中即可设置不同等级会员的消费额度。例如，设置高级会员的交易额、交易次数和折扣时，需先在高级会员栏上方右侧单击“设置”超链接，进入高级会员编辑状态，然后单击 关闭 按钮，将其变成 开启 状态，在其中进行编辑即可，如设置“交易额”为“200”，“交易次数”为“2”，“折扣”为“8.9”，设置完成后单击“保存”超链接即可。

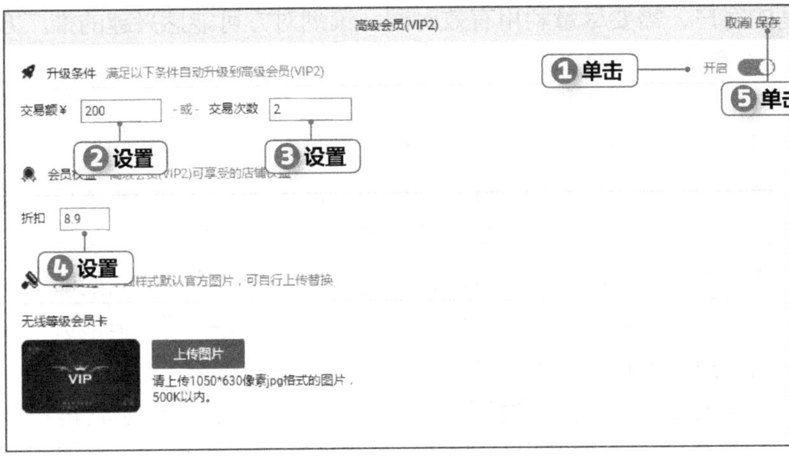

8.3 会员数据分析方法

我们查看和管理会员数据的目的是为了更好地分析数据，更好地管理会员关系，从而促进销售额的提升。了解会员营销的卖家都知道老客户对于店铺的意义，但究竟如何分析店铺的老客户数据？其实会员数据的分析思路不外乎3个方面，会员消费程度、会员行为特质和会员等级。

8.3.1 RFM分析法

RFM模型是众多客户关系管理分析模式中的一种使用非常广泛的模型。RFM模型是衡量客户价值和客户创利能力的重要工具和手段，主要通过客户的近期购买行为、购买的总体频率以及花了多少钱这3项指标来描述客户的价值状况，即通过最近一次消费（Recency）、消费频率（Frequency）、消费金额（Monetary）3项指标来综合分析买家的购物行为。

1. **最近一次消费**

最近一次消费指最近购买日，可以反映买家的回购率。最近一次消费的值越高，表示客户最近一次消费的时间越接近现在。购买时间较近的买家，一般都对店铺和商品还有购买印象，再购买的倾向更高，此时当店铺对其进行推广时，可以得到比购买时间较远的买家更好的营销效果。最近一次消费值越低，则说明该会员活跃度较低，可能已经变成流失会员。

2. **消费频率**

消费频率指购买频度，是可以反映与客户的亲密度的一个指标，通过购买频度可以有效分析出客户的满意度和忠诚度。消费频率的值高的客户群属于店铺常客，消费意向强，活跃度高。消费频率的值低的会员消费意向更低，容易流失。对消费频率的值高的客户，需要尽量利用有效时间，策划对方可能感兴趣的推广方法。

3. 消费金额

消费金额指客户的累计购买金额，是可以反映客户忠诚度的一项指标。消费金额的值高，说明客户的购买力高，是店铺的主要盈利人群，可以制订专门的营销方法留住这部分客户。消费金额的值低，则说明会员的购买力和购买欲望都较低。需要注意的是，仅凭消费金额的值无法正确判断客户的再购倾向。

综上所述，最近一次消费的值越高，再购倾向越高；消费金额的值高，但最近一次消费的值低，说明客户的再购倾向变低；消费频率的值高，但最近一次消费的值较低，说明客户的再购倾向也变低。

最近一次消费的值比较高的客户，消费频率的值高，则说明其再购倾向非常高；最近一次消费的值低的客户，即使曾经消费频率的值很高，其再购倾向也变低；消费金额的值高，消费频率的值低，最近一次消费的值低，说明客户的再购倾向也变低。

消费金额的值高，说明客户购买力高，但无法推断客户的再购倾向，必须通过最近一次消费的值和消费频率的值依次进行分析和比较，可以先判断最近一次消费的值，分析客户最近到店的日期，再通过消费频率等级分析客户购买频率。

假设某店铺卖家整理了近半年的会员数据，观察和分析了每位会员的消费时间，发现部分会员已经很久没有在店铺消费，这类会员的消费记录多为1次。其中有一位客户在店铺的消费记录达到3次，但是已经超过3个月没有再次消费，这说明该客户是店铺的回头客，拥有较高的回购率，但最近活跃度不高，很容易变成流失客户。所以卖家需要对这类客户进行维护，如通过赠送优惠券、老客户打折、个性关怀等方式唤起买家对店铺的印象，避免会员的流失。

接着卖家观察和分析了近半年会员的消费频率，发现绝大部分客户都只消费了1次，这其中有部分客户对店铺的评价较好，具有较大的发掘潜力。针对这部分客户，可以通过收藏有礼、生日打折等方式提高其进店购买的次数。还有个别客户的消费频率非常高，这类客户基本算是店铺的忠实客户，可以给予他们更多的优惠、减免或折扣，维持他们的忠诚度，同时还可通过生日活动、个性化节日关怀等方式来维护好与这类客户的关系。

最后再观察和分析近半年会员的消费金额，发现消费额度有大有小，一般来说消费频率高的会员，消费额度都不会低。除此之外，还有消费频率只有1次，但是消费额度却比较高的客户，这类客户的购买力比较强，可以专门给这类客户建立分组，制订营销计划，推荐套餐搭配等。对于消费额度比较低的会员，可以通过一些减价促销的方式激励其增大购买力度。

8.3.2 会员分组细分法

卖家在进行网店会员营销时，一定要抓准客户的特点，针对客户的特点进行针对性营销，从而推送更精准的营销信息。为了在面对不同的客户时准确使用不同的营销手段，卖家可根据会员数据来分析会员，并对其进行分组。

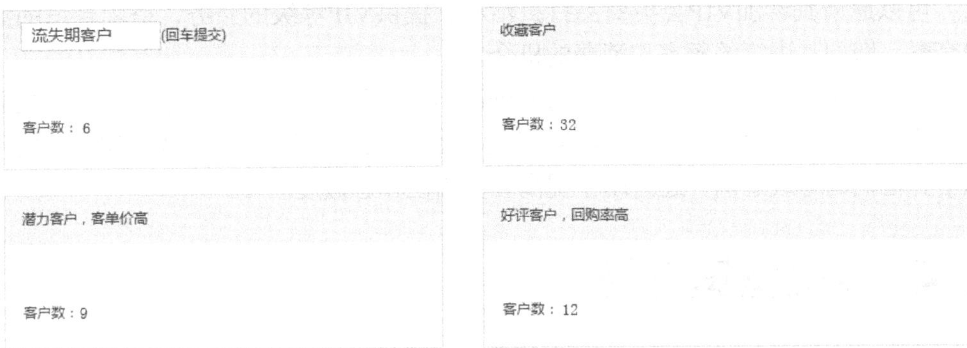

前面已经介绍了会员分组的方法，为了便于查看，可以将该组成员的共同特点作为分组名称。如通过会员数据分析，得知一部分会员选购的商品价位较高，客单价也比较高，于是可以将该组会员的组名称设置为“高品质客户”。这样分组之后，在制订不同客户群的推广计划时，可以有针对性地向该组客户推广品质更好的商品，更符合消费者的需求。

此外，根据客户的属性、喜好等也可建立分组。如某化妆品店铺针对客户的不同肤质，建立了“油性肤质”“干性肤质”“混合肤质”“美白”“抗皱”等分组，则在进行会员营销时，可以为不同分组的客户推广功效不同的商品，也就是推荐买家更感兴趣、更需要的商品。

这种分组方式可以最大化提高会员营销的效果，避免错误的营销方式带来的负面效果，增大营销成功的概率。

8.3.3 会员等级细分法

细分会员等级不仅是对会员的管理，同时还能通过等级来刺激会员升级和消费，提高会员的复购率和消费力度。

前面介绍了会员等级的设置方法，一般情况下，当普通会员达到高级会员消费标准时，将自动晋升为高级会员，高级会员达到消费标准则自动晋升VIP会员。

当然，卖家设置会员制度并不仅仅是为了给老客户折扣，还应该引导和培养会员的等级意识，这样才能达到营销目的。如根据会员等级为会员返还不同金额的红包，或者赠送不同金额的优惠券，引导买家再次进店消费。

假设某店铺卖家发现有部分普通会员即将达到高级会员的标准，可以发送提示信息，提醒买家“还差××即可升级为高级会员，享全店8.9折优惠，并赠送××”等。对于已经升级为高级会员的客户，可以发送信息，提醒其“高级会员进店消费满××减××”“高级会员进店即领取××优惠券”等，这样不仅可以增加会员的级别意识，还可以提高店铺的复购率和客单价。

如果发现某会员客单价很高，直接达到VIP会员标准，但是消费频率较低，那么，可以邀请其参加VIP会员商品打折活动，提供VIP等级的服务，搭配合适的消费套餐，增加其进店的频率和消费的机会。

总之，对于不同等级的会员，需要进行不同的引导，具体实施细则也可以根据自己店铺的实际情况来制定，让不同等级的会员享受不同的优惠方式，这样不仅可以培养他们的等级意识，还有助于提高会员黏性和忠诚度。

8.4 会员营销方法

网店会员的积累都是不断发展新会员，并使新会员变成老会员的过程。对新会员采取恰当的营销手段，同时维护老会员的关系，不仅可以为店铺带来直接的营业额，还能借由会员营销扩大推广效果，保持店铺的良性发展。

8.4.1 利用营销平台

网店卖家都知道，新客户的发展比之老客户的维护，需要花费更多的时间、金钱和精力，所以老客户是卖家必须抓住的会员资源。但新客户也是网店客户群中必须发展的对象，没有新客户，网店就没有发展的空间，一个成功的网店必须懂得如何寻找和邀请新客户。

现在的社交平台越来越多，这些社交平台通常都有非常庞大的用户基础，成本比较低，利用这些平台开展会员营销活动，不仅可以发展更多的新客户，还能为老客户维护带来不错的效果。一般来说，微博、微信、微淘、邮件、短信、电话、旺旺、QQ、博客、论坛等都是现在常见的营销平台，其中在微博、微信、微淘等平台，坚持的时间越久，积累的粉丝越多，效果越明显。

现在的微博营销主要依靠与粉丝互动来开展营销活动，成本一般不高，需要积累一定的粉丝基础。在微博中，可以宣传产品，但不宜过多，否则容易引起粉丝的反感。微博营销以为粉丝带来便利为前提，如关注转发抽奖、发布贴心提示、发布有趣软文等，保证内容新颖简洁。此外，也可转发或发布一些适当的热门话题，发布一些目标客户群体感兴趣的内容，或者与其他产品微博互动等，以便积累更多的粉丝基础。

微信营销包含的内容比较多，如朋友圈营销、公众号营销等，这些营销方式同样需要积累一定的人气，卖家需要引导买家关注店铺微信或公众号。在微信中发布内容与微博略有不同，朋友圈的营销方式一般比较直接，主要以发布产品图片和买家好评为主，公众号主要发布一些具有个人风格的文章，可专业、可有趣、可别出心裁，旨在形成个人品牌，当然也可发布一些有吸引力的软文，引起买家兴趣。

微淘是基于移动消费领域的一项服务，每一位用户可以在账号中关注感兴趣的领域，通过订阅的方式获取信息和服务。商家可以在微淘中进行品牌传递，与粉丝互动，宣传产品，提高成交率。同时，微淘还会根据用户感兴趣或浏览过的商品类型，为其推荐同类型产品。

邮件营销、电话营销和论坛营销是比较传统的营销方式，在老客户维护中使用较多，主要用于推会员活动或维护会员关系。

短信营销也是一种比较常用的老会员营销方式，一般在节日、生日、促销活动时使用较多，短信营销的方式比电话营销更温和，比较容易被买家接受。

总之，不管选择哪种营销方式，卖家都必须有意识有规划地完善自己的营销平台，为会员营销创造更多的空间和可能，不断积累客户资源，这样才能扩大店铺影响，提高销售额。

8.4.2 创建会员专享活动

淘宝卖家在监控店铺数据时会发现，在营销活动期间，店铺的各项数据一般比平时更好，访客数、成交率、成交额等都会有非常明显的提升，这是因为一个好的营销活动可以为宝贝带来比较可观的流量。会员营销是淘宝网中非常常用的一种营销方式，也是卖家必须掌握的一种营销手段。

在开展会员营销活动之前，卖家应该先思考两个问题，活动的对象是谁？使用哪种营销方式？为了满足卖家对于不同活动对象的营销要求，淘宝提供了多种营销方式，如优惠券关怀、专享打折/减现、专享价、购物车营销等。

1. 优惠券关怀

扫一扫

优惠券关怀

优惠券关怀是对兴趣客户和老客户一键式优惠券投放的营销方式，可投放对象包括加购人群、流失客户、收藏人群等。

- **加购人群** 加购人群是指30天内在本店有加购但没有支付的客户，创建该计划可以对具有高转化潜力的加购人群进行定向触达，提升转化率。
- **流失客户** 流失客户是指360天内有过支付且近90天内没有再次支付的买家，对流失客户进行定向挽留，可以提升老客户的留存和复购。
- **收藏人群** 收藏人群是指30天内在本店有收藏但没有支付的客户，对具有高转化潜力的收藏人群进行定向触达，可以提升转化率。

使用优惠券关怀计划，需要定制相关营销工具。下面介绍制订优惠券关怀计划的方法，其具体操作如下。

01 进入客户运营平台管理页面，展开“运营计划”选项，选择“智能营销”选项，单击“优惠券关怀”栏中的 立即创建 按钮，在打开的页面中单击 + 新建优惠券 按钮。

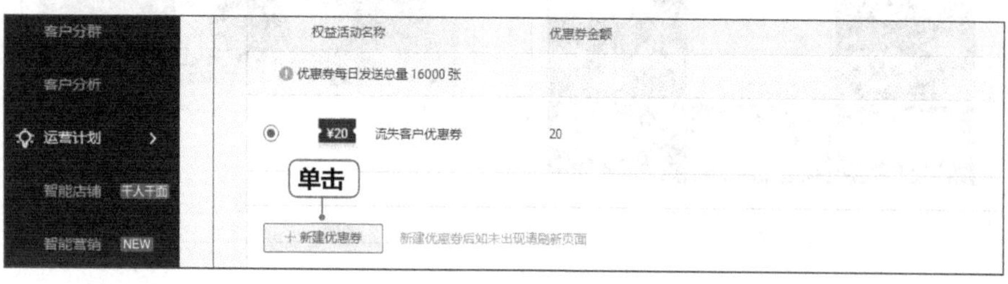

02 在打开的页面中设置优惠券的相关信息，设置完成后单击保存按钮。

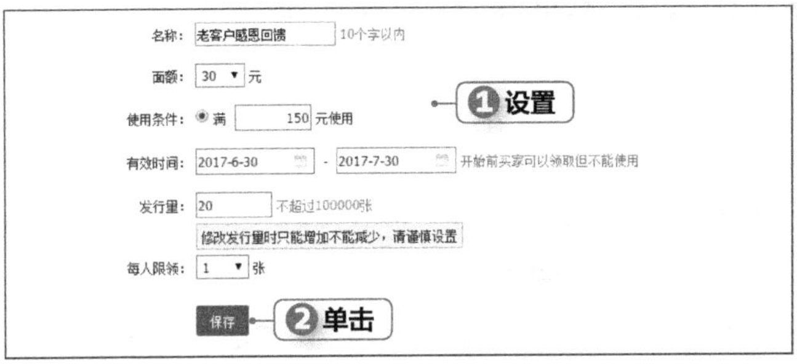

03 返回优惠券新建页面，在“选择人群”栏中单击选中“流失客户”单选项。

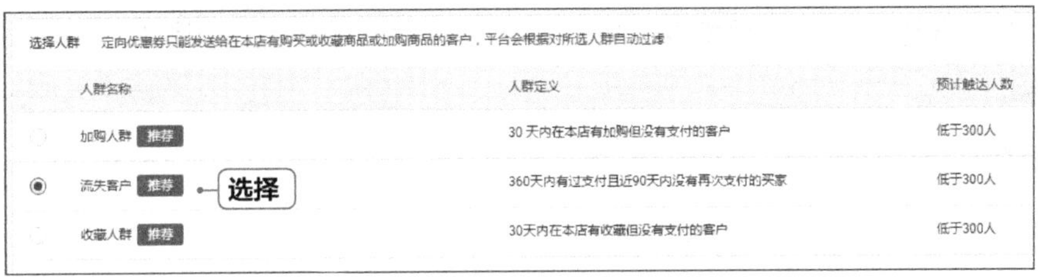

04 在“选择权益”栏中单击选中“老客户感恩回馈”单选项，在“投放人数”栏中设置投放人数，在“策略名称”文本框中输入策略名称。

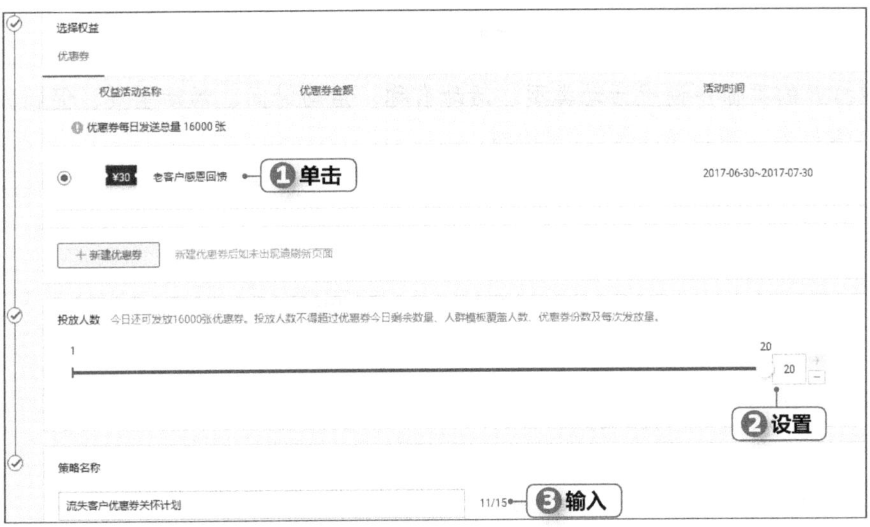

05 单击右下角的创建运营计划按钮。

2. 专享打折/减现

专享打折/减现可以针对不同标签的人群进行定向打折和减现营销，其面向的对象主要为全网客户、店铺VIP客户和标签客户，下面介绍专享打折/减现活动的设置方法，其具体操作如下。

扫一扫

专享打折/减现

01 进入客户运营平台管理页面，展开“运营计划”选项，选择“智能营销”选项，单击“专享打折/减现”栏中的立即创建按钮。

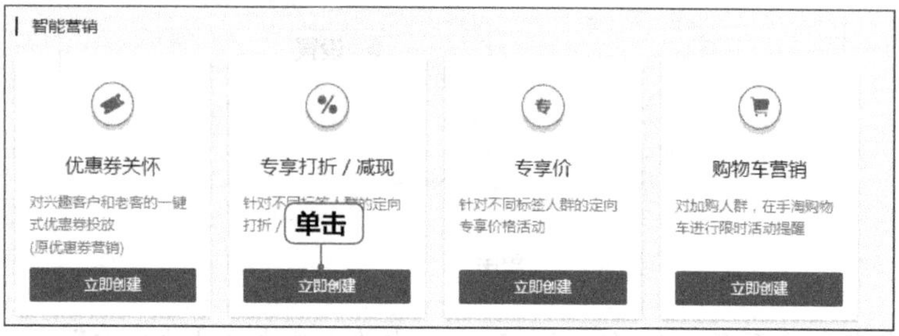

02 在打开的页面中选择本次活动对象，如单击选中“标签客户”单选项，在展开的面板中单击选中相应的标签客户前的复选框，然后单击下一步按钮。

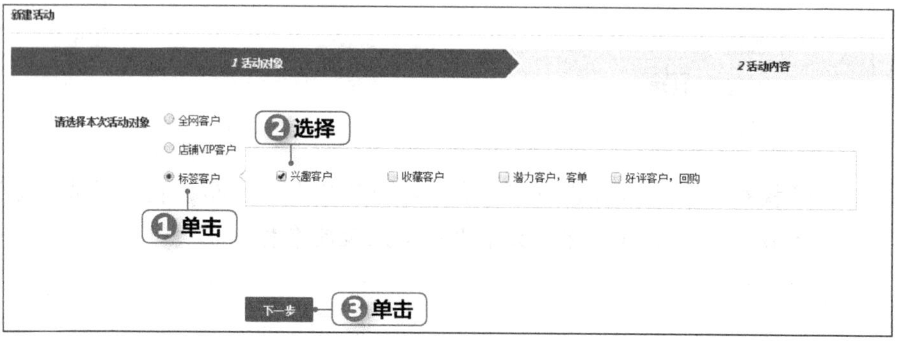

03 在打开的页面中设置活动类型、活动名称、活动时间、活动宝贝、促销方式、优惠券等信息，最后单击确定提交按钮。

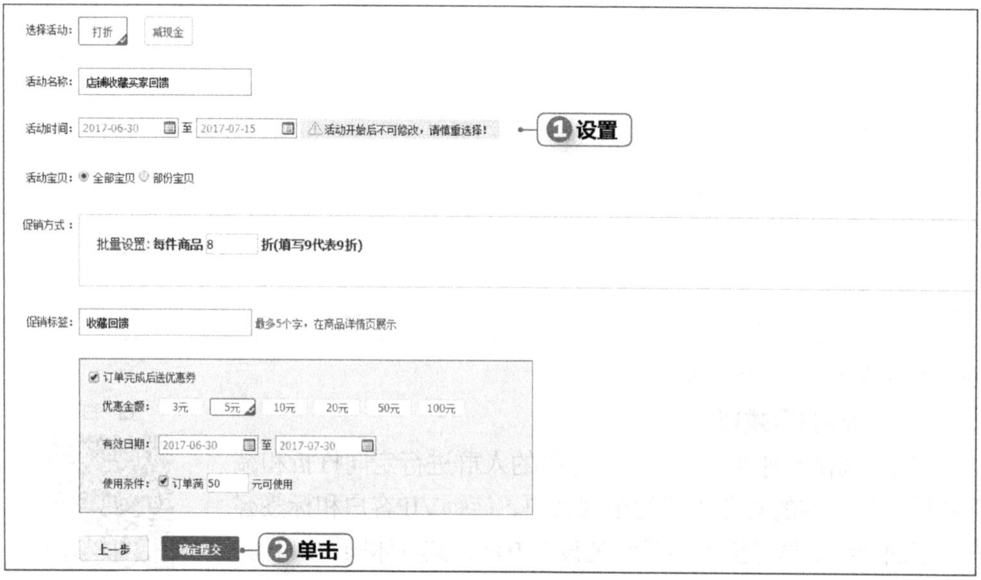

04 此时将打开一个提示框，单击确认按钮确认创建活动，即可完成创建。

3. 专享价

专享价是一种针对不同标签人群的定向专享价格活动，主要面向移动端客户群。进入客户运营平台管理页面，展开“运营计划”选项，选择“智能营销”选项，单击“专享价”栏中的立即创建按钮，在打开的页面中即可设置专享价活动的活动人群、兴趣时间、活动日期、活动商品等。

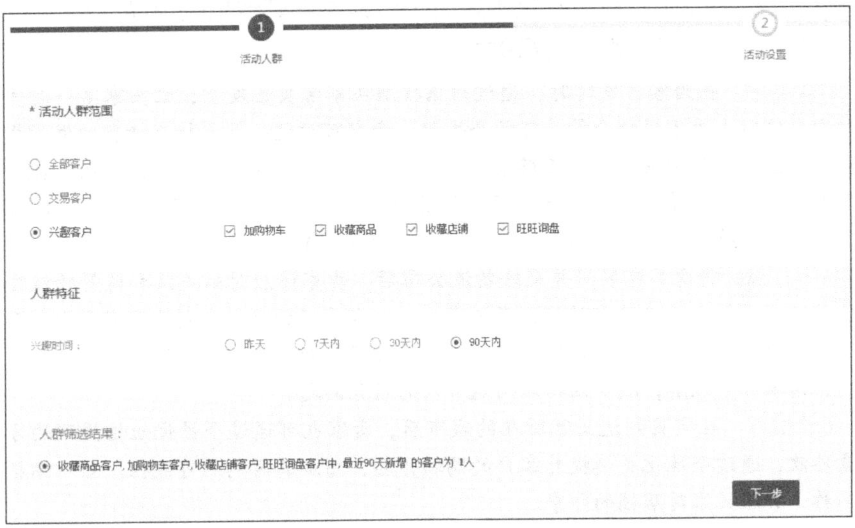

4. 购物车营销

购物车营销主要面向加购人群，可以在手淘购物车中设置限时活动提醒。购物车营销分商家部分和买家部分。

商家部分包括数据洞察、选品选人、优惠圈人等功能，其中数据洞察包括加购商品列表展示、加购商品人群画像展示、营销活动效果展示等；选品选人是基于现有加购列表以及加购人群画像来决定活动商品和人群；优惠圈人是基于选好的宝贝和选定的人群标签来确定限时活动价格。买家部分主要功能为消息盒子触达、购物车倒计时、活动提醒等。

8.4.3 会员的个性化关怀

会员的个性化关怀是现在很多淘宝店铺都在做的工作，恰当的关怀不仅可以增加会员对店铺的好感度，提高他们的忠诚度和黏性，还有利于增加店铺的曝光度，加深会员对店铺的印象。

会员的个性化关怀一般都有一定的针对性，如对第一次购物的新客户的关怀、对VIP客户的关怀通常是不一样的。此外，还可以在节假日、会员生日时制订相关个性化关怀计划。

1. 关怀第一次购物的新客户

对刚刚购物过的会员进行关怀，目的是提升会员对店铺的好感度，将其发展为店铺忠实客户。淘宝网店的大部分客户都只有一次购买记录，且没有收藏店铺、收藏宝贝的习惯，在一段时间后，非常容易遗忘曾经购买过商品的店铺。我们前面说过，这类买家在需要再次购买该商品时，大多会选择重新搜索商品。如果卖家能够让买家记住自己的店铺，或者对自己的店铺有较深的印象，那么买家再次购买商品时，可能会直接选择该店铺，甚至不定时去店铺看看其他相关商品。那么怎么对第一次购物的新客户进行个性化会员关怀呢？

● 发货提醒　在为客户发货时，通过短信提醒买家宝贝已发货，让买家第一时间感受到卖家的细心和体贴。为了保持会员关怀的个性化，卖家可设置一些比较有特色的发货提醒，如“××同学，您在本店购买的宝贝正搭乘××快递××订单号××航空飞向您的怀抱，请您关注航班信息，做好接机准备”“启奏陛下，臣已将××产出的××贡品交由××镖局800里加急押送上京，不日将抵达皇宫。单号××，望陛下亲启”等。

● 物流跟踪　将商品包装好并交给物流公司后，卖家还应时刻关注和监督物流公司的发货和运输信息，对物流情况进行跟踪，保证商品可以在最短的时间内到达买家手中，避免物流速度过慢而引起买家不满。如果出现天气、交通等客观问题引起物流延迟的情况，要第一时间通知客户，请求客户理解，减少因物流问题带来的服务问题。

● 签收提醒　在宝贝到达买家所在的城市后，卖家也可通过个性化短信提醒的方式提醒买家注意签收，通过个性化关怀提升客户的购物体验，增加其再购的可能性。短信结尾可以留下店铺名称，加深买家对店铺的印象。

● 个性化包裹　在包装商品时，有心的卖家可以在包装箱上做一些贴心小提示，这样不仅可以提醒快递员注意寄送，还可以体现店铺个性化关怀的特点。此外，为了加深买家对店铺的印象和好感度，在包装里面可以附带店铺宣传彩页，还可以送一些贴心卡片、小礼品，或使用具有个性特色的、可以迎合目标消费群的包装箱等。

● 回访　在确定买家签收商品之后，如果情况允许，卖家可以对买家进行回访，了解买家的使用感受，及时解决可能存在的问题，避免买家不经过沟通直接给出差评的情况。卖家也可通过短信的方式告知买家出现问题可以申请售后服务等。

2. 关怀VIP会员

VIP会员是店铺购买力最强的一部分买家，所以店铺必须注意维护与VIP会员的关系，让他们感受到与普通会员不同的个性化关怀。对于VIP会员，也可采用短信提醒、问候、便签、卡片等关怀方式，但要体现出VIP的不同。

此外，可以为VIP会员建立旺旺群、QQ群或微信群，加强VIP会员与店铺之间的联系和交流，维持他们的忠诚度。卖家也可单独添加VIP会员为好友，在会员生日等特殊日子发送问候或赠送礼品。

当然，店铺内开展促销活动时，针对VIP会员还应该提供不同的优惠条件，体现VIP会员与普通会员的差异。

3. 节假日和生日关怀

每逢节假日，各大网店平台都会开展各种促销活动，卖家可以节日的名义向买家发出问候，给予一定的专享优惠。

此外，由于店铺卖家可以收集买家的基本信息，当会员生日的时候，卖家可以对会员进行问候，并发送生日福利，或邀请会员进入店铺领取生日福利，让会员感觉到自己被重视、被关怀。生日福利的内容可根据店铺实际情况来设置，现金折扣、抵现、优惠券等可以增加会员购买的积极性，联系客服赠送小礼品等可以促使买家返店，还能提高买家对店铺的好感度。需要注意的是，如果为VIP用户赠送小礼品，应选择实用型或美观型的商品，如果商品挑选得不好，不但不能赢得买家的好感，可能还会让买家产生卖家在敷衍应付的想法，反而起到不好的效果。

8.5 疑难破解

会员营销不仅是一种有效的营销手段，同时也是体现店铺服务质量、提升品牌影响力的重要手段，每一位网店卖家都应该了解并掌握会员营销的相关知识。在会员营销的过程中，一个成熟的卖家应该学会解决遇到的各种问题，同时也要善于发现问题，这样才能不断提高自己。

1. 影响客户回头率的因素有哪些？

客户关系维护对网店的影响非常大，要想使网店发展得更好，不仅需要发展新客户，还需要维护老客户，让他们能够留在店里固定消费。为了实现这一点，卖家首先要了解会对客户回头率产生影响的主要因素。

● **产品** 产品性价比是买家非常关注的一个问题，也是影响客户回头率的非常重要的因素。产品性价比越高，对老客户的维护越有利。

● **品牌** 店铺品牌和商品品牌在很大程度上影响着买家的回头率和忠诚度，因此要做好自己的品牌定位。

● **服务** 买家是否选择再次在店内消费，服务质量是很大的一个因素，良好的服务质量和购物体验也很可能将新客户发展为老客户。

● **促销** 不断变化且能吸引买家的促销手段，也可以刺激客户的再次购买，在卖家开展促销活动时，可以通过短信、旺旺、网站宣传等方式提前告知买家。

● **会员** 会员折扣、会员积分等优惠政策，可以维护更多的老客户。

● **回访** 不定期地通过短信、旺旺、邮件等形式回访买家，可以增加买家的印象，使其在选购该类商品时首先想到并选择熟悉的店铺，提高买家的回头率。

2. 发展和维护老客户有哪些技巧？

将新客户发展为老客户，是很多卖家都希望做好的一项工作，一般来说，想要更好地发展老客户，需要做到以下几点。

● **为买家着想** 做好售前、售中和售后服务，可以使买家对店铺产生好感。而站在买家的角度考虑问题，分析和考虑他们的需求并满足，可以让买家觉得卖家值得信任，更容易交流，这样不仅可以减少交易纠纷，也可以让买家对店铺的态度更宽容。

● **推荐合适的商品** 如果卖家为买家推荐的商品不够好，则会使卖家产生不信任感。如果卖家为买家推荐的商品质量、价格等都能使买家满意，就可能使买家再次光顾店铺。

● **建立买家的信任度** 买家在进行网上购物时，通常都希望获取的信息是真实准确的，因此卖家如果可以证明自己商品信息的真实性，就能在一定程度上获得买家的信任。销量、好评等都是获取买家信任度的方式。

8.6 边学边练

（1）对店铺中的所有买家进行分组，要求新建“潜力买家”“忠实买家”“流失维护买家”3个分组，并按照店铺买家的不同特点，将其划分到不同的分组中。

（2）在店铺中创建会员等级，将VIP会员的升级条件设置成“交易额”为“500”或“交易次数”为“5次”，将会员权益设置为“8折”。

（3）为“流失维护买家”创建一个优惠券关怀计划，面额为“50元”，满150元可用，有效时间为1个星期。

第9章 站外推广引爆店铺流量

本章导读

店铺流量直接关系店铺的销量，要想取得不错的销量，必须对店铺进行推广。现在淘宝站内的推广方式很多，大部分都要求店铺具备一定的等级，或者需支付一定的推广费用。而淘宝站外也有一些效果不错的推广平台和推广方法，如果运用得当，可以为店铺带来可观的自然流量，对店铺前期发展非常有利。

知识技能

※ 了解常见的站外平台推广方法

※ 掌握社交媒体推广的方法

※ 掌握淘宝渠道推广的方法

视频讲解

（视频讲解：5 分钟）

9.1 站外平台推广

网店获取流量的途径主要可分为站内流量和站外流量两大类别。站内流量通常是指由淘宝本身带来的流量，是卖家主要的流量渠道，如站内搜索、直通车、智钻、聚划算等。除了站内搜索产生的流量，其他推广项目都对店铺的资质有一定的要求，且部分项目还需花费一定的推广资金。

站外流量通常是指在淘宝网以外的其他平台或社交媒体上获取的流量，如折800、返利网、卷皮网等站外平台。站外平台的推广成本相对较低，可以有效积累和提升店铺的资质和人气，帮助店铺或宝贝获得丰富的站外流量。

9.1.1 折800

折800是一个性价比很高的商品限时特卖网站，每日聚集了众多品牌直供商家、淘宝天猫商家，为折800网用户提供独享折扣的超划算网购商品，每日更新优质商品千余款，具有超低折扣、人工砍价、检验样品、商家监管4大优势，旨在为用户打造一个最具信息量的折扣信息互动分享平台。

折800中主要包括品牌团、优品汇、淘宝精选、9块9包邮、特卖商城等板块，其中淘宝精选中汇集了天猫和淘宝的商品，点击图片即可跳转到天猫或淘宝的宝贝页面。

折800中汇聚了大量淘宝、天猫卖家，其合作旨在挖掘性价比高、具有价格竞争力的商品，营造物超所值、错过就是损失的购物体验。折800根据大数据精准分配曝光和流量，为淘宝天猫商户带来更多精准流量，打造爆款，很多淘宝网店的经营者都会选择参加折800的活动来推广宣传自己的商品。

与淘宝网的活动一样，折800网的活动也需要申请，其策划活动供店铺经营者报名参加，成功参与活动的商品即可获得在网站中展示和出售的机会。作为淘宝网的店铺经营者，可以实时关注折800网的活动，根据活动参与条件衡量自己的商品，然后选择具有良好竞争力的产品参与活动。

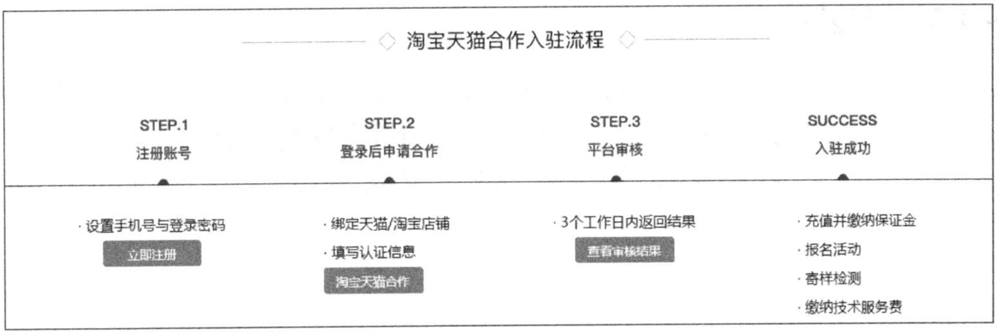

9.1.2 返利网

返利网是一个市场规模较大、用户活跃度较高的“返利导购”平台，拥有超1.4亿注册会员，合作电商网站超过400家，覆盖国内多个主流的电子商务平台，包括天猫、淘宝、京东、苏宁易购、1号店、亚马逊、聚美优品等。

返利网的合作模式主要包括超级返合作、B2C独立网站CPS合作和9块9合作。

- 超级返合作　超级返是返利网针对品牌商户提供的一项保证ROI的效果营销服务，主要合作对象为知名品牌商、运营知名品牌网店的TP公司、品牌经销商等。合作类型为天猫、京东、1号店等知名B2C POP平台店铺、独立的B2C网站。
- B2C独立网站CPS合作　返利网为B2C独立网站提供了单独的合作模式，合作网站与返利网签订合作协议并交纳相关费用后，返利网将协助合作网站完成技术接口，并提供专属页面引导会员去合作网站下订单、完成交易，同时返利网会根据销售效果收取佣金，并将部分佣金返还给会员。
- 9块9合作　9块9合作是一种主要致力于为客户提供平价精品百货服务的合作模式，主要合作对象为知名淘宝商家及优质天猫商家等。

9.1.3 卷皮网

卷皮网是一家为消费者提供日常生活所需品服务的平价电子商务平台，倡导价格与品质的平衡，以平价、品质、生活为特色，多维度甄选优质商品，以创新“平价零售”模式为消费者提供服饰、居家、母婴、零食、数码等类目的平价商品。

卷皮网的活动类型主要包括卷皮特卖（POP）、卷皮折扣、品牌折扣、9.9包邮等模式，淘宝店铺经营者可以直接通过卷皮网首页的免费报名通道报名参与活动，通过参与活动来为自己的店铺引进更多的流量和销量。

9.1.4 其他站外平台

可以提供淘宝店铺或产品推广服务的网站平台有很多，除了上述介绍的网站之外，美丽说、U站中心等平台也可以提供相关服务，帮助淘宝店铺或商品引进流量，提升转化率，增加销量等。

1. 美丽说

美丽说是一个以女性为主要服务对象的女性时尚类电商网站，它精选了上千家优质供应商，为用户提供女装、女鞋、女包、配饰、美妆等不同种类的优质时尚商品，并提供商家推广和商家入驻功能。优质的品牌卖家、专营店、专卖店、旗舰店等皆可申请入驻美丽说平台。

- **旗舰店** 旗舰店是指以企业自有品牌（商标为R或TM）入驻美丽说（商家代理品牌，品牌授权书需要注明此公司拥有独占授权）的店铺。
- **专营店** 专营店包括经营两个及以上他人品牌商品的专营店、经营两个及以上自有品牌商品的专营店、既经营他人品牌商品又经营自有品牌商品的专营店。
- **专卖店** 专卖店是指持有他人授权，并且经营单一品牌的店铺。

美丽说对入驻商家的要求较高，与天猫类似。入驻美丽说网站，对于不同的类目，需要交纳不同数目的保证金，同时还需按销售额的百分比支付佣金给美丽说网站，不同的类目其佣金收取的百分比也不一样，因此比较适合具有一定人气和资质的品牌或店铺。

2. U站中心

U站中心与美丽说类似，主要是将资讯和分享导购汇集成一个社会化的网络导购平台，其目在于为用户提供一个可以跳转到淘宝商铺的链接。店铺经营者可以借助这种平台级的服务自行创建导购小站，分享导购内容，从而获得盈利。

需要加入U站中心的卖家可以在U站中心首页单击“商家报名”超链接，与在线客服进行交流，了解U站中心申请和建站的相关信息。

9.2 社交媒体推广

社交媒体推广是现在网店推广的主要手段，一般来说，主流的免费网络推广手段主要是通过自媒体来实现的，博客、微博、微信、百度官方贴吧、论坛/BBS等平台均属于自媒体形式。

9.2.1 微博推广

微博是一个通过关注机制来分享简短实时信息的广播式的社交网络平台，也是一个基于用户关系进行信息分享、传播以及获取的平台。微博的用户数量非常庞大，不仅发布信息十分快速，传播信息的速度也非常快。如果微博博主拥有数量庞大的粉丝，则其发布的信息可以在短时间内传达给非常多的用户，宣传效果十分明显，因此很多人选择将微博作为推广平台。

1. 注册和关注店铺

如果要使用微博进行推广，首先需要注册一个微博账号，然后引导买家关注店铺微博，通过微博不时为买家推送各种活动信息，吸引其前来购买。在注册微博时，微博名称最好设置为店铺名称，微博的个性域名最好与店铺有联系，如店铺的全拼等。这样设置能使店铺信息一目了然，方便粉丝记住店铺名称。

在注册微博的过程中，微博会引导用户进行个人标签设置。对于一个用作网店推广的微博，用户在设置个性标签时，可选择与自己的商品、行业相关的标签。在设置好标签后，微博通常会主动向用户推荐其他标签相似的用户，通过该推荐用户可拓宽社交圈，能与性质相同的微博进行友好互动。

微博设置是微博注册中非常重要的一个环节，特别是对于需要推广品牌的官方微博而言。一般来说，微博设置包括个人资料、个性设置等内容，在个人资料中可以对店铺进行简单描述，展示网店的属性和文化，为店铺建立起良好的形象，还可添加店铺的链接，方便粉丝直接通过链接进入店铺。微博头像可以使用品牌或店铺的Logo，方便粉丝记住。

现在主流的微博平台包括新浪微博、腾讯微博、搜狐微博等，这些平台都提供微博认证功能，可以针对个人、企业、媒体、网站等进行认证，通过认证的微博名称后会有一个“V”标志。认证微博不仅可以提升其权威性和知名度，同时也更容易赢得其他微博用户的信任，获得更多的粉丝关注，所以建议淘宝卖家尽量对微博进行认证。

如果店铺较小，不是大品牌，缺乏知名度，则不必纠结是否获得微博认证，这类卖家可以将自己的微博打造成有特色的个人微博，发布一些目标客户群感兴趣的话题来吸引粉丝关注。在积累了一定的粉丝基础后，卖家可以再发布产品图片或与产品相关的微博。如在淘宝做美妆产品的卖家，平时可以在微博发一些与美妆相关的试用、技巧等信息，吸引比较关注美妆的粉丝。需要注意的是，频繁的广告信息很容易引起粉丝反感，尽量少发建议多发一些有趣的、日常的微博内容，搭配时下比较流行的表情图片，让微博内容更加贴近生活。

2. 转发抽奖

转发抽奖是一种通过店铺的官方微博与粉丝进行互动的方式，规则一般是从转发当前微博的粉丝中抽取一名或几名用户赠送奖品。转发抽奖是一种很常见的推广方式，通过转发抽奖可以将店铺或活动推广至粉丝的粉丝，扩大影响范围，还可积累更多的粉丝，吸引更多的关注量。

转发抽奖一般都以“关注+转发”的形式实现。卖家除了可以单独发布转发抽奖活动，还可以与其他知名微博合作共同发布转发抽奖活动，通过双方粉丝进行互动营销，扩大影响范围。

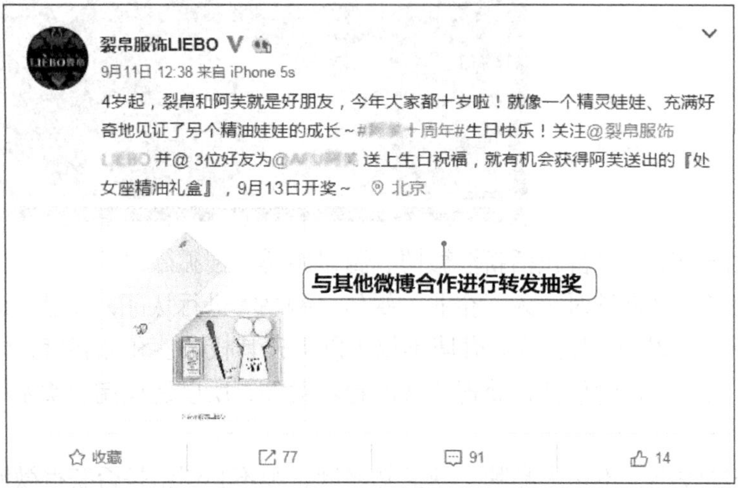

3. 晒图有奖

晒图有奖是店铺官方微博策划和组织的一种活动形式，它通过邀请买家以上传商品图片并@官方微博的方式参与晒图活动，官方会对参加活动的买家提供的图片进行评比，然后选出人气最高的商品图片，颁发相应的奖品。晒图有奖活动可以使买家体会到购买商品后的参与感，对于卖家来说，既可以宣传商品，又能培养买家忠诚度，是非常有效的一种微博推广方式。

4. 发布话题

发布话题是指在微博上发布特指某个描述对象的主题，如“2017年××上新”“特浓××”等。通过微博平台发布话题后，话题将以超链接的形式显示，单击该话题即可打开相关话题页面，微博用户在搜索相关关键词时也可以搜索到该话题信息。一般来说，活动、品牌名、商品名等都可以设置为专门的话题，店铺官方微博可以引导粉丝针对话题进行讨论，当话题的发布和讨论达到一定数量时，微博官方还将对话题进行推送，展示给更多的微博用户，建议店铺官方微博在发布微博时尽量带上相关话题。此外，如果遇到节日，还可以带上节日话题，提高微博的搜索和展示概率。如果微博最近有比较有趣的热门话题，也可以编辑与该热门话题相关的微博的，带上热门话题一起发布。

5. 微博热评

通过抢占微博热评，卖家可以借助热门微博的影响力来宣传自己的产品。现在微博上的自媒体营销账号很多，很多网络名人或知名品牌的微博账号已经拥有了几十万甚至几百万的粉丝数量。这些微博账号的影响力非常大，每次发布的微博，不管是转发还是评论，数量都非常多，如果卖家在这些热门微博下进行评论并获得较高的点赞数，就可以成为热门评论置顶或靠前显示。任何微博用户在查看该热门微博的评论时，都可以看到置顶评论，卖家通过这种方式达到宣传推广的目的。

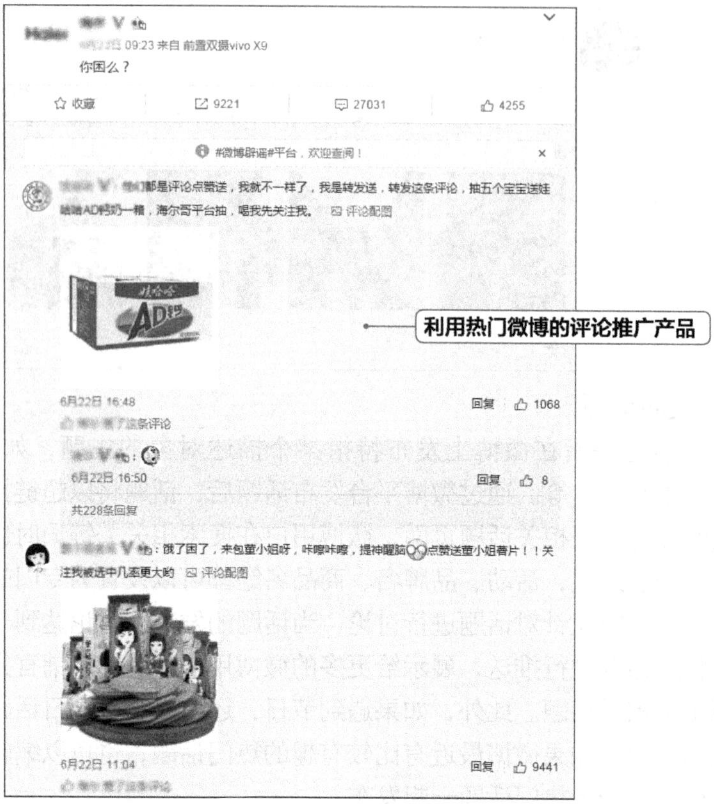

9.2.2 微信推广

微信是一个用户基础十分庞大的即时通讯软件，主要应用于移动端设备上。随着智能手机、平板电脑等移动端电子设备的普及与发展，微信受众的数量越来越大，甚至拓展到中老年人的群体中。微信的这种广泛大众化和较强即时性的特点，使微信推广具有非常大的发展空间和可观的推广效果。微信与微博不同，微信推广主要依靠微信朋友圈和微信公众平台等方式。

1. 微信朋友圈推广

微信朋友圈推广是微信推广中比较常见的一种方式，图片、活动、店铺宣传等都可以发送到朋友圈中进行推广。在微信朋友圈中发布的内容一般都是推送给微信好友查看，卖家与朋友圈中的买家进行沟通时较方便，也较利于卖家维护好客户关系。

（1）添加微信好友

微信推广的前提是拥有一定的好友数量，为了扩大产品在朋友圈的影响范围，店铺可以通过策划活动、管理会员等方式，引导和邀请买家添加店铺的微信号。例如，可以在店铺中分享微信二维码，引导买家添加好友，或在发货卡片、退换货登记卡、小礼品等物品上添加微信二维码，引导买家关注等。

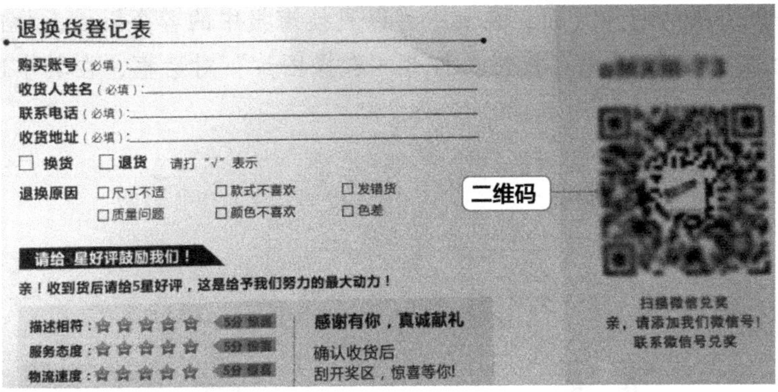

（2）制作推广海报

扫一扫

制作推广海报

随着无线端技术、无线端设备和无线网络的快速发展，无线端用户逐渐变为淘宝网的主要用户，为了迎合无线市场的发展需求，淘宝开通了无线端店铺，并为无线端店铺提供了装修和推广等功能，卖家可以对无线端店铺进行装修，此外，卖家还能制作手机宣传海报发布到微信、微博等社交平台来推广宣传无线店铺。下面介绍在淘宝网中制作手机宣传海报，并分享到微信中的方法，其具体操作如下。

01 进入淘宝卖家中心，在“店铺管理”栏中单击“手机淘宝店铺”超链接，在打开的页面中单击“立即装修”按钮。

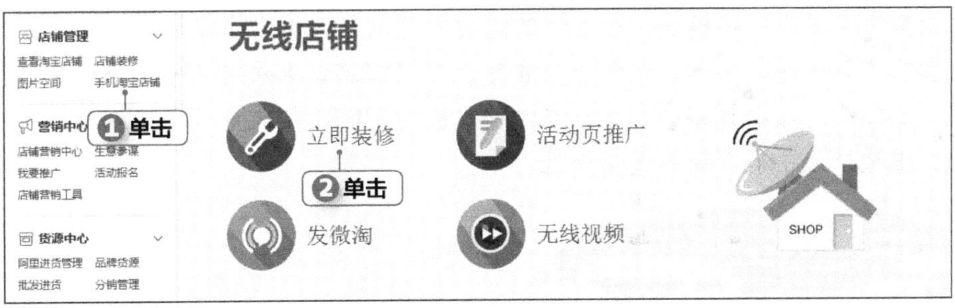

02 在打开的页面左侧选择“手机海报”选项，打开“手机海报”页面，该页面中提供了很多淘宝预设的手机海报模板，从中选择自己所需的模板。

03 打开手机海报的制作页面，在其中可以更换海报中的各个板块，如选择图片模块，在页面右侧单击 更换图片 按钮。打开“选择图片”对话框，在其中选择所需图片，更换原海报模块的图片。

高手支招

在手机海报模板中选择某个图片模块后，在右侧的页面中可以查看该模块的宽度和高度，更换的图片大小必须以该模块尺寸为准。

04 选择海报中的文字模块，在右侧的页面中可以修改该文本模块中的内容，并可以设置文本的大小、字体、颜色、位置等。可以按照该方法对其他模块进行更换和设置，选择需要添加链接的模块，在右侧页面的“URL”文本框中输入相应的链接地址，该地址为手机店铺的链接地址。

05 依次设置其他需要添加超链接的模块，设置完成后，选择需要添加播放动画效果的模块，在右侧页面中可为其设置动画效果和动画时间。

06 按照该方法依次在左侧选择手机海报的其他页，对其内容进行修改。制作完成后，在页面上方单击“发布”按钮✓，在打开的页面中可以预览海报效果，单击发布按钮，对手机海报进行发布。

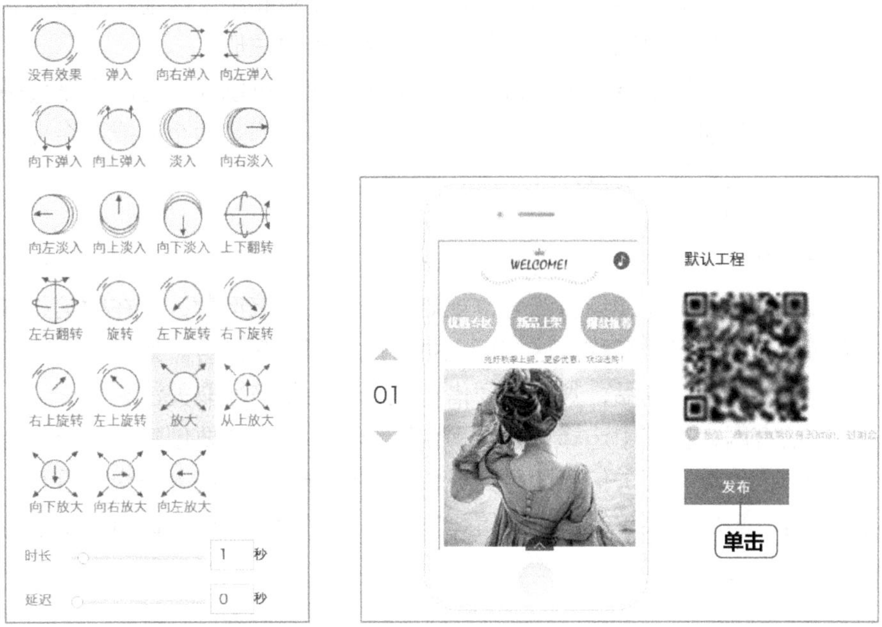

07 此时，在打开的页面中将生成手机海报的链接。单击“更换图片”超链接可为视频设置图片封面，单击复制链接按钮，可以将链接复制并分享到微信朋友圈，即可以视频的形式展示自己的店铺。

2. 微信公众号推广

微信公众平台是一个通过公众号推广媒体信息的平台，卖家可以通过申请微信公众服务号在该平台进行自媒体活动。微信公众账号与QQ账号互通，通过微信公众号，卖家可以在微信平台上和特定群体进行文字、图片、语音、视频等形式的沟通和互动，它已经发展成一种主流的线上线下互动营销方式。

按照微信公众号性质的不同，可将其分为订阅号、服务号、小程序、企业号等。其中订阅号具有发布和传播信息的能力，适合个人和媒体注册；服务号具有管理用户和提供业务服务的能力，适合企业和组织注册；小程序能提供出色的用户体验，可以被便捷地获取与传播，适合有服务内容的企业和组织注册；企业号具有实现企业内部沟通与内部协同管理的功能，适合企业用户注册。

网店卖家可以注册服务号来进行推广，个人卖家也可以注册订阅号来传播和推广商品。不管是注册哪一种类型的微信公众号，其目的都是为个人或者企业创造价值，而创造价值的前提则是做好推广内容。

（1）账号注册

在微信平台注册公众号时，首先明确该公众号是作为个人账号还是企业账号来运营。如果想推广品牌，建议将账号也规划成一个品牌来运营，即在微信、微博等媒体中都使用相同的账号名称，这样可以更好地发挥品牌优势。如果个人卖家或小卖家想通过公众号推广商品，则可以凭借特色和个性化来博取关注。

进入微信官网，在其中选择“公众平台”选项，选择需要创建的公众号类型，根据注册导航依次填写相关信息即可完成注册。注册完成后进入公众号首页，卖家可对自动回复、自定义菜单等进行设置，同时，在“素材管理”选项中卖家可以编辑消息并进行发送。

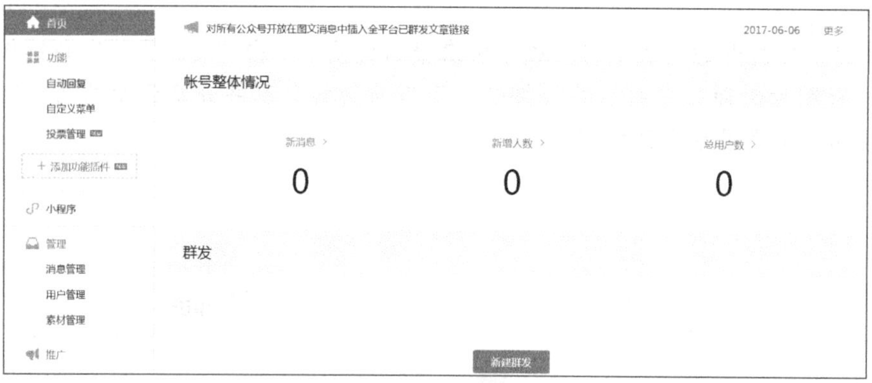

（2）内容编写

微信推广的内容一般为图文结合的形式。文字要求排版整齐，图片要求精致美观，标题要求新颖有创意，内容要求具有可读性，可以吸引用户进行阅读，如可以趣味软文的形式做推广，或结合当前流行元素做话题，引起用户的兴趣，拉近与用户的距离。对于网店卖家而言，策划的店铺活动也可通过微信公众号进行宣传，将商品图片、活动主题、活动内容等发布到公众号中，推送给关注公众号的用户。同时，这些内容也可以发布到其他的自媒体上进行宣传。

（3）用户互动

在微信公众号中，卖家可以根据实际需要设置自定义菜单，如设置“购买产品”“我的服务”“活动推荐”等，并可在菜单中分别设置相关的子菜单，为用户提供相关查询服务。在微信公众号发布内容后，有时会收到部分用户的回复，此时卖家需要多与粉丝互动，对粉丝的问题选择性地进行回复，维护用户关系。对于部分常见的问题，卖家可以设置自动回复或关键词回复。此外，通过微信团队评审的原创用户可以使用公众平台的留言功能，粉丝可以对所发布的内容进行讨论，达到交流互动的目的。

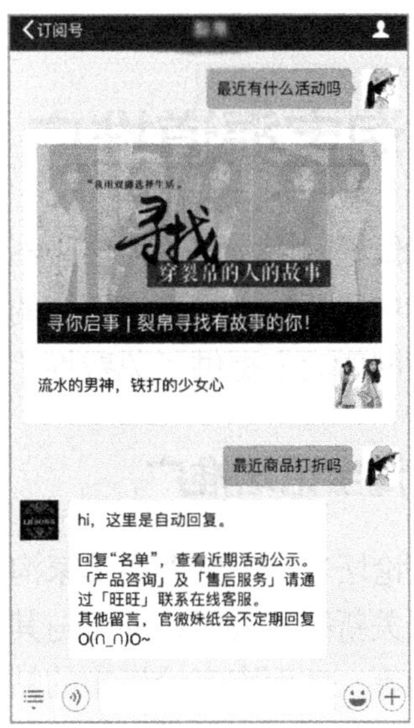

9.2.3 电子邮件推广

电子邮件推广是指通过发送电子邮件的方式进行推广，其推广内容的编写方法与其他推广类似。在推广时内容以图文结合的方式为主，当然也可在推广内容中添加活动信息或商品链接。编写内容时要确保真实可靠，重点明确，最好还能迎合邮件接收者的喜好和需求。电子邮件推广宜精不宜多，否则容易有广告骚扰之嫌，反而引起用户的反感。

9.3 淘宝渠道推广

要想做好网店，宣传推广必不可少，有推广才有好生意，有推广才有机会从众多竞争者中脱颖而出。淘宝网店的推广渠道很多，除了站外平台、社交媒体外，淘宝网还为网店卖家提供了免费推广的途径。

9.3.1 淘宝论坛推广

淘宝论坛是一个供淘宝卖家沟通交流的平台，在论坛中卖家不仅可以查看店铺经营的相关新闻和技巧，还可与其他淘友发帖交流、发表见解、寻找潜在客户以及宣传店铺等。然而淘宝论坛中的帖子多不胜数，想要获得别人的关注，还需对帖子进行一些包装。

1. 引人注意的帖子标题

不管是在淘宝论坛发帖推广，还是在其他相关论坛发帖推广，一个优质的、引人注意的标题都是必不可少的。这跟现在的软文推广一样，一个好的标题才能吸引用户的关注和浏览，才能带来点击量。拥有一个亮眼的标题，帖子就成功了一大半。

如果卖家不知道如何打造引人注意的帖子标题，可以查看论坛的精华区或板块中回复量高的热帖，参考这些帖子的标题来确定自己的标题。

一般来说，如果卖家要让自己的帖子在众多帖子中醒目显示，可以在标题中添加一些显眼的符号，不过这需要建立在版规允许的前提下，否则帖子容易被删除。此外，卖家可以利用用户的一些心理在标题中制造话题，如利用用户好美、好奇的心理为减肥产品打造标题“3个月轻松瘦了30斤，半年了都没反弹，你信吗？”。

当然，利用网络热门话题打造标题或通过揭秘的方式打造标题也非常有效，如“你所不知道的××秘笈”“揭秘××轻松瘦身30斤的真相”就是通过揭秘的方式打造标题的常用句式。

在论坛发帖时，标题字数没有限制，只要逻辑清楚、语句通顺、表达完整即可，不过建议不要太长，尽量让其他用户可以快速读完。

2. 有可读性的帖子内容

有一个引人注意的标题是好贴的第一步，有可读性的内容则是帖子的基石。如果只有标题出众，而帖子内容缺乏可读性，也很难赢得用户的好感。那么怎么安排帖子的内容呢？

首先，内容新颖，主次有序。卖家可以从不同角度分析问题，详写用户关注的问题，同时做到有理有据，不夸大其词。

然后，语句通顺，逻辑清晰，控制内容的长短。卖家要保证帖子逻辑清晰，便于用户理解，且帖子内容不能太长，否则用户很难坚持从头看到尾。

最后，合理排版，图文并茂。论坛发帖的版式非常重要，如果排版不合理，字体大小和字体颜色不合理，很容易让读者产生阅读疲劳，影响阅读体验。所以卖家要保证帖子段落清晰，尽量多分段，同时辅以精美图片，让版面美观整洁。

高手支招

在推广类帖子的最后，可以根据需要植入软广告，扩大商品或品牌的影响力，挖掘潜在客户。此外，帖子内容应尽量与软广告有所联系，这样，在推出产品时可以显得更自然。

3. 在论坛发帖

扫一扫

在论坛发帖

淘宝论坛是淘宝网的官方论坛，可与淘宝网共用账户，无须另外注册。卖家登录到淘宝论坛后，可设置自己的个人信息，同时，在其中也可加入一些营销信息，进行自我营销和宣传。在淘宝论坛中，卖家一般通过发帖的方式来宣传店铺，下面介绍在淘宝网中发布帖子的方法，其具体操作如下。

01 进入淘宝论坛，选择相应的板块，将鼠标指针移动到“行业板块”选项卡上，在打开的下拉列表中单击“淘宝美妆”超链接。

02 进入淘宝美妆页面，在其中可以查看与淘宝美妆相关的帖子，在页面右侧单击发表帖子按钮，打开帖子编辑页面，在其中分别输入标题和正文内容，再在“版面”下拉列表中设置帖子的分类。

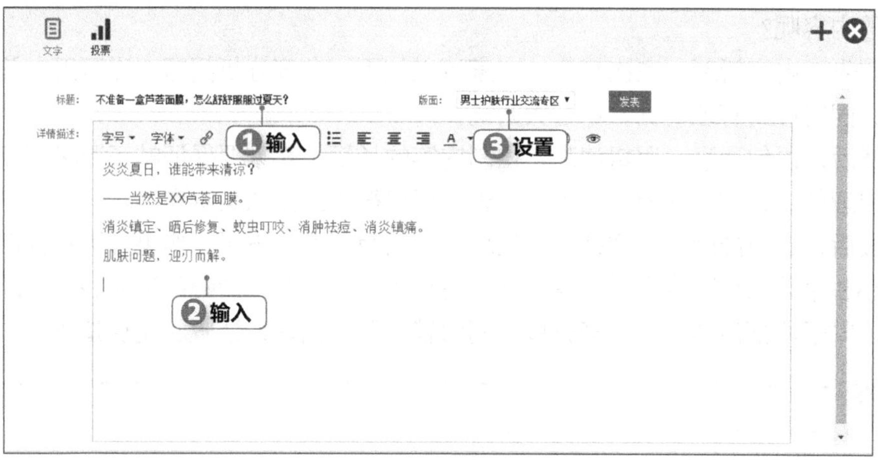

03 单击“插入/编辑图片”按钮，打开“插入图片”对话框，单击本地上传按钮，打开“打开”对话框，在其中选择需插入帖子中的图片，然后单击打开(O)按钮。返回“插入图片”对话框，查看图片上传进度，上传成功后单击确定按钮完成上传。

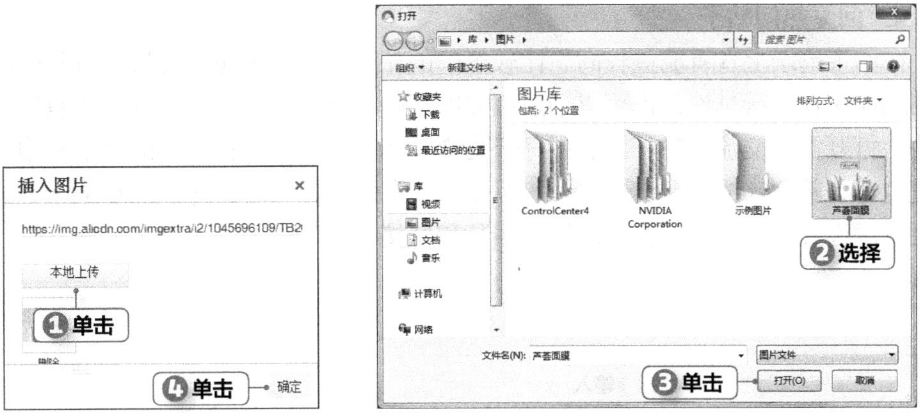

04 单击"插入/编辑链接"按钮🔗，打开"插入链接"对话框，在其中可输入店铺链接和显示文字。设置完成后单击确定按钮完成链接的插入。

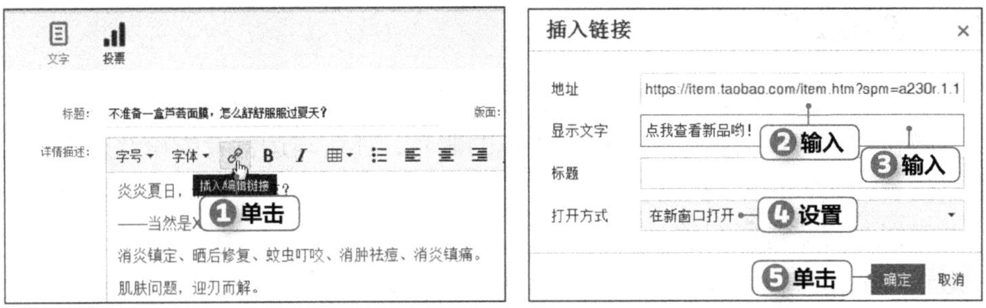

05 返回编辑页面，在其中单击发表按钮，即可完成帖子的发布。

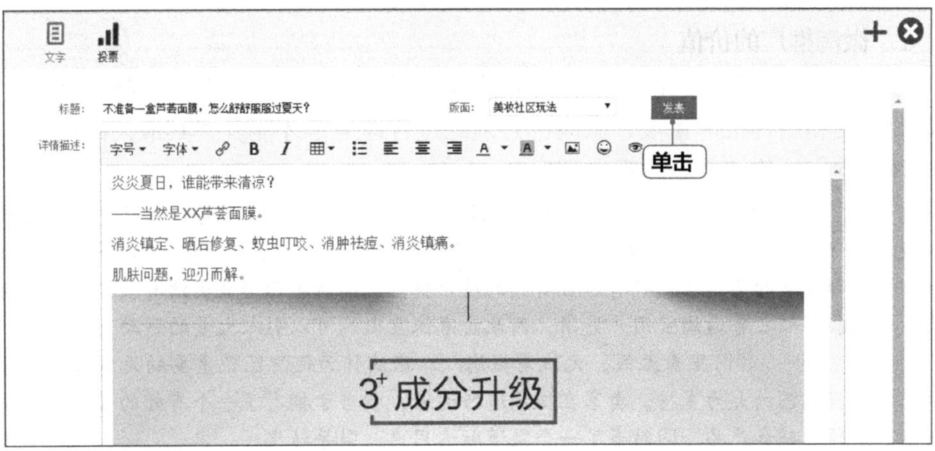

高手支招

"插入链接"对话框中的"显示文字"指链接的显示文字，设置显示文字后，链接将以文字的形式进行显示。

4. 回复热门帖子

在淘宝论坛上查看流量较高、比较热门的帖子时，卖家可以通过回复帖子的方式与其他淘友进行讨论，也可以通过回复帖子提高自己产品的展示率。回复帖子的方法：打开需要交流的帖子，在帖子下方单击回复本帖按钮，在打开的对话框中输入回复内容，输入完成后单击立即回复按钮即可。在回复帖子时，通过回复框上方的工具栏可以设置文本格式，也可以插入图片和链接。

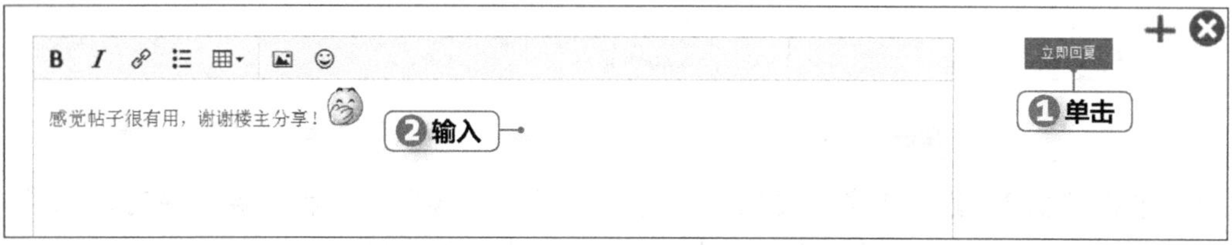

9.3.2 微淘推广

微淘定位于移动端，是在现有的店铺和宝贝之上新构建的一个可无线传播的信息层，每位用户可以自由订阅自己感兴趣的账号，还可与运营者或粉丝进行互动。也就是说，当卖家在微淘上发布信息后，关注该卖家的粉丝即可看到他所发布的信息，并可以与卖家进行互动。

对于卖家而言，微淘是宣传店铺品牌文化、发布折扣活动、管理新老客户、定向推送优秀内容的平台。如果卖家在微淘上拥有众多活跃的忠实粉丝，其发布的内容就可以即时被大量粉丝看到，为宝贝和店铺带来可观的流量。

1. 微淘推广的价值

微淘粉丝是微淘推广的基础，活跃粉丝越多，推广效果越好。当然，作为一种有效的商品和店铺推广手段，微淘也必须经过合理运营才能发挥其最大的价值。

微淘推广的价值主要体现在哪里？

- 流量价值　现在的电商行业已明显呈现出向无线方向发展的趋势，也就是说，无线端逐渐成为电子商务销售的主流途径，很多店铺移动端的成交金额已远远超过PC端。微淘位于手机淘宝底部导航的第二位，拥有非常有利的展示位置，同时展示形式简洁有效，所展示对象的忠诚度与黏性较之普通淘宝用户更高，因此卖家依靠微淘可以引入大量的移动流量。
- 营销价值　“阿里看无线，无线看微淘”，微淘作为阿里巴巴重要的无线营销平台，得到来自阿里巴巴的大力支持。卖家在微淘进行运营，相当于拥有了一个有效的营销渠道来吸引粉丝、宣传店铺和产品，同时多了一个渠道触达用户，引导转化。
- CRM价值　通过资讯、活动等内容，微淘卖家不仅可以吸引新客户，还能更好地维护老客户，提高客户黏性。

微淘是一种无线端引流和老客户维护的工具，大部分时候，它的运营效果并不能立竿见影，而是需要日积月累才能有所体现。只有慢慢积累起粉丝，卖家才能够发挥出微淘推广的理想效果。

2. 微淘粉丝的来源

微淘是卖家进行粉丝运营的阵地，卖家通过微淘可以发布上新宝贝、进行图文广播、推广优惠券、进行粉丝互动等。如果买家在PC端收藏店铺或者在无线端关注店铺，则代表成为该微淘账号的粉丝。此外，买家在微淘中也可直接关注和取消关注店铺账号。

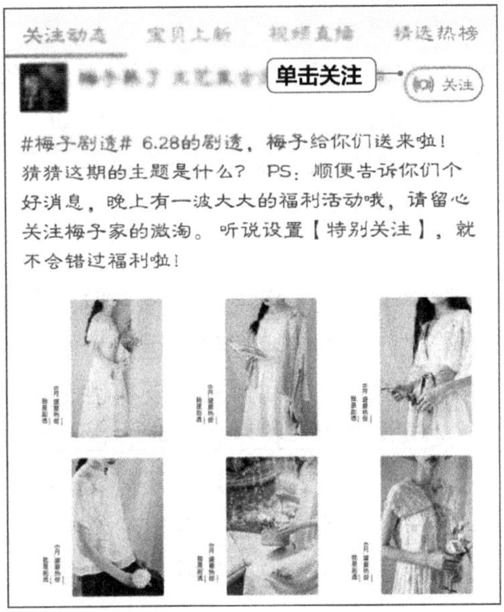

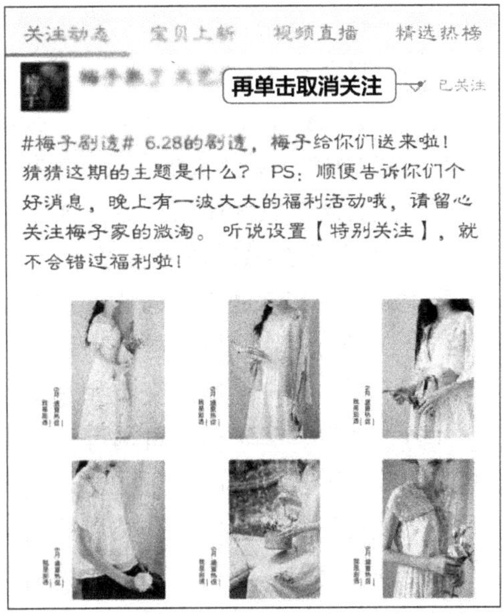

需要注意的是，店铺粉丝人数与微淘粉丝人数的活跃度并不一致。一般来说，微淘粉丝数主要由PC端收藏店铺的人数和手淘上关注店铺的人数组成。收藏店铺的那部分买家平常可能不会关注卖家在微淘上发布的上新、话题等活动，活跃度相对较低，而在手淘上直接关注店铺的粉丝活跃度较高，也是微淘的主要活跃人群。因此，卖家只有将微淘推广与无线端运营结合起来，才能发挥更好的效果。

高手支招

手机淘宝上没有收藏店铺功能，但是可以直接关注店铺，关注了店铺后，在PC端将默认收藏该店铺。

3. 微淘流量引入

在刚开始做微淘的时候，很多卖家会发现，自己每天发布的内容根本没人看，不仅浪费时间精力，还收不到明显的效果。其实微淘的流量获取与淘宝新店的流量获取一样，需要找对方法。

微淘内容的展现主要有3种形式：关注关系、官方推荐和算法推荐。其中关注动态和宝贝上新主要基于关注关系展现，也就是说，主要展示买家关注的微淘内容。而视频直播和精选热榜中包含了官方推荐和算法推荐，可以实现微淘内容从私域到公域的展现。

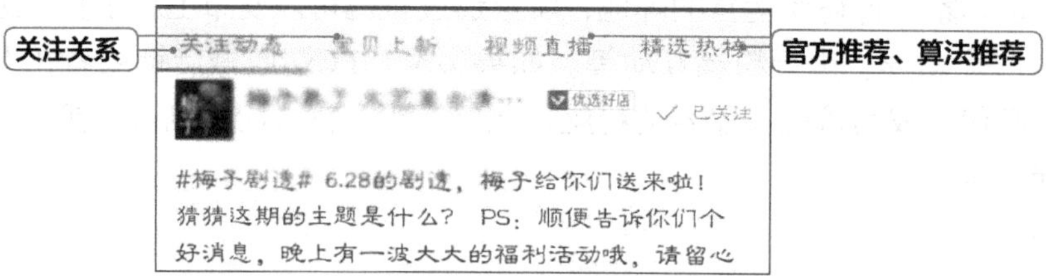

微淘的流量一般经由粉丝引入，而吸引粉丝关注的前提是内容设计。微淘内容的输出形式众多，卖家可以发布资讯攻略、会员权益、穿搭技巧、问答投票、盖楼活动、产品测评、买家秀等，具体发布形式有九宫格图文、长文章、短视频和视频直播等。

那么究竟怎样设计微淘内容，才能达到更好的效果呢？

（1）发布粉丝感兴趣的内容

微淘运营其实就是粉丝运营，其内容既不能单一重复，也不能死板无趣，卖家必须结合自身行业目标消费群的兴趣点，打造与之匹配的内容栏目，运用人格化的运营方式，强化用户的情感交流和互动。目前微淘的粉丝互动形式主要有话题、游戏、任务、情感、买家秀和直播等，其中任务又包含盖楼、投票、签到、邀请好友收藏店铺等多种玩法。内容玩法形式多样，究竟哪一种方式最有效，还需卖家结合数据进行观察和筛选。如某个类目的店铺根据每日发送不同内容来观察粉丝的响应程度，发现粉丝对买家活动和买家秀的敏感度比较高，这就说明店铺可以主要围绕活动和买家秀来设计微淘内容。

微淘的粉丝积累就是粉丝黏性维护的过程，卖家必须慢慢引导粉丝参与到微淘中，引导粉丝进店实现转化成交，让粉丝养成浏览微淘的习惯。

一般来说，在微淘运营初期，其内容主要可以“买家秀+买家活动+上新预热+热卖榜单+活动提醒+搞笑段子”等形式进行发布。

如果想让微淘内容更具个性化，卖家也可以定期或不定期设计一些有趣的游戏、讨论、节目等，借此来提高粉丝的关注度，增加粉丝数量。

（2）实现粉丝运营

根据微淘官方规划，微淘运营不以短期成交为目的，而更注重品牌宣传和粉丝运营，通过持续可触达通道来挖掘用户有效价值，增加用户黏性和回访。微淘希望通过增加优质内容曝光的生命周期，降低内容生产成本，提升转化，这样还可以争取优质粉丝，进行粉丝深度运营，留存核心种子用户。因此对于卖家而言，粉丝运营才是微淘运营的大势所趋。

微淘上粉丝运营的根本，不外乎增加粉丝互动，拉近粉丝距离，培养粉丝忠诚度，比较常用的方法一般是取昵称和进行话题互动。

取昵称一般是指为店铺和粉丝取昵称，如果店铺经营日韩系少女用品，就可以×酱、×娘来自称，店铺粉丝则可以称为×迷、×粉，如苹果的粉丝叫“果粉”，小米的粉丝叫“米粉”等。取昵称是拉近双方距离的非常直接且有效的一种方式，可以实现与店铺粉丝的亲密沟通，定位精准的昵称还能够较好地迎合目标消费群的喜好，达到更好的效果。

话题互动是指通过组织和发布各种话题，带动粉丝在微淘中进行讨论，这也是增加粉丝热度和黏性的一种方式。微博、微信中很多自媒体营销也常采用这种方式与粉丝互动，一个好的讨论话题可以带来非常可观的浏览量、评论量以及粉丝的关注度。关于话题的选择，可以参考近期网上比较热门的话题、带一点争议性和差异性的话题，或者日常生活话题等，如“#最近气温飙升，大家快来吐槽城市温度去去火！#”“#吃货们，你们最想去吃哪个城市的特色小吃？#”等。

粉丝的兴趣点很多，一个有讨论度的话题，可以激发他们的评论热情，促使他们表达自己的想法，甚至可以带动平时不爱评论的粉丝进行互动。

（3）成为优选好店

微淘的认证标签体系主要有3种，分别是优选好店、淘宝达人、官方账号。普通淘宝卖家可以争取的认证标签主要是优选好店。认证微淘优选好店之后，店铺有了加权，流量就会有明显提升，特别是宝贝上新时的流量。此外，经过人工精选的优质内容还可能进入精选热榜，提升综合曝光。

微淘优选好店对微淘发布数、微淘手动发布数、微淘活跃UV、微淘粉丝数和二次回访率等都有一定的要求，只有达标的商家才可以报名申请优选好店，其要求如下。

- 近30天微淘发布内容数≥5篇。
- 近7天微淘手动发布内容数≥2篇。
- 近7天粉丝活跃UV≥500。
- 微淘粉丝数≥5000。
- 微淘粉丝7日二次回访率≥50%。
- C店店铺符合淘宝网营销活动规则。

（4）结合站外流量共同运营

微淘鼓励卖家账号将站外流量引入站内，撬动内容的自运营。微淘后台的数据抓取工具会分析站外流量来源，提供实时数据统计跟踪，对站外流量进行补贴。

除了微淘站外流量补贴之外，与站外流量结合进行共同推广，也是一种扩大营销影响力的方式。如卖家可以在微博、微信等平台介绍店铺和产品，发布新品时提前在微博、微信等平台预热，与微博、微信等平台的粉丝互动，实现站外流量与微淘之间的互通，增加微淘私域流量。

4. 微淘分层

为了给予一直在生产优质内容的卖家更多权益，鼓励卖家相互学习、共同进步，微淘会根据卖家的活跃粉丝数、新增活跃粉丝数、图片质量、月发布条数等维度对卖家的微淘表现进行打分和分层。

微淘将卖家主要分为W1、W2、W3、W4这4个层级和小黑屋H1层级。不同分层所衡量的标准不同，每个分层（W1、H1除外）都拥有3个状态：差、优、良，提醒账号目前所属分层的指标情况。

账号等级	活跃粉丝数	粉丝数	粉丝7日回访率	日均内容发布数	状态	发布条数
W1	-	-	-	-		1
W2		5000	30%	-	差：7日粉丝回访率<25%或粉丝数<4000 优：7日粉丝回访率≥30%且粉丝数≥5000 良：除差、优以外的账号	2
W3	5000	-	35%	1	差：7日粉丝回访率<30%或周内容发布数<0.8或活跃粉丝数<4000 优：7日粉丝回访率≥35%且活跃 粉丝≥5000且日均内容发布数≥1 良：除差、优以外的账号	3
W4	10W	-	-	-	差：活跃粉丝数<10万或日均内容发布数<0.8或7日粉丝回访率<30% 优：活跃粉丝数≥20万且日均容发布数≥1.4且7日粉丝回访率≥35% 良：除差优以外的账号	4
H1	不参与评分且无任何功能					

W1层级属于微淘账号基础层级，当粉丝数≥5000、粉丝7日回访率≥30%，则升级为W2层级账号。当W2层级账号的7日粉丝回访率≥30%，粉丝数≥5000，活跃粉丝数≥5000，粉丝7日回访率≥30%、日均主动发布内容数≥1条，则升级为W3层级账号。当W3层级账号的7日粉丝回访率≥35%，活跃粉丝数≥5000，周均内容发布数≥7条，活跃粉丝数≥10万，则升级为W4层级，享受每天4条的发布权限，W4层级的卖家有完全的粉丝自运营能力与意愿，能够沉淀更多的活跃粉丝并与其互动，能够给消费者更多的价值。违反手淘或者微淘平台规范受到处罚的账号会降级

为H1小黑屋，被关入小黑屋的账号不进行任何分层指标考核，从小黑屋放出后，从W1层级开始进行分层考核。

在微淘分层系统中，W1=基础微淘能力；W2=初级微淘能力；W3=中级微淘能力；W4=高级微淘能力；除了前个4层级之外，还有W5层级，W5层级的账号统一为优选账号。层级越高，微淘对其的扶持力度越大，推广表现也将越好。

5. 微淘的发布

微淘是主要针对移动端用户的推广方式，其内容发布主要通过移动端来实现。打开手机淘宝，进入微淘页面，单击“+”按钮，即可输入内容、选择图片，编辑完成后直接发布即可。

除了直接发布微淘内容外，还可以通过微淘管理中心发布帖子、宝贝清单、跨店清单、图片、宝贝上新、链接等，具体方法：进入淘宝卖家中心，在“店铺管理”栏中单击“手机淘宝店铺”超链接，在左侧单击“发布微淘”超链接，进入微淘管理中心，在其中选择需要发布的选项并填写相关内容再进行发布即可。

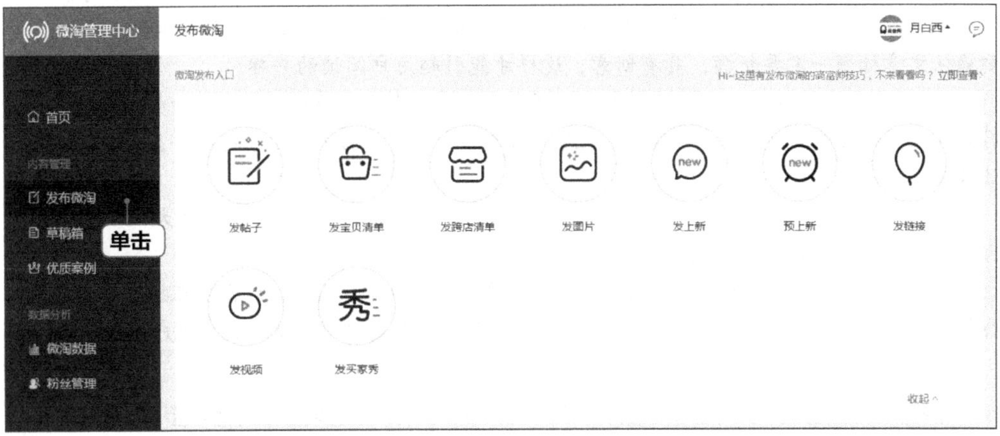

9.4 疑难破解

对于网店而言，不管是在店铺发展初期还是中期，都需要合理地使用推广策略来扩大店铺影响力。网店推广不仅需要投入时间和精力，还要求推广者掌握当前热门营销形式和推广渠道。网店推广的过程就是不断摸索和改进的过程，在这个过程中，卖家可以学习其他优秀推广案例的经验，当然也必须能够解决和总结自己遇到的问题。下面对一些店铺推广中容易遇到的困惑和问题进行解答，供大家参考和选择。

1. 微信公众号的推广技巧有哪些？

为了更好地进行微信公众号的推广，卖家需要对用户喜好、内容安排、推送时间等有一定程度的了解。

（1）分析用户喜好

微信公众号的推广内容若是没有迎合用户的喜好，则很难引起足够的关注量，难以达到预期的推广效果，因此在做内容推广之前，卖家首先必须根据推广所面向的用户群体进行喜好分析，并对具有某种特点的内容进行掌握，如文章主题积极的、实用的、方便记忆的、有价值的、有趣味性的、有创意的内容等。

（2）内容安排

微信公众号推广是基于移动端电子设备进行的一种推广方式，用户用在移动电子设备中的时间多为碎片时间，每次浏览信息的时间不长，但是次数较多，且用户浏览的内容的多少受移动电子设备屏幕大小所限，因此微信公众号推广内容的编写不同于PC端。

- **内容的定位** 在微信公众号中发布的内容类别不能太多，推送内容以3~4个栏目为佳。卖家需要根据推送主题来整理内容，如操作类内容需提供具有实操指导性的图文；资讯类内容则需提供最新且最具实用性和趣味性的动态；活动类内容需提供参与的活动流程等。
- **确定标题** 现在很多用户都订阅了很多公众号，要想从众多公众号中脱颖而出，卖家要确保文章标题一定要新颖，具有创意，这样才能引起用户阅读的兴趣。
- **内容摘要** 微信公众号一般都是以图文结合的方式进行推广。因为移动电子端用户具有时间碎片化的特征，所以推广内容切忌文字内容太多，推广时可以通过一句摘要，引起用户的阅读欲望。
- **排版要求** 微信公众号推广内容的排版一般以小段落为主，切忌出现大段文字，因为大段文字容易引起用户的倦怠感和疲劳感。
- **引导关注** 微信内容可以被已有用户分享到其他地方，因此一般需要在推广内容中植入公众号信息，如在文章的最后可以附带公众号二维码，然后通过提示信息引导用户关注。

（3）推送时间

根据移动端用户的使用习惯，用户看公众号的时间多为上下班途中、中晚餐时间、睡前等，当然，卖家也可避开公众号信息发布的高峰期，具体发布时间应该根据卖家对公众号的分析总结而定。

（4）积累粉丝

很多微信公众号的第一批用户来自微信好友，卖家可以将公众号推荐给朋友、同学、同事，邀请他们关注，并且发动他们推荐给更多人。

微信群、QQ群等也是积累粉丝的常见途径，卖家可以使用微信小号加入一些专门的微信群和QQ群，邀请他们关注公众号。

卖家也可以直接在微信群、QQ群中发布文章，通过这种方式积累粉丝需要卖家持之以恒地推送优质文章。一般不要直接把文章发到群里，可以适当附带自己的观点或对文章内容的提炼，此外，卖家还要保持与群内成员的互动，否则推送文章很容易被划分为广告，无法引起足够的关注。

（5）公众号互推

公众号的粉丝越多，影响力越大，宣传效果越好。为了扩大影响力，卖家可以寻找与自己的微信号用户群比较匹配的、不会产生直接竞争的公众号合作互推。公众号互推的优点是简单快捷、效果好，但是互推的前提是粉丝达到一定数量。除了公众号互推之外，卖家如果可以邀请领域内有口碑的、有影响力的人士，用正确的方式、自然的形式协助传播，效果也会非常好。

（6）利用微信公众平台导航网站

微信推广属于封闭式推广，只有关注的人才能看到推广内容，因此粉丝数量越多，推广效果才会越好。微信导航网站可以把微信公众号提交上去，还可以将原创文章收录进去，让更多的用户发现并关注。现在的微信公众平台导航网站比较多，如“聚微信”“微信导航大全”等，卖家可以利用这些微信导航网站来协助自己推广。

2. 在论坛推广中，如何保持自己的帖子的火爆？

论坛发帖虽然是一种比较常见的推广方式，但实际的推广效果却根据帖子的热门程度而有不同。也就是说，只有热帖才能带来流量，无法成为热帖的普通帖子，很快就会石沉大海，不能引起用户的关注。

那怎么保持自己的帖子的热度呢？

其实让帖子排序靠前的最直接的方法，就是回帖顶帖。卖家通过回帖顶帖可以保证帖子在首页展示，从而获得更多的点击率。

一般来说，不建议卖家在同一个板块频繁发布多篇帖子。卖家发布一篇帖子后，应该尽可能地维护该帖的热度，如保证其一周左右的热度，让帖子排名靠前，被更多人查看和阅读，然后再继续发布和维护下一篇帖子。

3. 在论坛推广中，“抢沙发”究竟能不能带来流量？

如果自己的帖子无法保持热度，那么卖家可以通过抢热门帖子的“沙发”的方式来获得帖子的展示率，这与微博推广中抢热门微博的热评有些类似。但论坛沙发与微博热评的展示方法不同，微博热评点赞人气越高，排名越靠前，而论坛沙发的回复时间越早，排名越靠前。一般来说，人气很高的官方帖、经常发布精华帖的会员帖等，这类帖子的“沙发”比较有价值。如果热帖沙发已经被抢占了，那么，卖家还可以在“沙发”中进行回复，获得自己的帖子展示率。

4. 还有哪些可以供淘宝卖家自主维护和发展的推广渠道？

淘宝达人是一个服务于买家卖家、开放给第三方自主搭建运营的导购建站平台，他们在服装挑选、搭配等领域比较出众，乐于购物，乐于分享，可以帮助其他买家选择更优质的产品，拥有数量众多的忠实粉丝，因此淘宝达人成为很多商家推销商品的一个重要渠道。一般来说，店铺可以通过支付佣金的形式和淘宝达人合作，让其为自己推广商品，卖家也可自己申请淘宝达人，对自己的账户进行维护，发布一些用户比较关注和感兴趣的内容，有一定粉丝基础后再进行产品推广。卖家进入淘宝达人页面后，系统将自动对其淘宝账号的资格进行检测，满足注册条件后，卖家即可申请开通淘宝达人账户。

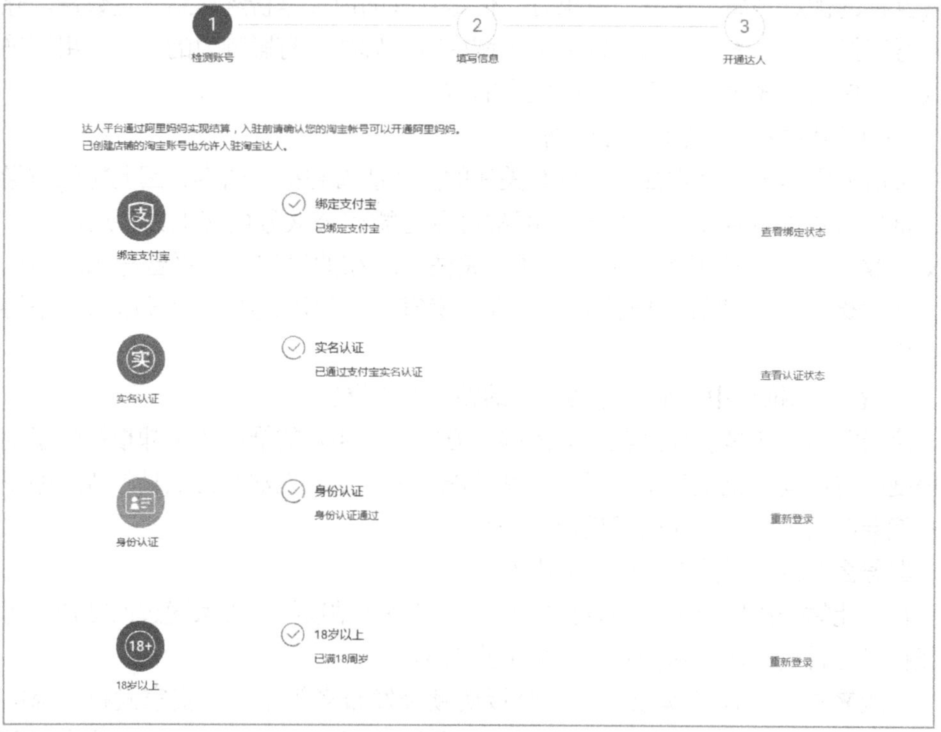

9.5 边学边练

（1）根据自己店铺的资质，选择一个合适的站外平台来推广热销产品。

（2）申请一个微博账号，对个人资料、个性设置等进行编辑，将其打造成店铺推广账号。

（3）申请一个微信公众号，将其打造成店铺推广账号，同时编辑一篇图文推荐文章，对店铺产品进行推广。

第10章 用直通车实现精准推广

本章导读

不管是经营哪一种网店类型的卖家，都在想方设法地使用各种推广手段引进流量、促进成交量。网店推广的方式和渠道非常多，一般可以分为免费形式和付费形式两种，如果想通过免费形式来获得流量，卖家需要不断学习各种推广技巧，并验证它们的效果，部分渠道对店铺要求非常高，新手卖家和小卖家难以参与。相比免费推广形式，付费推广形式更直接，推广效果也更快速、更明显，如淘宝直通车，它可以快速为店铺或宝贝引入非常精准的流量，带来可观的成交量，帮助店铺打造爆款，建立竞争优势。

知识技能

※ 了解直通车
※ 掌握直通车的操作流程
※ 掌握直通车的操作技巧

视频讲解

（视频讲解：7 分钟）

10.1 了解直通车

淘宝直通车是为淘宝卖家量身定制的一种推广方式，直通车按点击付费，可以精准推广商品，是淘宝网卖家宣传与推广的主要手段，不仅可以提高商品的曝光率，还能有效增加店铺的流量，吸引更多买家。

10.1.1 什么是直通车

淘宝直通车是阿里妈妈旗下的一个营销平台，是淘宝的一种付费推广方式，买家可以通过点击直通车推广位置的商品进入店铺，产生一次甚至多次跳转流量。同时，淘宝直通车还给用户提供了淘宝首页热卖单品活动、各个频道的热卖单品活动以及不定期的淘宝各类资源整合的直通车用户专享活动。

淘宝直通车的推广形式是卖家通过设置关键词来推广商品，淘宝根据用户搜索的关键词在直通车展示位展示相关商品，买家点击商品产生流量，淘宝网根据直通车流量的点击数收费。当买家单击展示位的商品进入店铺后，将产生一次店铺流量，如果买家通过该次点击继续查看店铺其他商品，即可产生多次店铺跳转流量，形成以点带面的关联效应。此外，直通车可以多维度、全方位提供各类报表以及信息咨询，方便卖家快速、便捷地进行批量操作，卖家还可以根据实际需要，按时间和地域来控制推广费用，精准定位目标消费群体，降低推广成本，提高店铺的整体曝光度和流量，最终达成提高销售额的目的。

10.1.2 加入直通车的条件

如果想使用淘宝直通车进行报备推广服务，一般需满足以下条件。

（1）店铺状态正常（店铺可正常访问）。

（2）用户状态正常（店铺账户可正常使用）。

（3）淘宝店铺的开通时间不低于24小时 。

（4）近30天内成交金额大于0。

（5）店铺综合排名靠前。

10.1.3 直通车的优势

卖家做推广是为了获得更多的流量，只有拥有足够的流量，才有可能拥有更多的成交、收藏、加购、转化和盈利。但是刚开始经营淘宝店铺的新手卖家都知道，淘宝网的自然流量不是短时间内可以控制和改变的，所以对于很多中小卖家来说，获得流量相对较经济较快捷的方式就是直通车推广。

那么直通车推广究竟有哪些明显优势呢?

- **优选位置展现** 直通车推广在淘宝的手机端和PC端都有专门的展示位置，这些展示位置十分显眼，非常容易被买家看到。排序越靠前，展示位置越好。
- **降低推广费用和风险** 直通车推广是免费展现，点击收费，也就是说只有当买家点击了商品之后，才会产生费用，同时系统会智能过滤无效的点击，帮助卖家精准定位适合的买家人群。
- **小卖家的推广利器** 淘宝直通车推广对中小卖家比较友好，不仅推广效果十分明显，可以短时间内提高店铺流量，同时投入费用也在中小卖家的接受范围之内，小投入大收益，可以帮助卖家在运营前期快速积累店铺资质。

10.1.4 直通车的产品展现原理

淘宝直通车具有精准推广的特点，其展现对象一般都是拥有精准购物需求的潜在买家，具体展现原理：卖家设置关键词，直通车匹配关键词给买家，买家点击商品产生流量。

其具体展现形式如下。

- 卖家为需要推广的宝贝设置相应竞价词、出价和推广标题，淘宝直通车会根据卖家设置的关键词，将宝贝推荐到搜索该关键词的目标客户的搜索页面。
- 当买家在淘宝网中输入该关键词进行搜索或按照商品分类进行搜索时，就会在直通车的展示位置看到相关的直通车商品展示。
- 直通车展示免费，点击计费。当买家在直通车推广位置单击展示的商品图片进入宝贝详情页时，系统会根据推广时设定的关键词或类目进行扣费。

例如，一家经营棉麻连衣裙的店铺，在直通车后台设置一款宝贝的推广关键词为“棉麻连衣裙”，并设置关键词竞价，当买家在淘宝中搜索“棉麻连衣裙”时，该宝贝就可能出现在淘宝直通中的展示位置，被买家看到并点击。这种展示方式带来的买家流量通常比较精准，转化率会更高。

10.1.5 直通车的展示位置

淘宝直通车的展示位置主要分为PC端和移动端两部分，主要包括自然搜索结果页、收藏夹、物流详情页，购物车、手机淘宝猜你喜欢、手机淘宝消息中心等位置。

1. PC端掌柜热卖

自然搜索结果页中的“掌柜热卖”是淘宝直通车PC端的主要展示区域，包括搜索结果页左侧、搜索结果页右侧和搜索结果页底部等位置。此外，买家购物车页面底部的“掌柜热卖”也是直通车展示位置。

- 淘宝关键词搜索结果页面左侧第一行中带有“掌柜热卖”标签的位置。

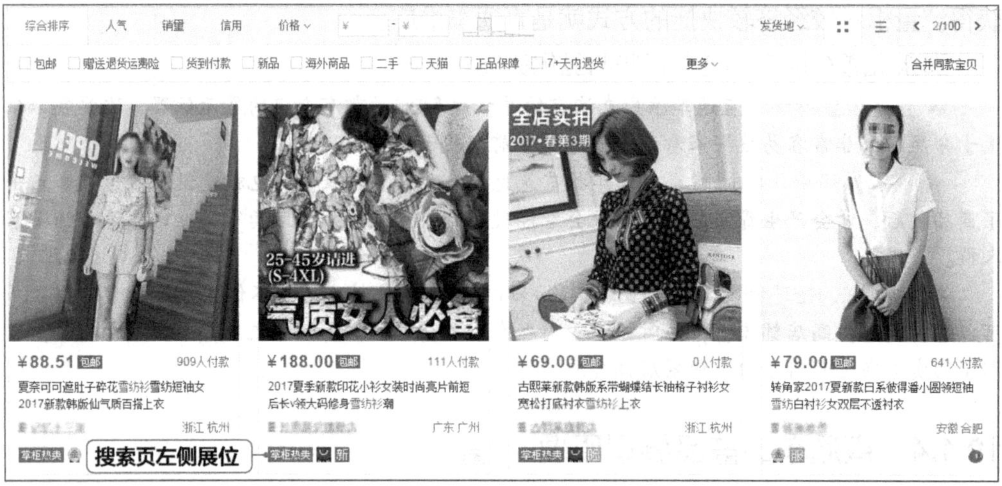

● 淘宝关键词搜索结果页右侧“掌柜热卖”12个位置和“店家精选”3个位置。

● 淘宝关键词搜索结果页下方“掌柜热卖”5个位置。

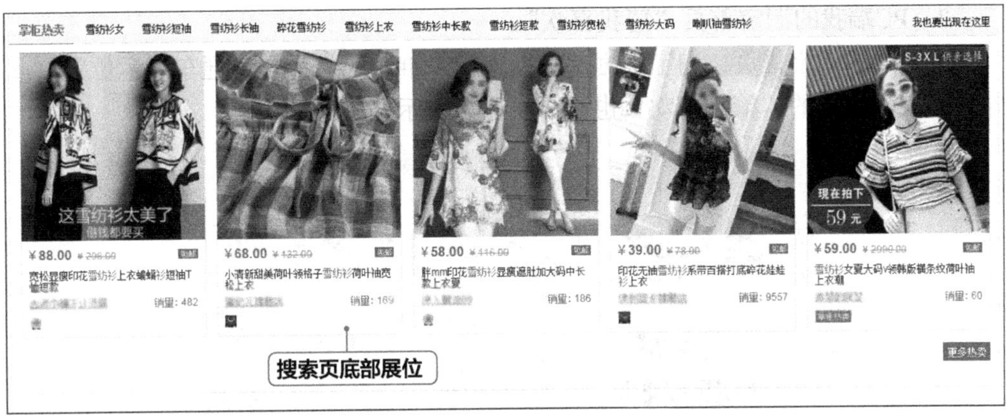

● 买家进入购物车页面，在该页面底部显示的“掌柜热卖”栏中的展示位置。

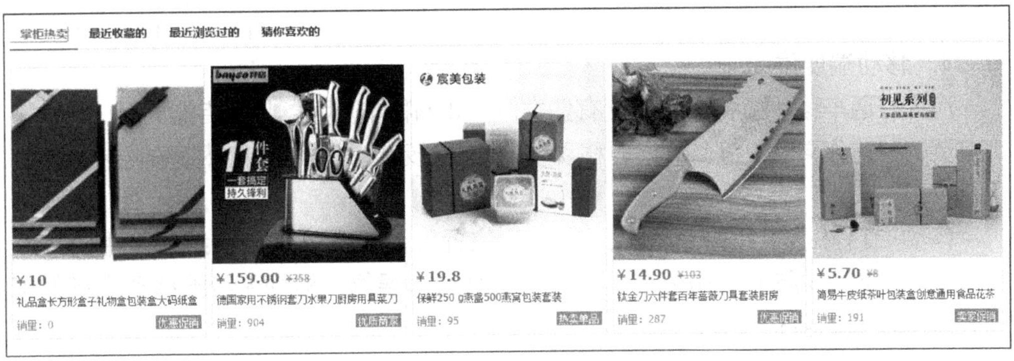

2. PC端热卖单品

淘宝收藏夹页面底部、已买到的宝贝页面底部、物流详情页页面底部显示的“热卖单品”栏中的展示位置也是直通车的展示位置，一般有5组，每组5个展位，自动轮换播放。

3. PC端我的淘宝首页“猜我喜欢”

进入我的淘宝首页，淘宝根据买家搜索记录推荐的商品是直通车展示位置。此外，淘宝网首页的“猜你喜欢”也属于直通车展示区域。

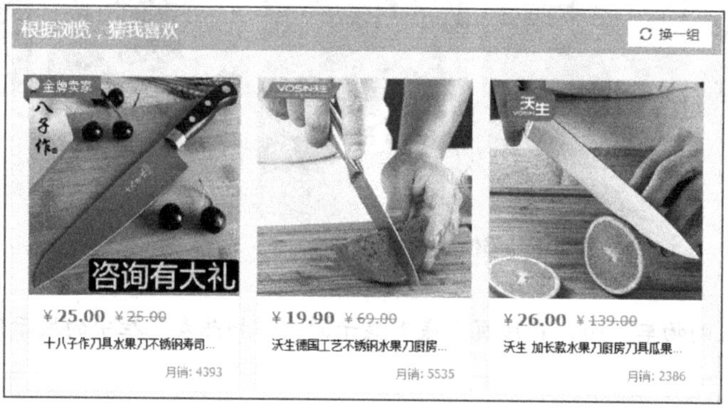

4. 移动端展位

淘宝直通车移动端展位与PC端有些类似，如购物车页面、收藏店铺页面、手机淘宝首页的“猜你喜欢”等。此外，移动端的主要展示位置还包括自然搜索结果页，其展示方式与PC端略有不同。

移动端自然搜索结果页的直通车展示位置为无线端自然搜索结果页中的第一个宝贝，同时每隔5个或10个宝贝加入一个直通车展位。根据无线端移动设备的不同，展示位置也会有一些差异。

高手支招

一般来说，移动端的直通车展位图片上都有“HOT”标志，iOS 端和 Android 端排序方式为“1 个（直通车展位）+5 个（正常商品排序）+1 个（直通车展位）+5 个（正常商品排序）+1 个（直通车展位）+10 个（正常商品排序）……”。此后，均以一个直通车展位和 10 个正常商品排序的形式进行展示。

10.1.6 直通车的排名

与淘宝自然搜索排名一样，直通车的排名越靠前，展示就越靠前。直通车的排名是由关键词出价和质量分综合决定的。

关键词出价是指卖家在进行关键词竞价时设置的价格，也就是买家点击直通车推广展位的链接查看商品时的最高价格，关键词出价越高，直通车的排名就可能越靠前。

质量分是根据推广创意的效果、关键词与宝贝的相关性、买家体验等因素综合评定的分数。质量分是直通车卖家必须关注的重要因素，一个好的质量分可以让卖家花费更少的推广费用，获得更靠前的排名。

直通车推广按照点击进行扣费，单次点击扣费公式如下。

单次点击扣费=（下一名出价 × 下一名质量分）/本人质量分 + 0.01元

直通车的扣费最高额度为卖家设置的关键词出价，当公式计算得出的金额小于关键词出价时，将按照计算公式的值进行扣费。卖家的质量分越高，需要付出的单次点击扣费就越少。因此质量分越高，不仅直通车排名越靠前，所需要付出的推广费用也将越少。

10.2 直通车操作流程

根据店铺的实际情况和推广需求，卖家可以选择适合自己的直通车推广方式，在直通车页面中新建和设置推广计划。

10.2.1 新建标准推广计划

扫一扫

新建标准推广计划

新建直通车标准推广计划需要3个环节，即添加创意、买词出价和添加人群，下面介绍在淘宝网中新建直通车推广计划的方法，其具体操作如下。

01 进入卖家中心，在“营销中心”栏中单击“我要推广”超链接，在打开的页面中选择“淘宝/天猫直通车”选项。

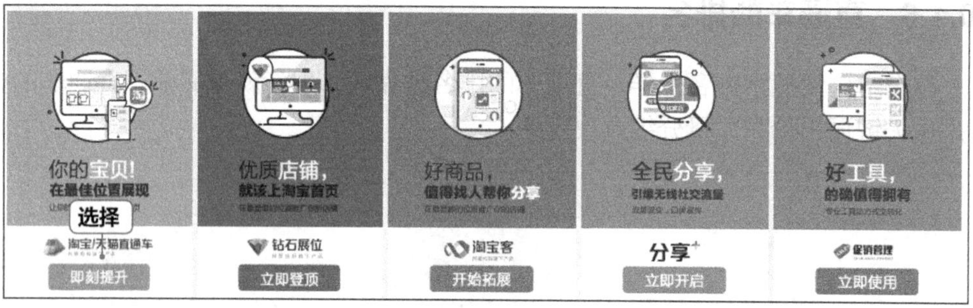

02 进入直通车推广页面，在“我的推广计划”栏中单击 + 新建推广计划 按钮。

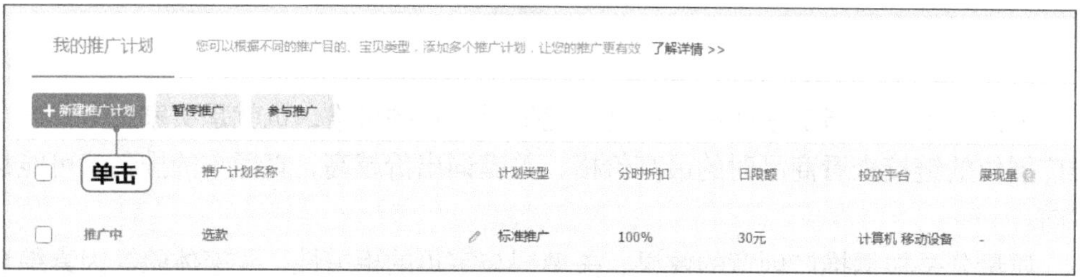

03 打开“新建标准推广计划”页面，在其中输入新建推广计划的名称，然后单击 提交 按钮。

04 完成推广计划的新建，在完成页面中单击“设置和管理标准推广计划”超链接，返回首页，查看新建的推广计划。

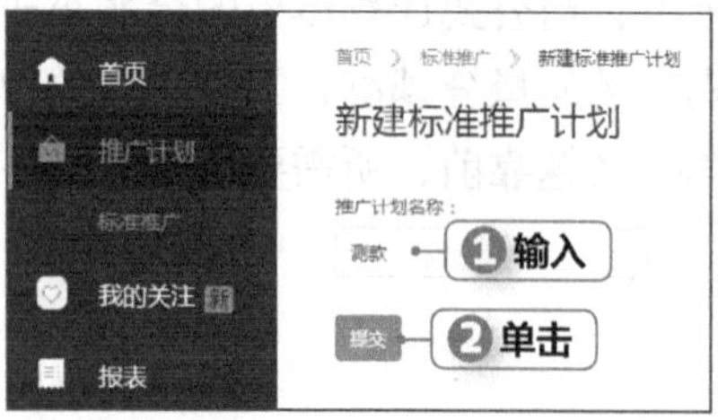

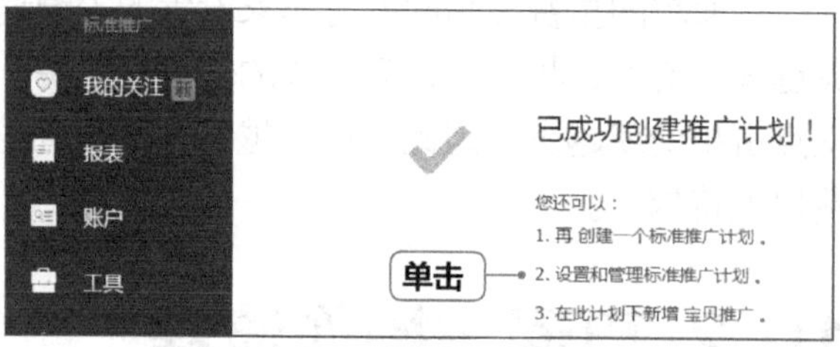

05 在新建的标准推广计划的“操作”栏中单击“编辑”超链接，为该推广计划添加推广宝贝并进行设置。

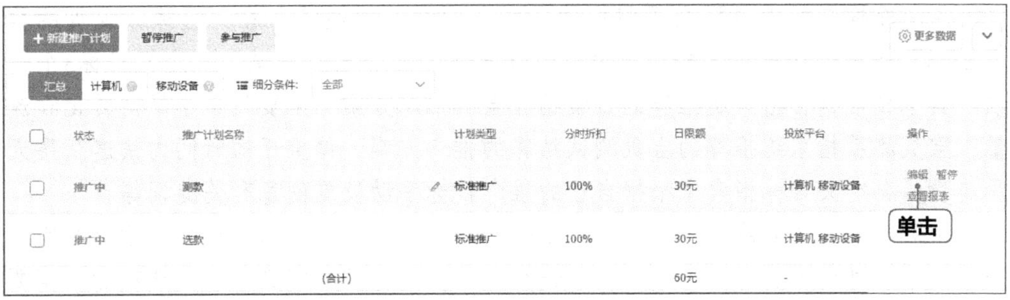

06 在打开的页面中单击 + 新建宝贝推广 按钮，新建推广宝贝计划。

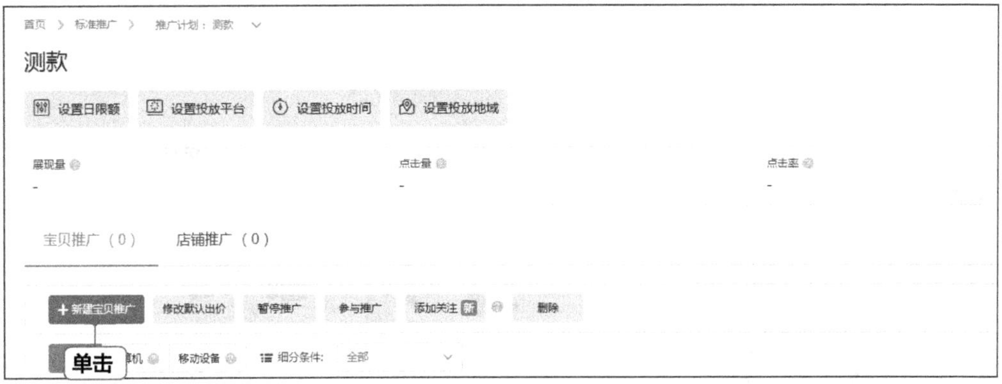

07 打开“新建宝贝推广”页面，在“优选条件”栏中可设置推广宝贝条件，“全部”表示店铺内所有宝贝，“优选宝贝”指根据该宝贝历史数据测试为适合推广的宝贝，“优选流量”指根据该宝贝历史数据测试在引流方面有潜力的宝贝，“优选转化”指根据该宝贝历史数据预测在转化方面有潜力的宝贝。选择相应的优选条件后，在下方的列表框中即可选择需要推广的宝贝。

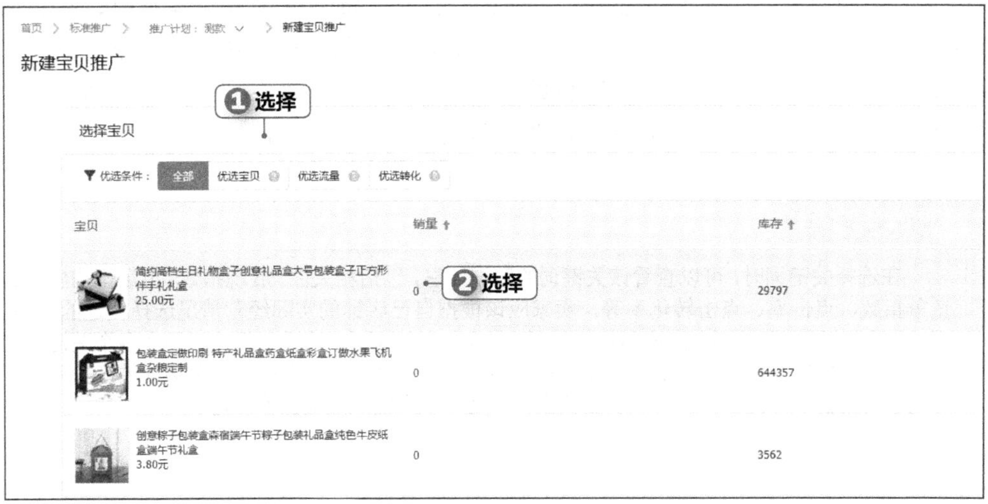

08 在设置推广栏中设置宝贝推广的方案、创意、标题等。在“选择该宝贝的推广目标”栏中选择宝贝的推广方案，包括日常销售、宝贝测款、自定义目标3个选项。其中日常销售指系统推荐的日常销售宝贝推广方案，主要侧重于平衡转化和流量；宝贝测款指系统推荐的宝贝测试结算的推广方案，偏重于短时间内快速获得大量流量；自定义目标指卖家根据自己的推广目标手动设置创意和关键词等。

09 如果选择“日常销售”和“宝贝测款”选项，系统将自动设置相关推广方案，当然卖家也可对系统自动设置的方案进行更改，选择“自定义目标”选项后，需要手动设置创意图片和标题。

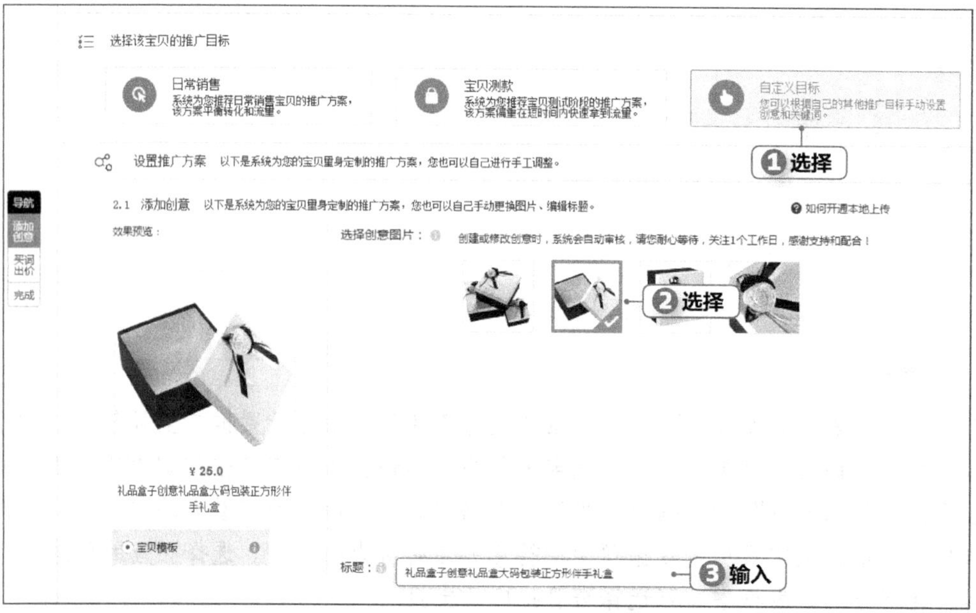

10 在“买词及出价”栏中单击 +更多关键词 按钮，打开关键词搜索和添加页面，在右侧的关键词列表框中选择所需的关键词，将其添加到左侧列表框中。在“推荐理由”栏中单击“更多”按钮，可以添加更多的推荐词，也可以在“搜索关键词”文本框中搜索相关关键词。添加完成后单击 确定 按钮。

高手支招

在选择关键词时，可以查看该关键词的数据信息，包括相关性、展现指数、市场平均出价、竞争指数、点击率、点击转化率等，卖家应该根据自己店铺的实际经营情况选择合适的关键词，着重分析展现、竞争、点击和转化数据。在添加关键词时，可以选择一次添加多个关键词，也可以选择每次添加一个关键词。建议每次添加一个关键词，然后根据该关键词的竞争情况、市场平均出价进行出价，在“设置默认出价”文本框中输入相关出价即可。

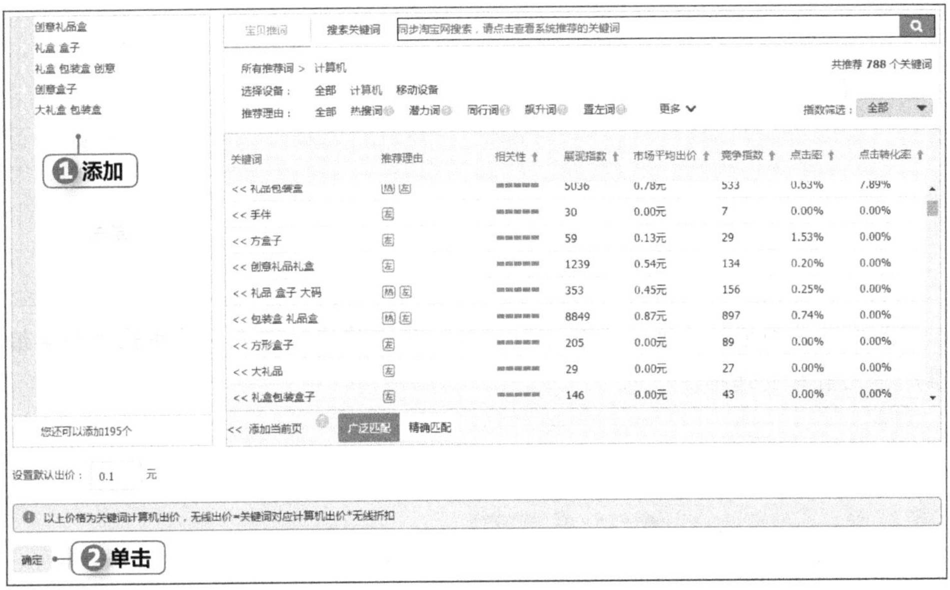

11 返回宝贝推广设置界面，在“计算机出价”和“移动出价”栏中单击“编辑”按钮，可以更改关键词的出价。单击“匹配”方案栏的按钮，可以更改关键词的匹配方式，如广泛匹配和精确匹配。

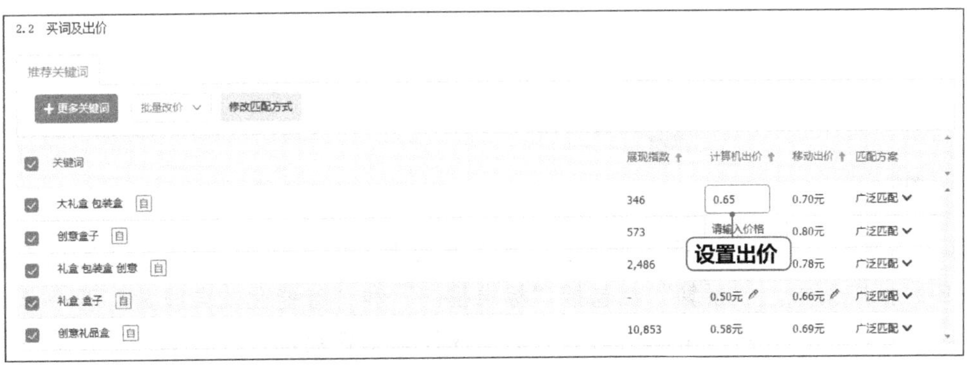

12 设置完成后，单击页面下方的完成推广按钮，完成宝贝推广方案的设置。

10.2.2 编辑投放计划

扫一扫

编辑投放计划

在完成了推广计划的创建后，根据宝贝的实际推广需要，卖家还可以对推广的投放内容进行设置，如日限额、投放平台、投放时间、投放地域等。下面介绍编辑投放计划的方法，其具体操作如下。

01 在直通车首页需要编辑的推广计划的“操作”栏中单击“编辑”超链接。

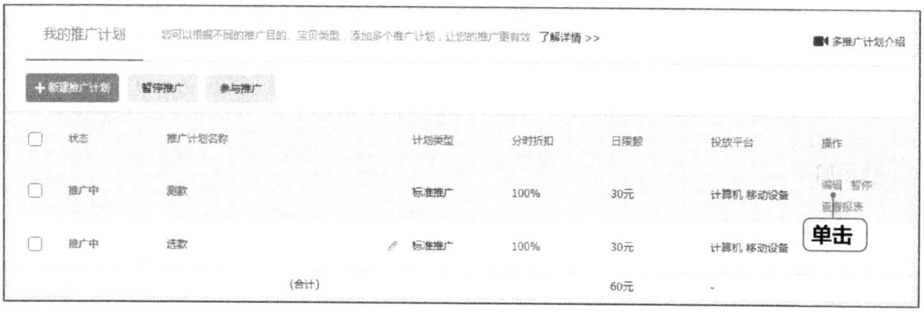

02 打开推广计划编辑页面，在其中可以查看正在推广的单元。单击选中需要编辑的推广单元前的复选框。

03 单击设置日限额按钮，打开“设置日限额”对话框，在“预算”文本框中可以设置每日的推广预算。“预算”栏包括“标准推广”和“智能化均匀投放”两个单选项。“标准推广”是指系统根据卖家的投放设置正常展现推广，如果是预算不高的卖家选择标准化推广方式，可能出现预算提前用完，当天后期缺乏展示的情况。“智能化均匀投放”是指系统根据流量变化和日限额度，在卖家设置的投放时间内均匀展示推广，这种推广方式不会出现日限额提前用完的情况，比较适合预算不足的小卖家。卖家可以按照实际情况进行选择和设置，设置完成后单击保存设置按钮。

04 单击设置投放平台按钮，打开“设置投放平台”对话框，在其中可以对PC端、移动端、淘宝站内和淘宝站外等投放平台进行设置。投放平台的设置尽量与直通车数据分析相匹配，如移动端、淘宝站内投放效果更好，就可以加大这两个平台的投放力度，控制其他投放平台的投放成本。如果不需要在某平台进行投放，可单击按钮，使其变为状态，表示不投放。设置完成后单击保存设置按钮。

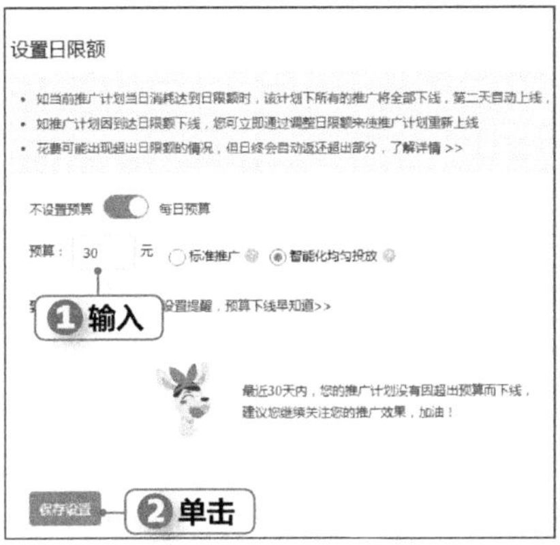

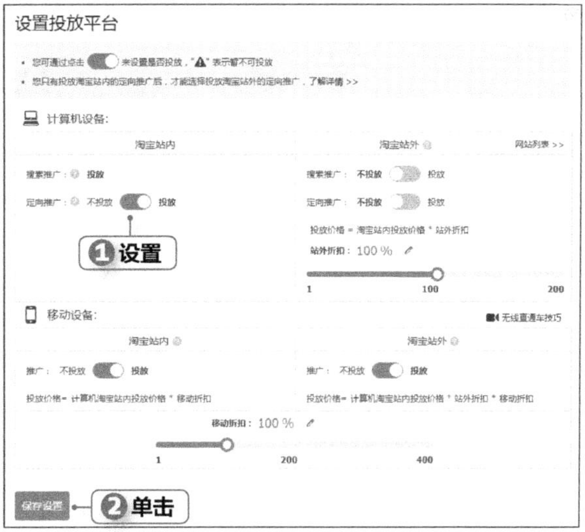

05 单击 设置投放时间 按钮，打开“设置投放时间”对话框，在其中设置直通车推广的投放时间。投放时间的设置一般建立在消费者消费时间分析的基础上，如通过数据分析得出该行业消费者的消费对象多为上班族，消费时间多为休息时间，即可在目标消费群体的休息时间段进行投放。也可以单击选中 行业模板: 单选项，在“行业模板”下拉列表框中选择商品对应的类目，应用系统自带的行业模板投放时间。设置了投放时间后，可查看和更改出价在不同时间段的折扣。设置完成后单击 保存设置 按钮。

06 单击 设置投放地域 按钮，打开“设置投放地域”对话框，在其中可以设置投放地域。如果需要取消某个地区的投放，可撤销选中该地区前的复选框。地域投放默认以省为单位进行显示，单击省份右侧的 ▾ 按钮，在打开的下拉列表中可设置市的投放。设置完成后单击 保存设置 按钮。

10.2.3　定向推广

定向推广是直通车推广中非常常用且有效的一种投放方式，直通车的定向推广可以根据卖家的实际需求，设置不同的投放维度，如展示位置、投放人群等，还可对投放人群进行细分，按照购买意图、访客定向等分别进行投放。

1.　定向推广的类型

定向推广是一种非常精准的投放方式，卖家可以在买家分析的基础上，结合产品实际情况，将宝贝准确投放给某维度的买家。自定义投放的维度比较多，包括投放人群、展示位置等，卖家可以根据需要将宝贝投放到所需的维度，也可进行多维度组合投放。

● **投放人群**　投放人群是指对宝贝投放人群的属性进行设置，包括访客定向和购物意图定向。访客定向是指喜欢我店铺的访客和喜欢同类店铺的访客。喜欢我店铺的访客包括在自己店铺购买过的访客、收藏过店铺的访客、将宝贝放入购物车的访客和浏览过店铺宝贝的访客，这种投放方式主要面向老客户，精准度比较高，效果比较好，可以有效提升店铺的回购率和好评率，甚至拉动店铺新品的数据，对宝贝优化十分有利。喜欢同类店铺的访客是指与自己店铺类似的店铺访客，偏重于对竞争对手的客户进行定向，主要用于竞争和发展新客户。购物意图定向主要是单品兴趣定向，根据买家搜索关键词的历史记录为买家主动推荐产品。

● 展示位置　展示位置分为无线端的展示位置和PC端的展示位置。无线端有：手机淘宝首页的猜你喜欢，手机淘宝消息中心的淘宝活动。PC端有：我的购物车中的掌柜热卖，淘宝收藏夹中的热卖单品，我的淘宝首页中的猜我喜欢，我的淘宝中的物流详情页，我的淘宝中的已买到的宝贝。选择一个好的展示位置可以为宝贝带来非常好的推广效果，如手机淘宝的猜你喜欢，淘宝会根据客户的浏览记录将宝贝推荐到该位置，流量非常大。

2. 定向推广设置

扫一扫

定向推广设置

在设置了标准推广计划后，可以对相关推荐单位进行定向推广设置，其具体操作如下。

01 在“我的推广计划”栏中选择需要编辑的推广计划，单击“测款”超链接打开该推广计划的“宝贝推广”页面。

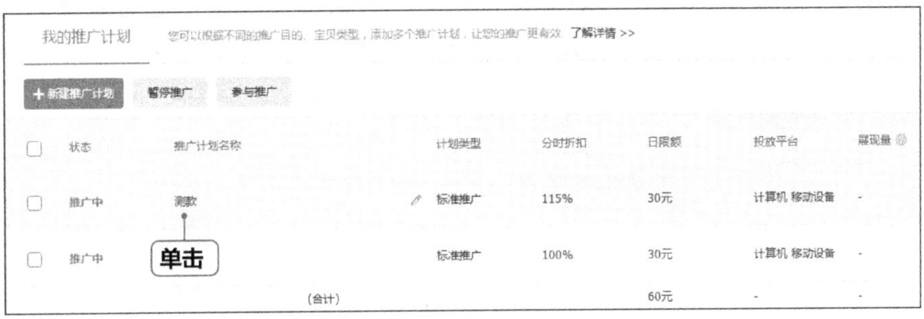

02 在“宝贝推广”页面中单击需设置定向推广的宝贝标题。

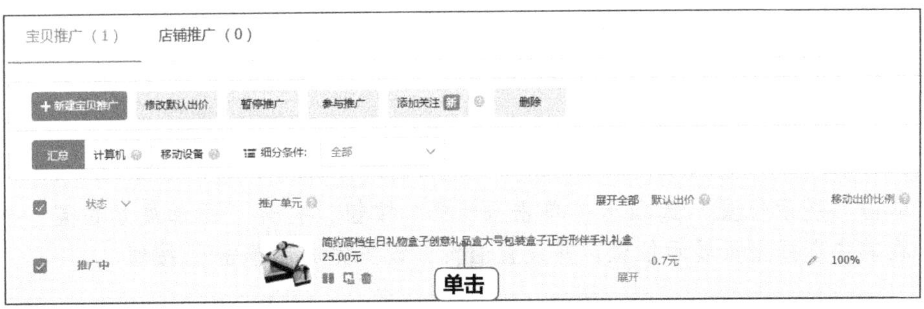

03 在打开的页面中选择“定向推广”选项，单击“投放人群”选项卡，单击 +访客定向 按钮。

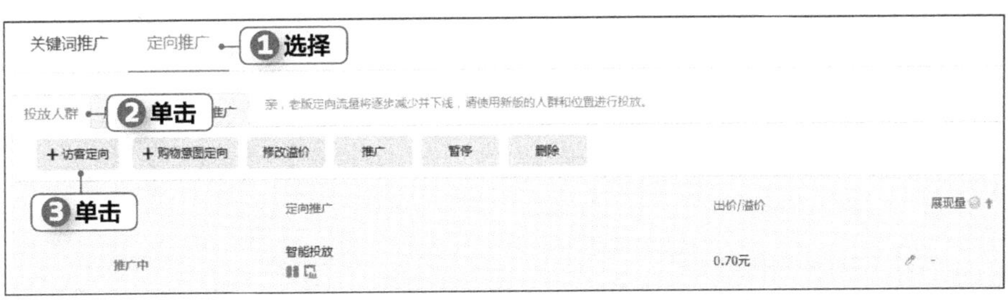

04 打开“访客定向”对话框，在其中选择定向人群，并设置“溢价”，设置完成

后单击确定按钮。溢价是指在原本出价上加价，出价超出原定价。

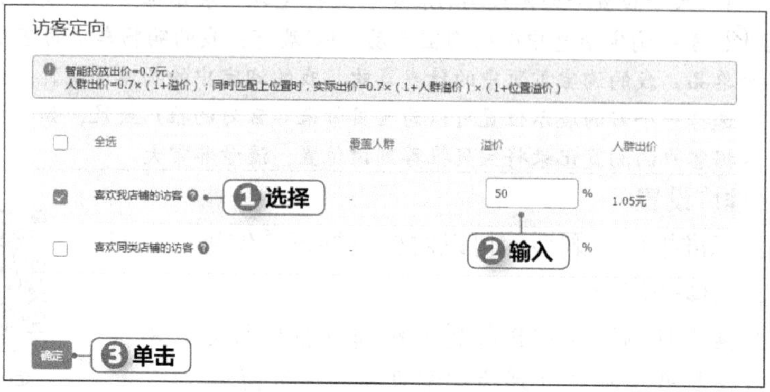

05 单击+购物意图定向按钮，打开“购物意图定向”对话框，在其中选择单品兴趣定向的关键词，并设置溢价，溢价可以批量修改，设置完成后单击确定按钮。

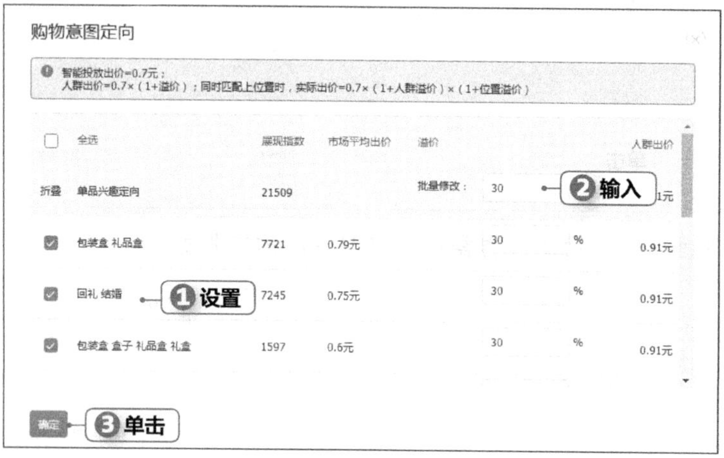

06 单击“展示位置”选项卡，单击+添加展示位置按钮，打开“添加展示位置”对话框，在其中选择宝贝展示位置，并设置溢价，设置完成后单击确定按钮。

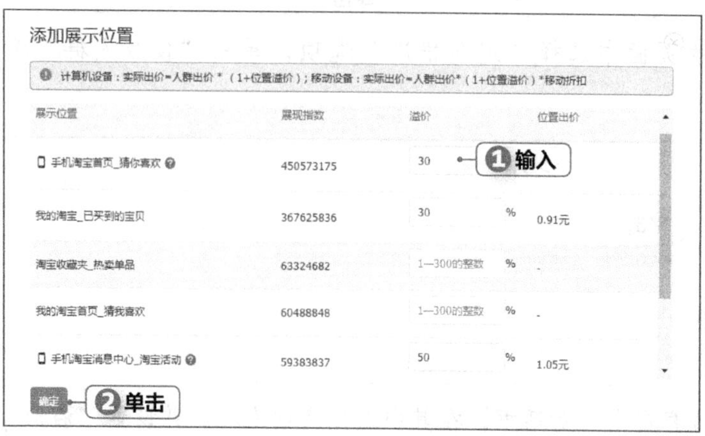

10.2.4 关键词推广

设置了推广计划后，单击推广单品的标题名称，在打开的页面中选择“关键词推广”选项，可以查看关键词推广的相关数据，包括推广关键词、质量分、出价、排名、展现量、点击量、点击率、花费等。选择某个关键词，在上方的工具栏中单击相应的按钮还可以修改匹配方式、添加关注，以及删除、复制、添加标签等。

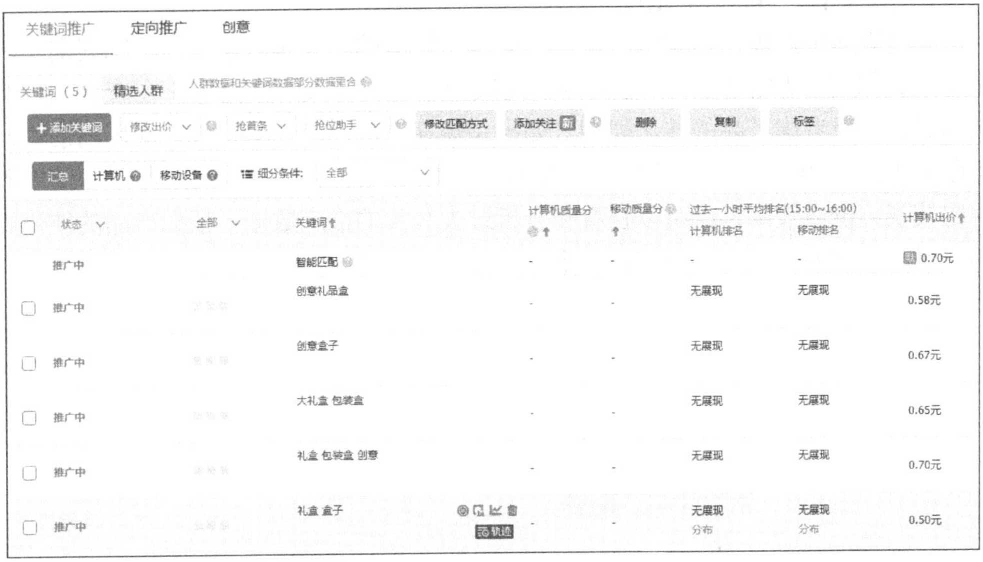

10.3 直通车操作技巧

直通车是一款精准引流的付费推广工具，如果使用得当，可以为店铺带来非常好的推广效果，促进店铺的快速成长。反之，如果运用不得当，就没办法为店铺带来流量和成交量，没办法为店铺前期的发展奠定基石。

10.3.1 直通车数据分析

直通车数据包含的种类比较多，通过分析这些关键数据，买家不仅可以得知商品目前的推广效果，还可以在这些数据的基础上对推广方案进行优化。例如，可以通过直通车数据分析当前推广效果，分析推广商品的站内数据和站外数据，分析推广商品是定向推广效果更佳、地域推广效果更佳，还是关键词推广效果更佳。

1. 直通车报表

直通车报表是买家了解直通车的基础，是对直通车效果好坏的直接反馈。查看直通车数据的方法很简单，进入直通车页面，在“报表”栏中选择“直通车报表”

选项，在右侧即可查看直通车报表的关键数据，包括点击量、点击率、花费等。卖家可以自定义需要显示的直通车报表数据以及时间。

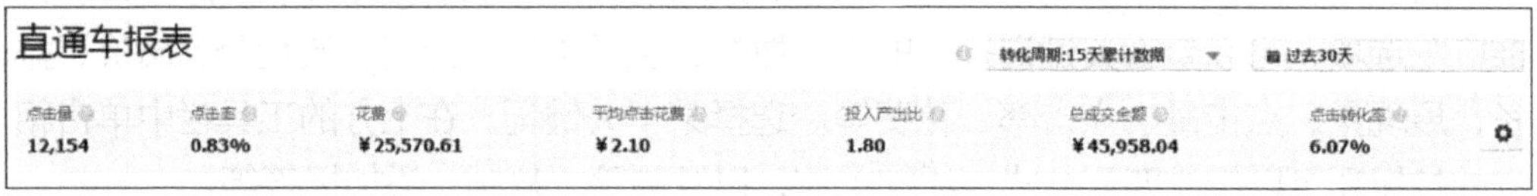

2. 直通车不同的数据维度

通过直通车报表，卖家可以查看不同数据维度的直通车效果，即时间周期和转化周期，如过去7天的数据、过去14天的数据、过去30天的数据等。在查看和分析数据时，尽量考虑产品的转化周期。如果是短期消耗产品，价格低，使用周期短，可以考虑查看和分析过去7天的推广数据；如果是电器、家具等大型产品，使用周期比较长，价格较高，就可以查看和分析过去30天的推广数据。根据产品的转化周期，对应不同的数据维度来综合判定产品的优化方向。

3. 直通车推广趋势图

在直通车报表中，还可以直接查看最近推广的趋势图。趋势图主要用于反映最近卖家比较关心的一些关键数据，如展现量、点击量、花费、直接成交金额等。通过查看趋势图数据，卖家可以分析出最近直通车的推广效果。

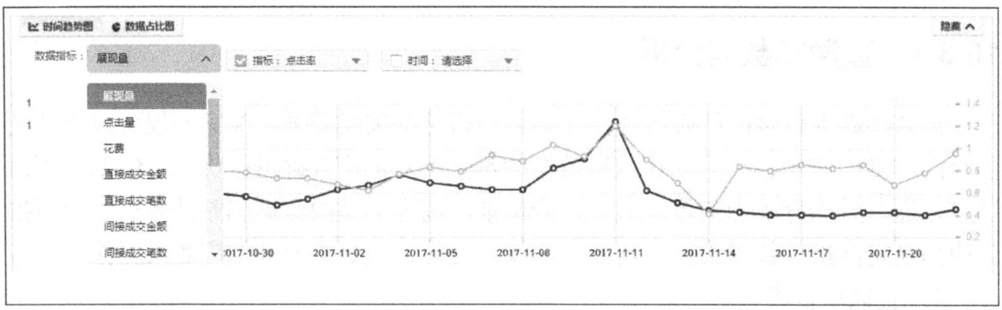

4. 直通车推广列表

在直通车的推广列表中，包含推广计划列表、推广单元列表、创意列表、关键词列表和地域列表，其中推广计划列表、推广单元列表和地域列表是非常常用的3种列表类型。

（1）推广计划列表

推广计划列表主要显示直通车推广的所有计划，以及每一个推广计划的整体数据。在推广计划列表中，可以选择流量来源、投放类型、投放设备3个细分条件选项。流量来源分为站内与站外，通过站内外流量对比可以帮助卖家了解流量的来源，并优化接下来的投放比例；投放类型分为关键词推广和定向推广，定向推广的作用是精准定位推广人群，可根据实际需要与实际推广效果进行投放；设备类型分为计算机设备（PC端）和移动设备（无线端），卖家可以分别查看不同设备投放的数据和效果，从而制订相应的推广计划。

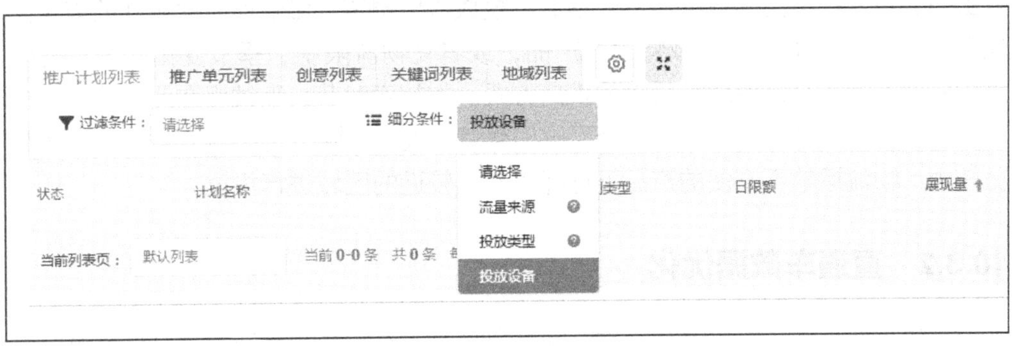

（2）推广单元列表

推广单元列表主要用于查看和分析每个推广计划下的单品数据，如果同一个单品出现在两个推广计划中，则可以同时查看该单品的两个推广数据，方便卖家对比和优化。推广单元列表的细分条件比推广计划列表多了一个“搜索受众”，该细分条件可细致观察到领用店铺优惠券和店铺红包的访客、浏览但未购买店内商品的访客等不同人群的展现量与点击量，通过了解搜索人群的相关数据，可以帮助卖家对直通车推广做出合理的调整，将潜在客户变成目标客户。

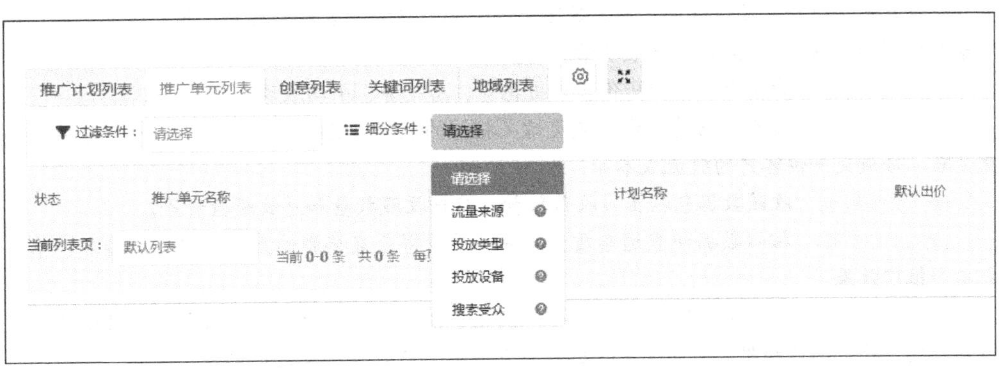

（3）创意列表

创意列表主要用于查看推广创建的数据表现情况，卖家可以根据展现量、点击量、投产等，对列表内的创意进行调整，如删除或优化数据表现不好的创意，持续推广数据表现较好的创意等。

（4）关键词列表

关键词列表主要表现关键词的展现量、点击量、投产等，卖家可以根据数据表现情况对关键词做出优化、加价或减价等调整。

（5）地域列表

地域列表主要用于查看和分析不同地域的产品数据情况，通过地域列表，卖家可以直观地了解到各个地区、各个计划的直通车投放情况，根据展现量、点击量、点击率、投入产出比等数据对不同地域的投放做出调整。影响产品地域性的因素比较多，具有地域限制、地域特色的产品，或者受物流限制、季节变化、气温变化影响的产品都适合采用地域投放的推广方式。如初春时节，羽绒服在北方依然有市场，在南方的销量却会大幅度下降，这时候就需要调整南方的投放方式。保鲜时间比较短、物流运输不方便的产品可选择距离比较近的区域进行投放。

10.3.2 直通车数据优化

进行直通车推广的卖家在分析直通车数据时，不管是分析展现量、点击量、点击率、投入产出比、转化率还是花费，都是为了分析直通车推广的最终效果，直通车数据直接体现了直通车的推广效果。

1. 直通车中包含的数据

如果对直通车的数据类型进行分类，可以将其分为流量数据、费用数据、成交数据、收藏数据和核心数据，此外还包括投放设备、投放类型、流量来源、推广单元、个性化设置等数据。

- **流量数据** 直通车中显示流量的数据主要包括展现量、点击率和点击量。其中展现量主要受搜索量、出价、质量得分、排名等因素的影响，点击率主要受排名、推广图片、推广标题等因素影响，点击量=点击率×展现量。
- **费用数据** 费用数据是指出价、点击花费、总花费、平均展现花费等。
- **成交数据**：成交数据是与最终成交情况相关的数据，包括点击转化率、成交笔数、成交金额、每成交一位客户的引流成本等。
- **收藏数据** 收藏数据包括宝贝收藏数量、店铺收藏数量和总收藏数量等。
- **核心数据** 核心数据即直通车质量得分，质量得分直接影响直通车宝贝的排名、推广成本和推广效果。
- **其他数据** 除了上面所介绍的数据，投放平台、投放类型、流量来源、宝贝维度、关键词维度、推广地域和推广时间等数据也会对直通车推广效果产生直接影响。

高手支招

当卖家进入直通车查看数据时，一般先查看直通车首页的整体推广数据，包括点击量、展现量和点击率，快速了解直通车整体推广情况。即使是在推广初期，在查看推广计划和推广宝贝的数据时，仍然需要重点关注点击量、展现量和点击率，这 3 个数据直观地体现了计划或宝贝的推广表现，也是调整推广计划的基本依据。关键词数据包含比较多，除了点击量、展现量和点击率之外，质量得分、花费、成交等也是重点关注对象。

2. 根据数据判断优化效果

直通车数据的分析，一般主要关注3个方面：整体数据、宝贝数据和关键词数据。在关注直通车整体数据时，一般需关注两个维度的数据。一个是实时数据，也就是点击量、展现量和点击率；另一个是过去时段的数据，也就是在推出推广计划的一段时间内，得到的实际推广效果，如花费、成交、转化、投入产出比等。

卖家在分析数据的时候会发现，直通车的数据不会一成不变，它时刻处于变化之中。对于刚开始接触直通车的卖家而言，数据的波动可能会比较大，而对于熟练操作直通车且操作时间较长的卖家而言，由于质量得分相对比较稳定，且宝贝本身也已经有了不错的表现，数据的波动可能就比较小。

那怎么判断直通车整体推广效果呢，有一个非常直观的方法，就是查看数据趋势图，通过数据趋势图了解数据的周期变化。

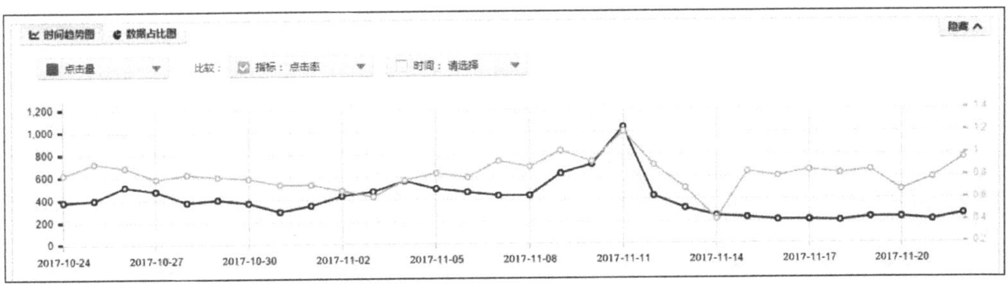

不管是比较波动的数据，还是相对稳定的数据，如果数据整体呈上升趋势，那数据表现就是好的，说明直通车推广有效。反之如果整体呈下滑趋势，就说明直通车推广出现了问题，需要针对下滑数据的具体表现进行优化。

因此作为卖家，不仅要关注直通车数据，还应该时刻关注数据的周期变化。在直通车推广初期，很容易出现质量得分不稳定的情况。质量得分不稳定，宝贝数据就会不停地发生变化。影响质量得分的因素很多，其中转化率、点击率等是造成质量得分不断变化的主要因素。当数据周期变化明显时，卖家就需要考虑对关键词的点击率、转化率等进行优化。

宝贝推广数据也是直通车的主要观察对象。宝贝推广效果的好坏，一般可以根据展现量、点击量、点击转化率和平均点击花费来判断。如果这4个数据表现较好，说明宝贝推广效果比较好。展现量和点击量高，说明宝贝有排名，有流量，引流没有问题。如果宝贝点击转化率高，说明流量比较精准，宝贝主图、宝贝质量、宝贝样式等都比较受买家欢迎。

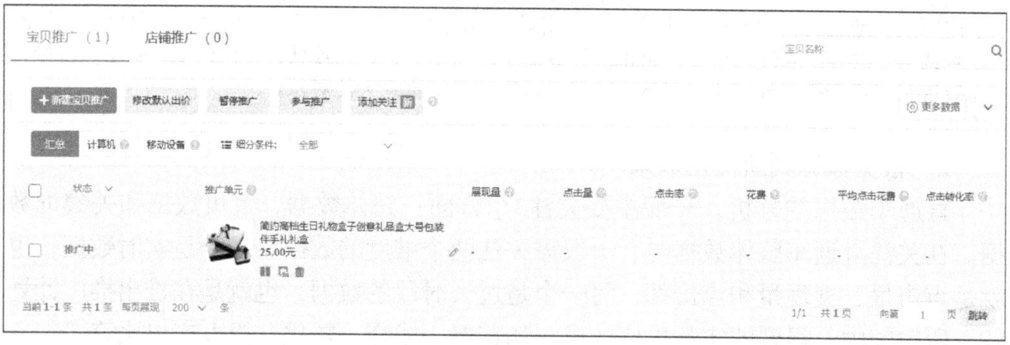

相比其他数据，关键词数据除了要关注展现量、点击率和点击转化率之外，还必须关注关键词的质量得分。点击率影响着质量得分，质量得分影响平均点击花费，如果质量得分提高了，就可以有效降低平均点击花费，降低直通车推广成本。此外，收藏数、购物车数、平均展现排名等也是非常关键的数据。

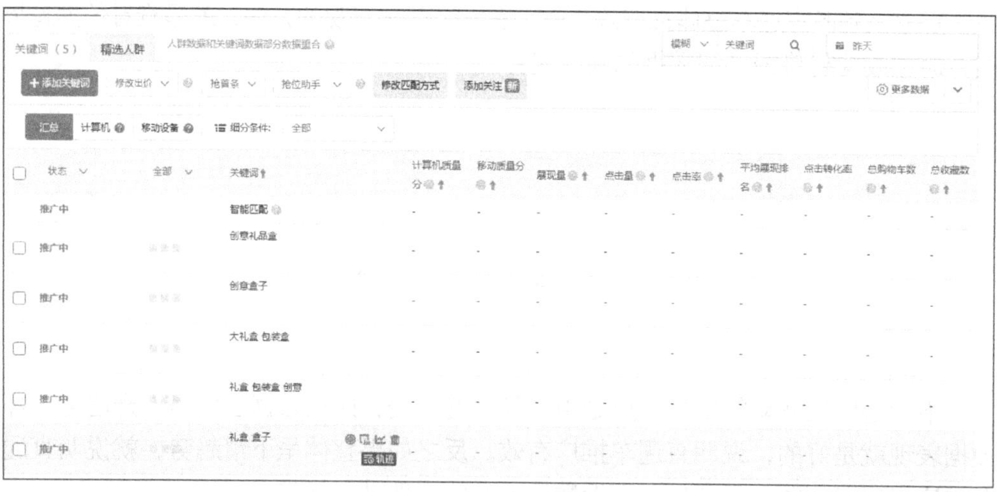

10.3.3 展现量优化

展现量是宝贝被展示的次数。大部分卖家在加入直通车前期，都是为了获得流量，也就是点击量，而展现量是点击量的前提，没有展现量的宝贝，自然没办法获得点击量。

1. 影响宝贝展现量的数据

宝贝能否获得展现，与关键词的选择和优化关系密切，如关键词的排名、关键词的搜索量等都是影响宝贝展现量的重要因素。

● **关键词的排名**　与淘宝自然搜索的排名规则一样，直通车排名越靠前的宝贝，得到的展示机会越多，获得流量的可能性越大。如果宝贝的平均展现排名太低，关键词没有展示机会，宝贝就无法被买家看到。所以如果是关键词排名问题引起的缺乏展现量，就必须提高关键词的排名，如提高关键词出价。

● **关键词搜索量**　如果关键词平均排名很高，却依然没有展现量，这个时候卖家就需要考虑关键词的搜索量问题。如果关键词没人搜索，或者搜索热度低，宝贝自然就无法获得展现。这类关键词的意义和效果都不大，可以删除。

2. 关键词优化

关键词优化包括两个步骤，第一步是选择关键词，第二步是优化关键词。

（1）选择关键词

关键词的选择非常重要，与宝贝标题关键词一样，卖家可以从多个角度对关键词进行筛选。

● **从直通车中选择**　直接在直通车中选词时，原则上来说，首先选择相关性和展现指数高的关键词。直通车中的关键词后有一个橙色刻度，刻度越高，相关性就越高。展现指数越高，展示机会越大。此外，在有些关键词后还带着标签，带“热”“锦”“扩”“飙”标签的关键词一般可以带入流量，带“想”“潜”“优”“同”标签的关键词更注重转化。有些关键词会同时带多个标签，这样的关键词通常数据较好，可以优先选择。

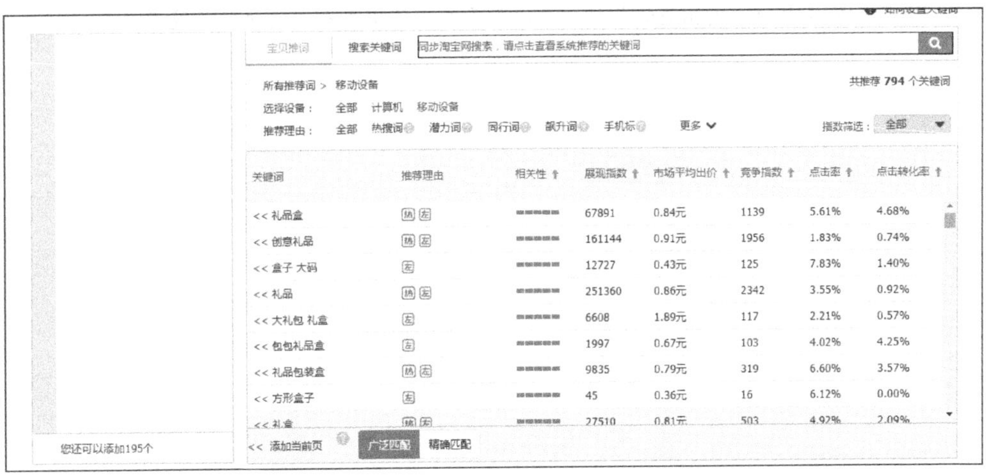

● **从淘宝首页的搜索框选择**　在进入淘宝首页时，淘宝搜索框下方将显示一些关键词，这些关键词一般都是目前淘宝全网关注度和搜索量比较高的词语，并且会随着日期不同而发生变化。如果搜索框下方的关键词中包含自己所经营的类目或商品，可以选择添加。

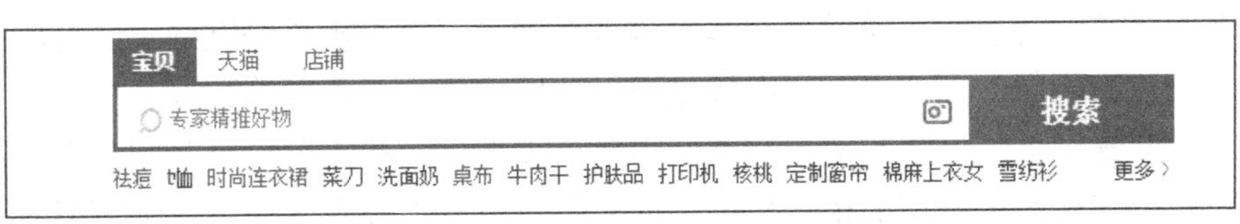

高手支招

在淘宝搜索框下方显示的关键词可能经过缩写，卖家在挑选关键词时，可以单击该关键词，在打开的页面中查看关键词是否缩写。如果缩写，则使用全称。例如，若显示为“T恤”，单击进入后，发现是“宽松T恤”，则使用“宽松T恤”。

● **从淘宝排行榜中选择** 在淘宝排行榜的“搜索热门排行榜”中，将显示近期热度上升和热度下降的词语。热度上升说明该关键词近期搜索量大，热度下降则说明该关键词近期搜索量减少，热度减退。在“搜索上升榜”中也可以直接查看最近热门的搜索词，选择适合自己宝贝的关键词来添加。

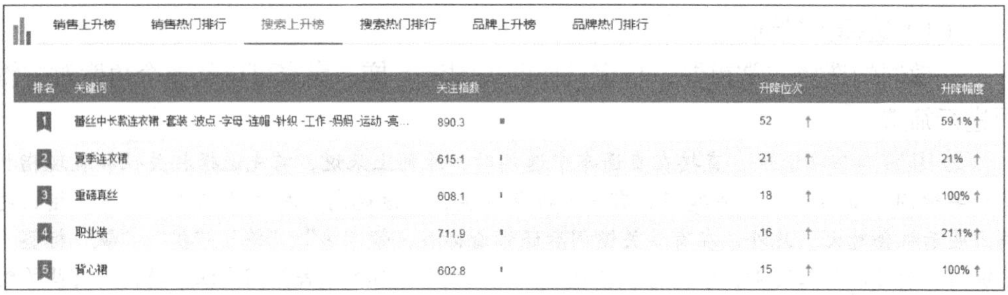

● **从直通车的流量解析选择** 进入直通车，在左侧展开“工具”选项，然后选择“流量解析”选项，在其中的“我相关的”栏中可以查看与自己宝贝相关的热门关键词。

（2）解析关键词

在选择关键词之后，通过直通车的流量解析，可以分析该关键词不同时段的展现指数、点击指数、点击率、点击转化率、市场均价、竞争度等数据。

在“流量解析”页面的搜索文本框中输入关键词，在右侧设置时间范围，即可查看该时间范围内关键词的相关数据。如果将日期范围设置为一年，则可以查看一年中的关键词数据变化，对于做季节性产品的卖家而言，可以帮助其更好地分析产品上新和推广的时间。如做女装类目的卖家，查看“连衣裙夏”过去一年的数据，可以得知该关键词从什么时候开始展现量上升，从而提前上新、提前推广。一般来说，如果数据显示2月展现指数开始快速上升，则12月或1月即可开始准备上新，2月开始推广抢占市场。

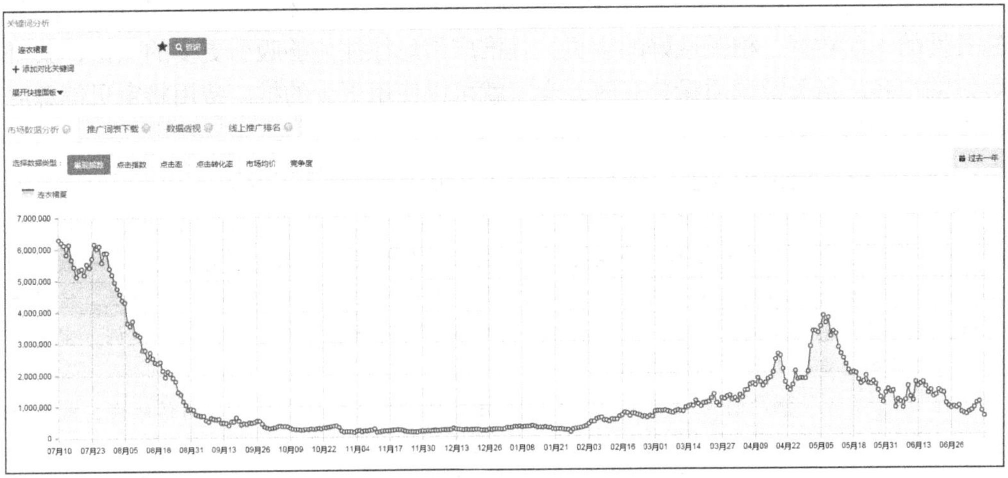

在该页面中单击“数据透视”选项卡，还可以查看不同地区、不同平台的展现指数等数据，通过分析这些数据，可以帮助卖家针对主要买家人群的地域和平台进行定向推广。例如，南方天气回暖快，春装上新时间早，2月展现指数就开始不断攀升，但北方天气还比较冷，2月的时候展现指数还比较低，这时就可以主要推广南方地区，节约推广成本，提高转化率。同时分析设备、平台，可以更好地进行选择性投放。

10.3.4 点击率优化

点击率是很多卖家加入直通车的主要目的，有点击就等于有流量，有了流量，才会有后续的转化成交。说到点击率，首先需要明确影响点击率的主要因素——排名和宝贝图片。

1. 排名优化

不管是做淘宝SEO优化，还是做直通车优化，排名始终是卖家需要考虑的首要问题。只有拥有靠前的排名，宝贝才会有更多的展现，以及随之而来的流量。排名越高，点击率越高。直通车关键词排名主要受质量分和出价两个方面的综合影响，出价越高，可能排名会越靠前，但相应的，推广费用越高。对于中小卖家而言，如果盲目用高价去竞争展示指数很高的热词，可能展现量有了，点击率有了，推广成本很高，但转化率却不高，推广效果会非常不理想。

事实上，很多热词、大词虽然流量很大，但是精准度不高，中小卖家更适合去竞争一些展示指数合理，精准度更高的关键词，这种关键词带来的转化率更高，同时价格更低。那么，既然不能完全依靠关键词的出价来提高排名，就只能提高关键词质量分。

（1）什么是质量分

直通车的质量得分是用于衡量关键词、宝贝推广信息和淘宝用户搜索意向3者相关性的一项数据，相关性好的宝贝，其推广信息往往能够吸引更多的点击，获得更好的排名。当关键词质量分高时，卖家就可以使用更少的推广费用将宝贝信息展现在更合适的位置。

质量得分主要由相关性、创意质量和买家体验3个要素组成。

- **相关性** 相关性即关键词与宝贝类目、宝贝属性和宝贝本身信息的相关程度，符合程度越高，相关性就越高。宝贝类目的相关性是指宝贝类目和关键词的优先类目要保持一致，如大码女装的宝贝关键词中使用了男装的优先关键词，那么该关键词的相关性就比较低。宝贝属性和宝贝本身信息的相关性同理，宝贝属性的关键词最好能够隐性对应购买的关键词，宝贝标题信息能够对应直通车推广内容信息。
- **创意得分** 推广创意的得分高低主要取决于近期客户的点击反馈，通俗地说，就是点击率。如果关键词所在的宝贝的创意效果好，可以很大程度上提高点击率。
- **买家体验** 买家体验是指买家在店铺的购买体验反馈，买家体验受很多因素影响，如店铺基础分、直通车转化率、购物车、收藏、好评、差评、关联营销、详情页加载速度、旺旺响应速度等。基础分是指整个直通车账户搜索关键词的推广效果，与整个直通车账户的点击率、转化率和店铺评分有关系。基础分是一个动态数据，会不停发生变化。如果账户的整体基础分较高，则添加关键词时，该关键词的质量得分也会相对高一些。直通车转化率是影响卖家体验的非常重要的因素，转化率高，则买家体验评分高，质量分就可以得到快速提升。

所以，如果要对质量分进行优化，相关性、点击率、点击转化率、账户历史记录等都是重要优化对象。此外，竞争情况也会对质量分产生客观影响，竞争环境越激烈，则质量分提升难度越大。

（2）质量分优化

了解影响质量分的因素后，如果要提高质量分，就可以围绕这些主要影响因素进行优化，如属性优化、推广标题优化、精选词、推广计划初始质量分等。

- **属性优化** 原则上，宝贝属性要全部填写或者尽量填写，同时保证属性的正确性。属性不完整或属性错误，不仅会影响直通车质量得分，还会对自然搜索流量产生影响。
- **推广标题优化** 原则上，选择热门关键词进行组合，可以选择流量排名、销量排名靠前的宝贝中的热门词语进行组合，或者将淘宝搜索页、淘宝排行榜中的热门词语进行组合。也就是说，保持直通车推广标题与宝贝标题的相关性，同时删除宝贝标题中不重要的关键词。
- **精选词** 关键词并非一成不变，卖家需要定期对关键词进行调整优化，删除无用关键词，推广有效关键词。如没有点击率或点击率低的关键词，因为没有流量，所以可以直接删除。展现量很高但点击率很低的关键词会影响宝贝的整体得分，也可以删除。如果关键词质量得分很高，但是展现量和点击量低，这样的关键词同样是无效的。通常来说，关键词的优化以流量为基础，也就是说可以保留有效引入流量的关键词，删除无法引入流量的关键词。

● **推广计划初始质量分** 直通车推广计划都有一个初始质量分，如果某款宝贝推广计划的整体点击率比较低，引流能力比较弱，卖家就需要考虑这样的宝贝是否适合推广。

2. 图片优化

如果宝贝的展现量很高，但是点击率低，这可能是由于宝贝排名靠前，但是关键词精准度不够，也可能是关键词精准，但是图片优化不好。网店营销包含视觉营销，好的图片不仅影响点击量，还直接影响最终转化率，所以对直通车推广而言，图片优化是非常重要的。

那么图片究竟如何优化呢？

直通车图片优化需要依靠测试，即选择效果好的多张图片，依次测试每一张图片。在一定的数据基础上，展现量高、点击量高、点击率高的图片就是适合作为直通车推广的图片。

10.3.5 转化率优化

从本质上来说，直通车是一款精准的引流工具，主要作用是为宝贝或店铺带来流量。而卖家进行直通车推广，不仅为了获取流量，其最终的目的是获得转化。造成没有转化或转化比较低的因素有很多，可能是因为流量少，可能是关键词不精准，也可能是受宝贝详情页、宝贝质量、宝贝评价、宝贝销量等因素的影响。所以说，要想获得转化率，首先必须做好店铺优化。

此外，直通车数据显示转化率低也可以从多方面进行分析，如转化率低，但是带来了不少的收藏量，说明商品优化没有问题。此时可以根据实际情况适当降价，测试是否商品价格影响了转化率，如果商品价格有优势，没有超出买家心理价位，就可以有效提升转化率。

当然，宝贝详情页的质量也与转化率息息相关，推广图片要有吸引力，只有吸引了买家，才能带来转化。

如果当前宝贝没办法吸引买家，那么还有什么办法可以留住买家呢？直通车引流具有以点带面的效果，也就是说可以将流量从一个宝贝引到其他宝贝。要实现宝贝之间的互相引流，可以借助关联营销，引导买家查看并购买其他商品。关联营销的形式多样，可以推荐同类商品，也可以推荐关联商品，如西装宝贝详情页可以关联衬衫宝贝详情页等。

10.4 疑难破解

直通车推广是淘宝和天猫卖家的主要推广工具之一，推广功能全面且丰富，卖家在推广的过程中，可能会遇到一些问题，下面列举一些常见问题并进行解答，供大家探讨和参考。

1．定向推广的作用有哪些？

直通车推广是通过用户行为构建用户模型，将用户兴趣和需要映射到类目，再将类目宝贝推荐给用户，从而实现精准营销。这种推广方式可以节省推广费用，让卖家可以将推广预算都花费到精准的目标客户上。定向推广的作用主要表现在以下两个方面。

- 帮助店铺快速地获取流量　很多新店铺、新宝贝在刚开始用直通车的时候权重较低，即使关键词出价很高，也不能很好地引入流量。而定向推广可以帮助卖家在前期快速获取流量，渡过前期发展困难和发展缓慢的阶段，对宝贝的排名优化和持续发展比较有利。
- 增加用户黏性　定向推广功能可以对新老客户分别进行精准投放。对于网店而言，用户忠诚度的培养比较困难，不管是店铺还是宝贝都非常容易被用户遗忘，定向推广可以重复持续地将宝贝投放给用户，加深用户对产品和店铺的印象，优化推广效果，降低推广成本。

2．直通车的站外投放平台主要有哪些？

直通车站外投放平台具有使用人数少、曝光量大的特点。站外投放平台的点击率低于站内，但转化效果远远高于站内投放。淘宝的站外投放平台非常多，其中涵盖很多流量巨大的综合门户、地方门户、社交媒体等网站，如腾讯网、凤凰网、新浪网、搜狐、网易等。

3．不适合使用直通车推广的情况有哪些？

并不是任何产品、任何店铺都适合使用直通车来推广，下面介绍一些使用直通车行推广时收益可能不太明显的情况。

- 图片不好看的商品　图片是直通车推广中获得点击率最重要的因素，商品图片不好看，点击率较低，也会导致店铺流量低。
- 价格太高或太低的商品　价格太高的商品，一般转化率不会太高，转化率不高则由直通车带来的收益就不高；价格太低的商品，消费者容易怀疑商品质量，也会影响转化率。一般来说，价格适中的产品更适合参加直通车推广，收益也更好。
- 没有销量的产品　消费者的从众心理会在很大程度上影响他们的消费行为，销量好的商品更容易取得消费者的信任和好感，商品转化率就高，参与直通车推广的性价比就高。
- 中小卖家去争夺热门关键词　淘宝网中的关键词热度越高，流量就越大，同样的，这些关键词的竞争环境更激烈，竞价更高，对于中小卖家而言，不管是激烈的竞争环境还是高昂的竞价，都不是轻易可以承受的，建议中小卖家可以通过锁定长尾词的方式参与竞争。

4．对于新手而言，关键词加价有哪些技巧？

直通车排名由质量分和出价决定，在质量分得分一定的基础上，出价越高的关键词，排名就会越好，而为了获得更好的排名和展现，就需要对关键词进行加价。关键词加价主要涉及两个因素，一个是哪些关键词适合加价，另一个是怎么加价。

- 关键词加价：对新手来说，直通车推广的主要目的是获取流量，因此流量越高的关键词，越适合加价。当然并不是说只要流量高的关键词，都可以加价。卖家加价的目的是为了提高关键词的排名和展现，如果关键词的平均展现排名比较高，如排名前10的关键词，说明该关键词的流量已经很多了，提升空间不大，那么这时候加价就没什么意义，并不能获得更多的流量。

● 加价幅度：当关键词质量得分较高时，关键词默认出价越低越好。如果需要对关键词进行加价，则出价和平均点击花费差距越大，提高出价的幅度就可以越大，反之越小。如果某个关键词的出价是1.65元，平均点击花费是0.85元，那么此时提价的幅度就可以稍微高一些，比如加价0.5元。如果关键词的出价是1.85元，平均点击花费是1.55元，那么此时加价的幅度就应该降低。

5. 直通车关键词后的小标签有什么含义？

我们在直通车中选择关键词时，会发现很多关键词后面跟着一个标签，如“热”“锦”“扩”“飙”“想”“潜”“优”“同”，还可能出现“手机标志”和“左”标志。

- 热　热指展现指数非常高的关键词。
- 锦　锦指展现在无线端自然搜索排序中推荐的关键词。
- 扩　扩指搜索词的细化扩展，如自然搜索下拉列表框中出现的关键词。
- 飙　飙指近期搜索量快速增长的关键词。
- 想　想指搜索词的相关联想词，如“您是不是想找”。
- 潜　潜指有一定展现量并且市场平均出价、竞争指数比较低的关键词。
- 优　优指点击转化率和投入产出比较高的关键词。
- 同　同指同类店铺所购买的、投入产出比较高的关键词。
- 手机标志　手机标志指有可能在手机淘宝网和淘宝客户端搜索结果中展示的关键词。
- 左　左指有可能在淘宝网PC端搜索结果左侧展示的关键词。

6. 在设置投放时间和投放地域时有什么技巧？

淘宝直通车投放时间和投放地域的设置一般可以定向选择，也就是说根据目标客户群的特征进行选择。

首先分析自己宝贝目标客户群的购物时间数据。该数据建议参考卖家自己的后台，如查看直通车每小时的流量情况，总结买家的主要购物时间段和成交时间段，选择流量较好、转化率较高的时间段，然后在该时间段中提高出价百分比，竞争排名，不建议使用行业模板数据。

其次分析投放地域，针对宝贝特征、宝贝季节性、宝贝地域性等进行投放。如经营皮草的店铺，先分析皮草在哪些地方更加流行，若在北方地区比较流行，则加大在北方地区的投放力度。如果要推出新品，可以先对不同地域进行投放测试，了解不同地域的投放效果。

10.5 边学边练

（1）进入直通车后台，为店铺中数据表现较好的宝贝制订一个直通车定向投放计划，根据目标人群的特点设置投放时间和投放地域。

（2）为“豆腐干”产品挑选几个适当的直通车推广关键词，并根据市场表现对不同关键词进行出价。

第11章 用淘宝客灵活推广商品

本章导读

在淘宝官方提供的付费推广方式中，如果卖家想进行切实有效的单品或店铺推广，淘宝客无疑是非常好的一种选择。淘宝客推广是基于一种利益共享的营销模式，相比于直通车、智钻等推广方式，它的操作更加简单轻松，不需要卖家时刻关注商品的推广数据，只需要为已成交的商品支付相应佣金，是很多卖家的推广首选。本章将主要介绍淘宝客推广类型、推广流程和推广技巧等内容，帮助用户更好地掌握淘宝客的推广方法。

知识技能

※ 了解淘宝客

※ 掌握淘宝客推广的流程

※ 掌握淘宝客推广的技巧

11.1 了解淘宝客

淘宝客是一种效果类营销推广人员，帮助卖家推广商品并获取佣金。与其他付费推广方式相比，淘宝客推广是按照实际的交易完成额作为计费依据的，即商品成交后卖家才需要支付佣金，淘宝客佣金=实际成交金额×佣金比例。

淘宝客支持按单个商品或店铺的形式进行推广，卖家可以针对某个商品或是整个店铺来设定推广佣金。淘宝客佣金的范围很大，佣金越高，越容易得到淘宝客的关注。当交易完成后，系统即会根据佣金设置情况从交易额中扣除佣金。

11.1.1 淘宝客、卖家和买家之间的关系

淘宝客推广的完整过程主要由卖家、淘宝客、买家和系统4个对象组成。首先卖家设置佣金寻找淘宝客推广商品，淘宝客通过发布商品链接推广商品给买家，买家下单支付并确认收货后，系统将扣除订单佣金，淘宝客可以在下月20日通过系统对佣金进行结算和提现。总之，系统为卖家和淘宝客提供平台和保障，卖家和淘宝客通过平台各取所需。

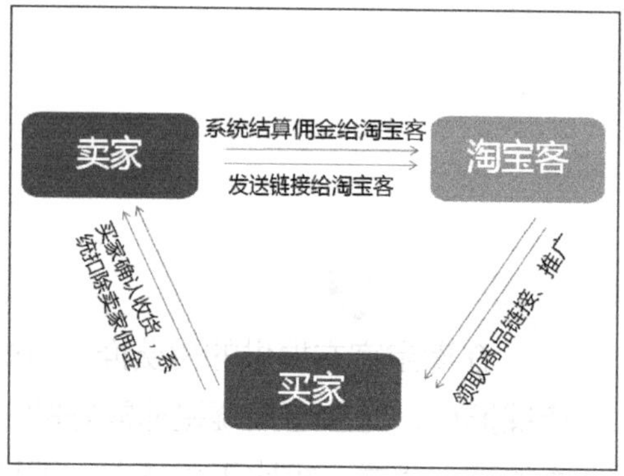

11.1.2 淘宝客的推广优势

淘宝客推广的付费模式不仅帮卖家节约了推广成本，同时还免去了卖家前期投入推广成本的风险，此外，淘宝客平台拥有十分丰富的推广资源和百万推广者，可以为卖家提供高效的推广服务，带来高额的投资回报。

11.1.3 淘宝客准入要求

淘宝客与钻石展位、直通车的计费方式不同，只有产生成交量才需要付费，推

广的风险较低，因此是低成本运营店铺的必备策略。需要加入淘宝客的卖家，必须满足以下标准。

- 卖家店铺动态评分各项分值均不低于4.5分。
- 店铺状态正常且出售中的商品数大于或等于10件（同一商品库存有多件的，仅计为1件商品）。
- 签署支付宝代扣款协议。
- 未在使用阿里妈妈或其关联公司其他营销产品（包括但不限于钻石展位、淘宝直通车、天猫直通车等）服务时因违规被中止或终止服务。
- 淘宝个人店铺信用等级在一心及以上或参加了消费者保障计划，企业店铺信用度等级>0。

11.2 淘宝客推广

淘宝客的佣金比例范围为0.1%～90%，卖家可以根据需要进行调整，一般来说，佣金设置比例越高，越容易获得推广者的青睐。此外，淘宝客平台为卖家提供了不同的推广计划，卖家可以根据实际需要选择和设置更适合现阶段推广目标的计划。

为了满足不同类型的店铺的需求，淘宝客提供了多种推广方式，如营销计划、定向计划、淘宝客活动和如意投等，卖家可以根据实际需求设置推广计划。

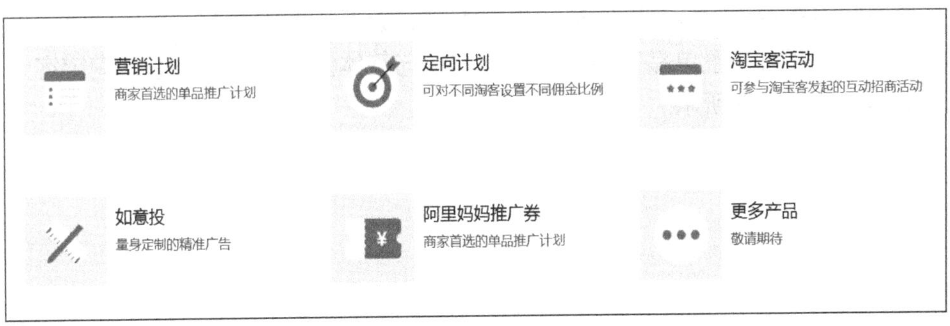

11.2.1 营销计划

营销计划指商家在淘宝联盟后台创建的单品推广计划。该计划支持推广单品管理、优惠券设置管理、佣金管理、营销库存管理、推广时限管理等商家推广所需的基本功能，并支持查看实时数据及各项数据报表。

营销计划是比较基础的推广计划，通过绑定营销工具，淘宝客可以直接获取链接进行推广，卖家也可以实时了解产品推的广效果，同时淘宝客的流量会优先推广已加入营销计划的商品库的商品，保证主推商品的流量获取。淘宝客营销计划的参与流程如下图所示。

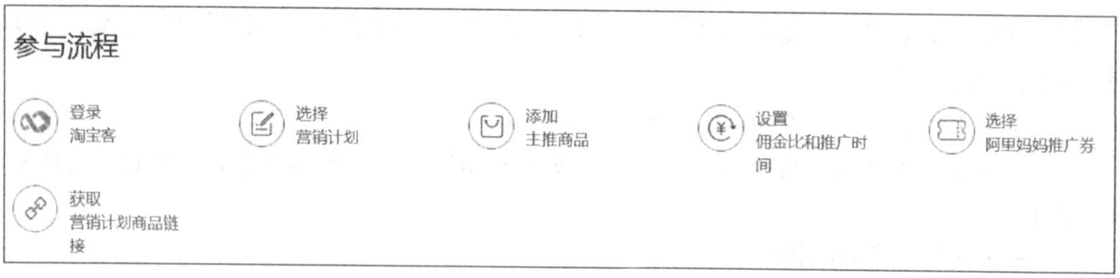

11.2.2 定向计划

定向计划是卖家针对不同质量的淘宝客设置的推广计划，卖家可以筛选加入的淘宝客等级，也可以自主联系优质淘宝客申请推广任务，属于卖家可以主动选择的合作形式。定向计划的流量相对较低，但精准度和转化率相对较高。如果推广效果好，卖家还可以与优质淘宝客建立长期稳定的合作关系。

在淘宝客首页单击 +新建定向计划 按钮，即可创建定向计划。除了一个通用推广计划外，卖家最多还可以设置9个定向推广计划，计划可以选择是否公开，其设置流程包括设置活动标题、设置计划类型和审核方式、设置计划时间、设置类目佣金、设置计划描述。在设置活动标题时，可以直接将佣金加入标题中，吸引更多优质淘宝客关注。在设置审核方式时，可以选择淘宝客的等级，如果佣金较低，可自动审核，如果佣金较高，可手动审核。对于手动审核的计划，可在“计划详情”的“淘宝客管理”中查看和审核，同时还可查看淘宝客近期的推广情况。在设置完计划的整体佣金后，还可设置单品佣金，其设置方法与整体佣金的设置类似。淘宝客定向计划的参加流程如图所示。

11.2.3 淘宝客活动

淘宝客活动又名“鹊桥”，顾名思义，意在搭建淘宝客与卖家之间的沟通推广桥梁。淘宝客活动广场中每天都有数万活动任卖家挑选报名，推广力度十分大，卖家可以直接在淘宝客创建的活动广场报名活动，无需费力寻找淘宝客。活动创建者将针对报名的商品进行筛选，筛选后再推广。活动可以公开给其他淘宝客，若选择公开，则如果有其他淘宝客推广该活动，那么，成交后获得的佣金需要按一定比例支付给活动创建者。淘宝客活动的参加流程如图所示。

淘宝客活动广场中每个活动的要求不一样，卖家只有符合活动要求才可报名。淘宝客活动广场具有官方优选淘宝客资源、报名简单、效果数据可查询和可长期稳定报名等优点，佣金比例一般较高，适合推广高利润的畅销产品。在淘宝客首页的左侧选择“淘宝客活动广场”选项，即可进入淘宝客活动广场。淘宝客活动广场的报名流程包括查看活动、报名、选择商品、设置佣金和优化创意。在查看淘宝客活动时，卖家主要需要关注行业类目、活动权限、活动推荐等信息。选择合适的活动并报名后，卖家可以选择主推商品，并设置商品佣金，淘宝客活动广场主推商品的数目以活动方要求为准。报名完成后，需等待淘宝客审核。淘宝客活动广场创意优化主要是对图片进行优化，对于未设置创意优化的商品，则默认选择商品主图的第一张图片。

11.2.4 如意投

如意投是系统根据卖家设置的佣金比例和宝贝的综合质量情况，将商品智能推送到爱淘宝搜索结果页、中小网站橱窗推广等页面上展现的智能精准推广服务，按成交计费，卖家推广风险较低。参加如意投的商品，系统会根据综合评分进行排名，由阿里妈妈平台为卖家寻找淘宝客进行推广，而不需要商家自己寻找淘宝客。如意投依托于淘宝联盟自有媒体和合作伙伴的推广渠道，具有非常丰富的站外优质流量，其推广的商品会根据用户的行为，精准投放给目标客户群体，卖家只需要开启计划并设置类目佣金即可，佣金设置的高低将直接影响流量的多少。如意投的参加流程如图所示。

如意投的展现排名规则以综合得分为主，综合得分等于宝贝综合质量分乘以佣金比例，而宝贝综合质量分主要受商品标题属性的相关性、如意投内点击率和转化率、店铺质量等因素的影响。

如意投计划的设置方法与其他计划的设置方法类似，卖家进入淘宝客首页之后，在“如意投”选项的“操作”栏中单击“查看”超链接，即可对计划进行设置。设置完计划整体的佣金后，也可对单品佣金进行设置，最多可设置100个商品。设置好如意投计划后，在淘宝客首页的“计划管理”页面中单击 自定义字段 按钮，在打开的页面中选择相关选项，卖家可以查询当前设置佣金的情况、质量评分、行业对比等。

11.2.5 阿里妈妈推广券

阿里妈妈推广券是阿里妈妈官方唯一指定的淘宝客推广优惠券（即优惠券），可支持淘宝客通过优惠券+商品的模式进行推广，在站外推广中引入新购买人群，提高单品转化率。

阿里妈妈推广券通过绑定单品进行推广，操作比较方便，可以使淘宝客推广更简便，数据更准确。阿里妈妈推广券的参加流程如下图所示。

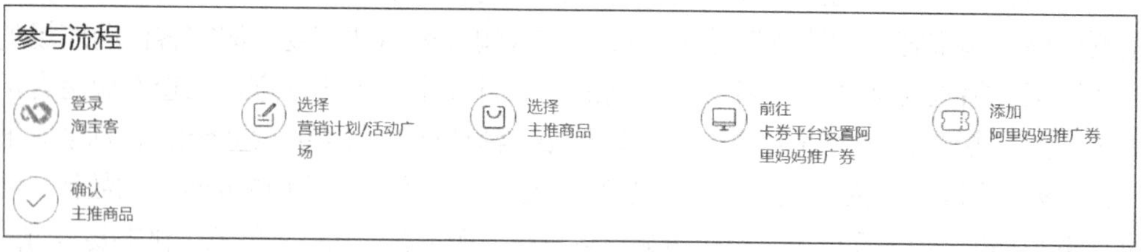

11.3 淘宝客推广技巧

淘宝客的推广主要由淘宝客完成，推广过程中带来的展示、流量等全部免费，卖家只需按照成交量支付推广费用，所以对于卖家而言，佣金的设置以及淘宝客的选择和维护都十分重要，直接影响着最终的推广效果。

11.3.1 佣金设置技巧

淘宝客推广风险小，投入产出比高，是非常吸引卖家的一种推广方式。但很多卖家在开通淘宝客推广之后，由于佣金设置不合理，出现没有淘宝客愿意推广、没流量、没成交等情况，达不到预期的推广效果，那么究竟该如何设置佣金比例呢？

1. 根据店铺的不同阶段设置佣金

当店铺处于不同的发展阶段时，为了适应店铺的发展要求，实现店铺现阶段的发展目标，可设置不同的佣金方案。

（1）新店铺的佣金设置

刚开张或开张不久的新店，在销量基础、买家评价、卖家信誉等各个方面都比较薄弱，这个阶段的店铺最需要的就是人气，而为了积累人力，卖家就要考虑是否能最大程度让利淘宝客。从淘宝客的角度来看，新店人气差，没有销量和评价，推广这样的店铺或商品需要花费更多的时间和精力，相比之下，他们更愿意去选择一些有销量、有口碑、有品牌的店铺进行推广。所以如果新店铺设置的佣金比例不高，很难吸引淘宝客。

此外，仅依靠高佣金比例吸引淘宝客也是不够的，卖家最好能向淘宝客传达商品或店铺的优点，展现商品或店铺的潜力，同时支持淘宝客推广，积极准备淘宝客所需的推广素材，表达共同推广、共同努力的决心。

（2）店铺稳定发展阶段设置佣金

当店铺发展比较稳定的时候，店铺流量、店铺转化、成交额都比较稳定，甚至店铺有了一定的口碑和信誉，拥有不错的买家评价，很多淘宝客会主动选择这样的店铺进行推广。该阶段的佣金比例不需要做太大的调整，一般可以综合店铺利润、行业情况、竞争对手的情况等因素进行设置，保持佣金比例在行业排名中等以上，在自己的利润基础上调整佣金比例。

2. 根据活动情况设置佣金比例

使用淘宝客进行推广时，还需根据实际推广情况设置佣金，如热销品、活动款和常推款的佣金设置都不一样。

（1）热销品

热销品或爆款一般都是店铺的主要引流端口，性价比、口碑、转化、买家评价等数据都表现较好，佣金一般设置在利润承受范围内，保持中等偏上的比例。一般来说，热销品的佣金比例都不建议大幅度变动，特别是降低佣金比例，很容易影响卖家与淘宝客的关系和淘宝客的忠诚度。

（2）活动款

如果商品参加了淘宝活动，如参加了聚划算、“双十一”等活动，由于活动期间的商品利润比较低，此时建议淘宝客的佣金比例设置在利润可承受的范围内，等活动结束后再做调整。

（3）常推款和主推款

常推款即一直在推广的款式，与主推款不同。主推款的佣金比例通常高于常推款，且建议主推款佣金比例尽量高于类目佣金。常推款的佣金比例根据实际情况设置，在保证利润的基础上最好能保持有稳定的成交量。

11.3.2 淘宝客的选择

在淘宝客这种推广模式中，淘宝客与卖家之间是一种双向选择关系，卖家如果想寻找优质的淘宝客为自己推广，那么店铺“内功”一定不能太差。

1. 了解自身优势

店铺运营的第一步就是了解自己的优势，推广也不例外，只有清楚了店铺的优势和竞争力，才能更好地提升店铺推广效果。

例如，某品牌线下知名度较高，但由于加入线上运营的时间较短，在与其他线上品牌竞争时不具备优势，流量、转化和营业额都低于同行。此时，该店铺必须先明确自己的优势，即线下知名品牌，然后通过适合的方法提升品牌的线上知名度，让更多的淘宝客了解店铺，最后再进行推广。当然，了解自身的目的就是让更多的淘宝客能够认识和了解自己，除了品牌影响，卖家也可通过口碑、服务等打造自己的特色，从而提高店铺在淘宝客的知名度。

2. 寻找目标淘宝客群体

在淘宝客平台上，好推广的产品知名度会更高。收益好的产品，愿意推广的淘宝客也更多。相应地，越优质的淘宝客，对产品的要求也越高，所以卖家如果想寻找合适的淘宝客，就需要站在淘宝客的角度思考他们的需求，满足他们的需求。

（1）提升佣金比例

提升佣金比例是为了让更多的淘宝客可以观注到店铺的产品，提升佣金比例的前提是了解同类型产品中淘宝客推广销量排行靠前的产品，然后卖家再结合店铺主打产品的价格区间设置略高于行业均值的佣金比例，从而吸引淘宝客的推广。

（2）主动寻找淘宝客

在淘宝客平台推送产品时，可以被动等待淘宝客为店铺进行推广，也可以主动联系淘宝客进行产品推送。淘宝客推广的渠道很多，如门户网站、搜索引擎、导航网站、影音娱乐、社交网站、客户端、浏览器、导购SNS以及各大第三方平台等。卖家可以在上述网站广发招募贴，或加入相应的淘宝客QQ群、微信群寻找淘宝客。此外，品牌产品、特色产品等也可申请返利网、淘宝U站中的淘宝客进行推广。

（3）通过如意投引入流量

如意投作为爱淘宝的最大跳转流量来源，并不仅仅由佣金比例决定推广效果，宝贝质量得分、点击率、转化率、佣金比例等因素都将直接影响推广效果。对于缺少淘宝客流量的新店铺而言，如意投计划的利用率非常高，当如意投引入的流量产生转化并累积到全店淘宝客推广效果中后，卖家即可进一步为店铺推广吸纳更多的淘宝客并从中选择优质淘宝客为店铺进行推广。

高手支招

淘宝客将流量引入店铺后，如果店铺自身的“内功”不到位，则很难形成转化，所以在进行淘宝客推广时，卖家还必须对详情页质量、店内活动、关联销售、优惠券等有助于提高转化率的内容进行优化。

11.3.3 淘宝客的维护

淘宝客维护是淘宝客推广中非常重要的一项内容，淘宝客的维护效果直接关系到店铺或商品能否通过淘宝客平台得到长期稳定的推广，获得稳定的流量和成交。

● **取得淘宝客的联系方式** 卖家可以取得淘宝客的联系方式，积极与之交流，同时还可以筹备并建立属于自己店铺的淘宝客群。为了保证淘宝客群的活跃度，卖家需要与淘宝客之间有良好的感情联系，建议多聊天，让卖家和淘宝客之间的合作关系升级为朋友关系。

● **了解淘宝客需求** 卖家可以通过与淘宝客的沟通，了解他们的需求，及时在淘宝客群更新店铺的优惠信息和佣金变动情况，主动提供店铺推广所需的素材，如图片、软文等，配合淘宝客的推广工作。

● **让淘宝客更愿意推广你的店铺** 卖家可以不定期举办淘宝客大赛或设置淘宝客奖励计划，让淘宝客与店铺产生更多互动，提高淘宝客的积极性，这样不仅可以维护老淘宝客，还可以吸引新淘宝客，促进店铺长远发展。

11.4 疑难破解

不管是做什么推广，目的无非是为店铺带来更多的流量和成交量。淘宝客推广的成交转化率远远高于其他推广方式，但是要想做好，仍旧需要在保持店铺本身内功过关的前提上不断优化。下面将对用淘宝客打造爆款以及如意投优化中的相关问题进行解答，供大家探讨和参考。

1. 用淘宝客打造爆款的过程中如何优化佣金?

关于打造爆款，淘宝官方为卖家提供了多种推广渠道。淘宝客作为一种独特的推广形式，也具备爆款打造的功能，卖家在使用淘宝客打造爆款时，可以将推广风险降到最低，并且不用提前投入推广成本。当然，在使用淘宝客打造爆款之前，卖家依然需要进行测款，保证宝贝的款式、风格、价格等符合消费者需求，此外宝贝最好还能有一些收藏数据、销量数据和好评数据。

完成测款后，卖家可以根据所选商品的不同，再设置相应的佣金比例。设置佣金时可以参考同类商品的竞争情况，通常淘宝客佣金设置的基本范围为5%~50%，卖家可以在这个范围内任意做出调整。

（1）分阶段设置佣金

一般淘宝客佣金可以分阶段进行设置。

● **推广初期** 刚上架不久的商品，有基础的销量与好评，在制定佣金比例时，可以考虑最大程度地让利淘宝客，以获得更多的推广，此时应适当提高佣金回报淘宝客，如50%的佣金。此外，当淘宝客按30天的佣金支出进行搜索时，佣金越高的店铺产品排名也能越靠前。

● **推广中期** 随着销量的逐渐上升，此时产品有较大的市场占有率，卖家可以适当降低佣金比例，逐步实现利润。

● **推广后期** 当市场销量比较稳定后，该商品的推广佣金也要稳定下来，不要轻易更改，以免流失淘宝客。

（2）按客单价设置佣金

低客单价产品与高客单价产品所参加的淘宝客推广方案是有所不同的，淘宝客佣金可以根据客单价进行设置。

● 低客单价产品　若产品单价较低，可以参加开心赚宝、卷皮网等第三方的淘宝客活动，这些淘宝客活动具有流量大、佣金低的特点，一般为10%左右。

● 高客单价产品　高客单价不能上低价淘宝客活动，因此加大推广力度，获取精确流量是关键，此时可以尝试找产品相关的一些垂直媒体或者达人做分享，如家居类店铺可以在家居类的网站投放广告，或者寻找专门分享家居产品的淘宝客。此类店铺的流量定位精准，佣金较高，最高可设置到50%。

（3）额外奖励

淘宝客在挑选商品时往往会比较关注佣金比例，相同的推广成本，佣金越高，淘宝客收益越好。为了激励淘宝客，特别是优质淘宝客更积极地进行推广，卖家除了设置高比例佣金外，还可以设置额外奖励，如成交10笔额外奖励20元，以此来保持淘宝客和店铺之间的黏性，提高淘宝客的忠诚度，维护优质淘宝客的长久合作关系，同时促进淘宝客之间的良性竞争。

2. 在使用如意投计划时可以使用哪些优化技巧？

如意投不仅可以带来转化，同时也是一种有效的引流手段，卖家在使用如意投推广计划时，也要注意对其进行合理的优化。

● 每个产品的佣金率出价不能完全一样，这样可以避免影响店铺内同类型产品的排名，还可以减少花费。

● 关注展现量较高的推广产品，优化转化率，同时删除展现量过低的产品。

● 点击率会直接影响产品和计划的质量得分，所以如果产品的展现量高、点击率低，就需要及时更换和优化创意推广图。

很多店铺在推广时，可以选择多种推广方式，事实上很多产品在不同的推广渠道都会有不同的表现。如果店铺中有的产品不适合参加直通车推广，同时又影响店铺动销率，可以尝试通过淘宝客进行推广，观察并分析其推广效果。

11.5 边学边练

（1）在淘宝客活动广场寻找淘宝客，并选择合适的活动进行报名。

（2）新建一个定向计划，并对计划的类目、佣金进行设置，佣金的设置要求参照热销品的佣金设置原则。

第12章 用钻石展位推广提升品牌效应

本章导读

在淘宝提供的众多付费推广模式中，钻石展位（智钻）是影响力最广泛的模式之一。通过钻石展位不仅可以推广单品，提高单品的销量，还可以针对店铺锁定目标买家，实现更加精准化、精细化的营销推广，从而提高整个店铺和品牌的影响力。本章将主要介绍钻石展位的操作技巧、广告投放、推广优化等知识。

知识技能

※ 了解钻石展位

※ 掌握钻石展位广告投放的方法

※ 掌握钻石展位投放优化的方法

视频讲解

（视频讲解：1 分钟）

12.1 了解钻石展位

钻石展位是淘宝网提供的一种付费营销推广工具，主要依靠图片创意吸引买家点击，从而获取巨大的流量。钻石展位为卖家提供了数量众多的网内优质展位，包括淘宝首页、内页频道页、门户、画报等多个淘宝站内广告位，以及搜索引擎、视频网站和门户网等多个站外媒体展位，推广效果十分可观，比较受有一定实力的大商家的青睐。

12.1.1 钻石展位的类型

钻石展位分为展示广告、移动广告、视频广告、明星店铺4种类型，不同的类型其适用对象和适用范围都不一样。

1. 展示广告

钻石展位展示网络推广是以图片展示为基础，精准定向为核心，面向全网精准流量实时竞价的展示推广平台。钻石展位展示网络推广支持按展示付费（CPM）和按点击付费（CPC），为客户提供精准定向、创意策划、效果监测、数据分析、诊断优化等一站式全网推广投放解决方案，帮助客户实现更高效、更精准的全网数字营销。

（1）基础功能

- 展示位置　展示位置包含淘宝网、天猫、新浪微博、网易、优酷土豆等几十家淘宝内以及淘宝外的优质媒体的上百个大流量优质展位。
- 创意形式　创意形式可以有多种，支持图片、Flash等动态创意，支持使用钻石展位提供的创意模板制作。
- 收费方式　收费方式是在按展示付费的基础上，增加按点击付费的结算模式。
- 投放方式　投放方式是选择资源位，设定定向人群，竞价投放，价高者得。

（2）产品优势

- 超大流量　覆盖全国80%以上的网购人群，淘内淘外几十亿的海量流量供选择。
- 精准定向　提供多种精准定向方式，锁定目标人群。
- 出价灵活　支持展示付费和点击付费，流量更精准，成本更可控。
- 一键推广　日常销售、活动营销，根据不同场景定制个性化营销策略，提升效果。
- 高效创意　千套模板多维推荐，轻松打造优质创意，系统智能择优投放，测图测款全程托管。
- 精准优化　报表界面升级，数据更加清晰明了，粒度诊断，量身打造优化方案。

2. 移动广告

移动广告是通过移动设备（手机、平板电脑等）访问APP或网页时显示的广告，形式包括图片、文字链、音频等。移动广告突破了电视、报纸等传统广告的覆盖范围，在受众人数上有了很大超越，并且移动广告可以根据用户的属性和访问环境，将广告直接推送至用户的手机上，传播更加精准。

（1）基础功能

- 展示位置　可以在网络视频节目（电视剧、综艺等）播放前后插播视频短片。
- 展示形式　视频格式展示，时长15秒以内。
- 定向支持　除钻展常规定向外，还可支持视频主题定向，筛选热门动漫、影视、演员相关视频节目，精准投放。
- 创意形式　可自主上传视频，也可在创意实验室中制作视频贴片。

（2）产品优势

- 大流量　移动设备普及率日渐增高，流量增量远超PC端。
- 高精准　移动设备一般为个人所有，根据个体用户浏览轨迹统计出的用户画像更加精准。
- 多覆盖　移动设备的打开率极高，移动广告可以做到对用户的全天候覆盖，广告信息及时有效。

3. 视频广告

产品介绍是钻石展位为获取高端流量打造的品牌宣传类商业产品，广告主可以通过视频广告，在视频播放开始或结束时展现品牌宣传类视频。视频广告具有曝光环境一流，广告展现力一流等优势。配合钻石展位提供的视频主题定向，能够获取到更精准的视频流量。

（1）基础功能

- 展示位　主要展现在国内主流视频网站上，如PPS、爱奇艺和优酷等大型视频媒体。广告主要展现在视频开始前15秒的广告视频播放以及视频播放暂停时的广告浮出。
- 展现形式　以视频格式进行广告内容的展示，展现形式更新颖。
- 定向支持　针对视频网站提供视频主题定向，根据目前热播剧集的名称、主题进行定向。
- 创意形式　视频支持FLV、MPEG等主流视频格式。

（2）产品优势

- 优质流量，曝光环境好　视频广告作为高曝光的优质展示广告，拥有如优酷、PPS、爱奇艺等主流媒体展示平台，能更好地发挥其品牌溢价，提升品牌价值。位置在重点视频网站的播放前15秒，占据重点推广位置。
- 支持PC，无线多投放　视频播放支持PC端和无线端独立投放和创意设计，全面获取无线流量和PC流量，抢占无线流量入口。
- 支持视频主题定向　提供视频主题定向，快速获取重要人群，比普通视频更精准。

4. 明星店铺

明星店铺是钻石展位的增值营销服务，按千次展现计费，仅向部分钻石展位用户开放。开通明星店铺服务之后，您可以对推广信息设置关键词和出价，当有用户在淘宝网宝贝搜索框中输入特定关键词时，您的推广信息将有机会在搜索结果页最上方的位置获得展现，在品牌曝光的同时赢得转化。

（1）基础功能

- 展示位置　在淘宝电脑端、手淘以及UC浏览器搜索结果页面最上方的位置展示。
- 展示形式　当搜索关键字触达投放广告的词时，即可在搜索结果页最上方的位置得到展示，确保获得的流量的精确性。

● 创意形式　提供多样式创意模版，PC模版和无线模版独立，模板由图片和多条文案构成，满足各类消费者的需求。

● 收费方式　按CPM收费，即以千次展现的方式收费。

（2）产品优势

● 黄金展位，高回报率　明星店铺作为搜索展示广告，能更好地发挥其品牌溢价和明星效应，位置在搜索结果页的最上方，占据黄金推广位置，投资回报更高。

● 支持PC+无线多样式模板投放　明星店铺支持PC端和无线端独立投放和创意设计，便于广告主专门为无线营销场景设计品牌创意，同时明星店铺投放计划支持地域和时段投放。

● 支持展示搜索一站式购买　方便广告主完成“展示+搜索广告”的一站式购买，实现搜索到展现的提升以及从展现流量到搜索流量的转化。

● CPM计费，公平竞价　按照CPM计费，更具公平性，开放实时报表数据监控，加强对推广效果的监控。

● 数据沉淀，提升品牌形象　利用广告特定的多渠道引流与数据沉淀价值，强化用户品牌记忆与搜索的习惯，完成从短期卖产品到长期卖品牌这个转化目标。

12.1.2　钻石展位准入要求

钻石展位对淘宝卖家、天猫卖家和飞猪商家的准入资格做了规定，只有满足要求的卖家才可申请钻石展位推广服务。

1. 淘宝卖家准入要求

钻石展位资质管理对淘宝店铺的要求如下。

● 商家店铺信用等级一钻及以上。

● 店铺每项DSR在4.4分及以上（特殊类目无DSR要求或者可相应放宽，由阿里妈妈根据特殊类目的具体情况另行确定）。

● 店铺如因违反淘宝规则中的相关规定而被处罚扣分的，还需符合以下条件。

违规类型	当前累计扣分分值	距离最近一次处罚扣分的时间
出售假冒商品	6分及以上	满365天
严重违规行为（出售假冒商品除外）	大于等于6分，小于12分	满30天
	12分	满90天
	大于12分，小于48分	满365天
虚假交易（严重违规虚假交易除外）	大于等于48分	满365天

● 在使用阿里妈妈营销产品或淘宝服务时未因违规而被暂停或终止服务（阿里妈妈营销产品包括钻石展位服务、淘宝直通车、天猫直通车和淘宝客等业务）。

2. 天猫卖家/飞猪商家准入要求

钻石展位资质管理对天猫店铺/飞猪商家的要求如下。

● 店铺每项DSR在4.4分及以上（特殊类目无DSR要求或可相应放宽，由阿里妈妈根据特殊类目的具体情况另行确定）。

● 店铺如因违反天猫规则、飞猪规则中相关规定而被处罚扣分的，还需符合以下条件。

违规类型	当前累计扣分分值	距离最近一次处罚扣分的时间
出售假冒商品	6分及以上	满365天
严重违规行为（出售假冒商品除外）	大于等于6分，小于12分	满30天
	12分	满90天
	大于12分，小于48分	满365天
虚假交易（严重违规虚假交易除外）	大于等于48分	满90天

● 在使用阿里妈妈营销产品或淘宝服务时未因违规而被暂停或终止服务（阿里妈妈营销产品包括钻石展位服务、淘宝直通车、天猫直通车和淘宝客等业务）。

12.1.3 钻石展位竞价原理

钻石展位升级为智钻后，在按展现付费（CPM出价）的基础上新增了按点击付费（CPC出价）的出价方式，两种不同的方式参与竞价的方式也不同。

1. CPM出价

CPM是“Cost Per Mille”的英文缩写，钻石展位的CPM竞价是价高者得，竞价方式是制订推广计划并投放，竞价者以千次展业的价格参与竞价，但系统会根据竞价者的单次出价进行排序，单次出价最高的推广计划获得展示机会。钻石展位是定向推广，只有符合定向要求的消费者才会看到这个展示广告。

钻石展位调整出价后实时生效，因此在实际竞价中，下一名的店铺、出价都是频繁变化的，每一次展现都是根据下一名的出价来结算的。当消费者打开网页、浏览资源位时，系统会投放推广创意，同时会根据CPM结算方式（结算CPM=下一名出价+0.1，且不会超出自己的出价）计算一次展现的结算价格。最终的扣费是多次展现结算汇总的结果。

如果有4家参加竞争的店铺定向了同一个用户群，投放了同一个资源位，同时使用CPM出价方式，在某一个时间段中都没有调整出价，那么这4家的竞价排名、1次展现的结算价格、获得展现和总花费如图所示。

	出价方式	CPM出价	对1次展现的出价	竞价排名	CPM结算价格（下一名+0.1）	1次展现的结算价格	获得展现	点击	点击率	总花费（1次展现结算价x展现）	平均点击单价（总花费/点击）
A店铺	CPM	72.00	0.07200	1	60 ÷ 0.1 = 60.1元	0.06010	8,713	805	9.24%	523.65	0.65
B店铺	CPM	60.00	0.06000	2	54 ÷ 0.1 = 54.1元	0.05410	4,665	421	9.02%	252.38	0.60
C店铺	CPM	54.00	0.05400	3	54元（下一名+0.1高于自己的出价，因此按自己出价）	0.05400	2,423	155	6.40%	130.84	0.84
D店铺	CPM	53.99	0.05399	4	53.99元	0.05399	590	34	5.76%	31.85	0.94

2. CPC出价

CPC是“Cost Per Click”的英文缩写，指广告创意按照用户点击次数来计费。

使用CPC出价时，系统会将CPC出价折算成CPM出价，折算公式为CPM出价 = CPC出价 × 预估CTR × 1000），计算后的结果再与其他CPM计划混合竞价。

如果CPC出价不变，预估CTR越高，折算出来的CPM出价就越高。CPC出价的优势是点击单价可控，但由于预估CTR是由系统决定的，折算出来的CPM出价不确定，不能保证始终有较好的竞价排名。

如果有4家参加竞争的店铺以不同的出价方式定向同一个用户群，投放同一个资源位，在某一个时间段中都没有调整出价，那么这4家店铺的折算后的CPM出价、竞价排名、折算后对1次展现的出价、1次展现结算价格、获得展现和总花费如图所示。

	出价方式	出价	预估CTR（系统提供）	折算后的 CPM出价	折算后对1次展现的出价	竞价排名	CPM结算价格（下一名+0.1）	1次展现的结算价格	获得展现	点击	点击率	总花费（1次展现结算价x展现）	平均点击单价（总花费/点击）
A店铺	CPC	0.8元	9%	0.8 x 9% x1000 = 72.00元	0.07200	1	60 + 0.1 = 60.1元	0.06010	8,713	805	9.24%	523.65	0.65
B店铺	CPM	60元	/	60.00元	0.06000	2	54 + 0.1 = 54.1元	0.05410	4,665	421	9.02%	252.38	0.60
C店铺	CPC	0.9元	6%	0.9 x 6% x1000 = 54.00元	0.05400	3	54元（下一名+0.1高于自己的出价，因此按自己出价）	0.05400	2,423	155	6.40%	130.84	0.84
D店铺	CPM	53.99元	/	53.99元	0.05399	4	53.99元	0.05399	590	34	5.76%	31.85	0.94

12.2 钻石展位广告投放

钻石展位计划与直通车计划一样，需要卖家根据实际情况新建和设置推广计划，钻石展位计划的新建过程主要包括选择营销目标、设置计划、设置单元、添加创意4个步骤，然后按照钻石展位的操作向导依次操作即可。

12.2.1 设置营销目标与计划

扫一扫

设置营销目标与计划

设置营销目标与计划是新建钻石展位推广计划的第一步，其具体操作如下。

01 在“营销中心”栏中单击“我要推广”超链接，打开淘宝推广页面，在其中选择“钻石展位”选项，在打开的页面中单击进入钻展按钮，进入钻石展位推广页面。

02 在顶部导航栏中单击“计划”选项卡，再单击 + 新建推广计划 按钮。

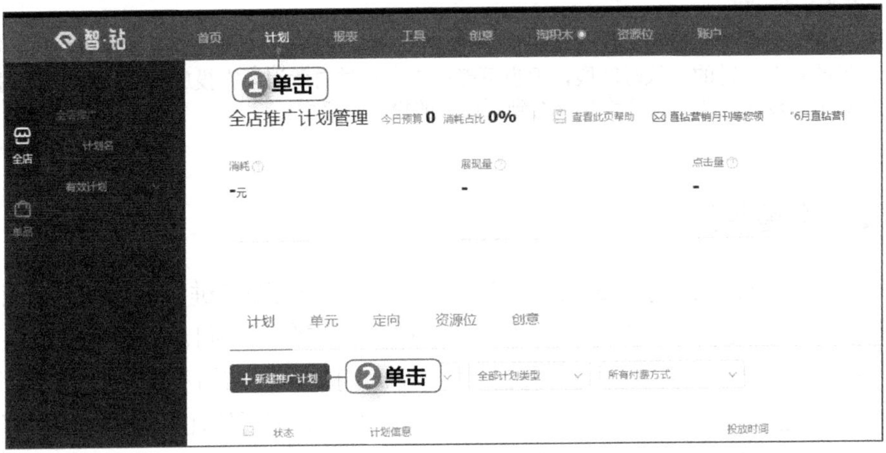

需要注意的是钻石展位的最低充值额度为1000元，一般需要卖家提前做好账户充值，才可以制订推广计划，在页面的右侧可看见充值栏。

03 在打开的页面中设置营销目标，如选择“全店自定义”选项，单击 + 自定义计划 按钮。

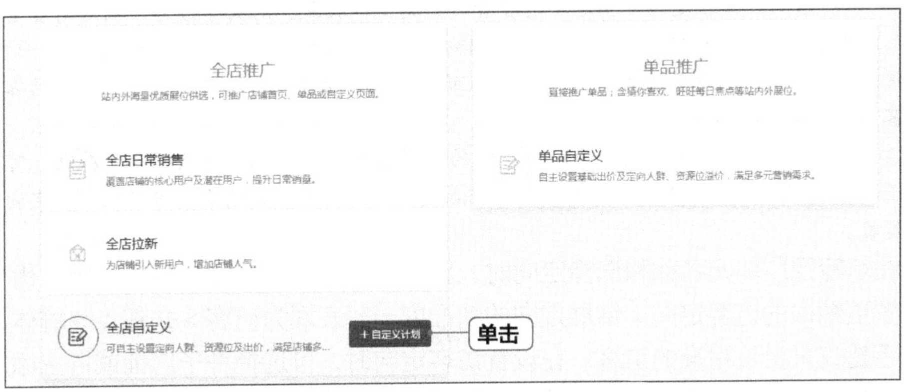

04 在打开的页面中设置投放的计划，包括对计划名称、付费方式、每日预算、投放日期、投放方式、投放地域、投放时间段等进行设置。

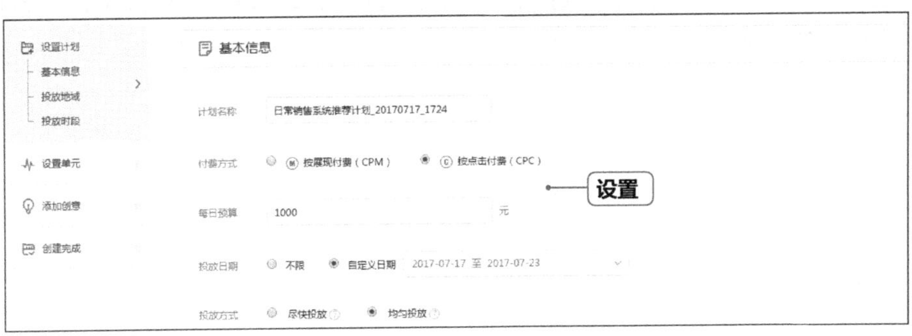

高手支招

投放方式分为尽快投放和均匀投放两种。尽快投放指合适流量预算集中投放，即就算设置了投放几个小时的投放时间段，但也可能在1个小时内就消耗完投放预算；均匀投放指全天预算平衡投放，即将预算均匀分布到所设置的投放时段中。

12.2.2 设置单元

完成推广目标与计划的设置后，单击 下一步，设置推广单元 按钮即可进入单元设置页面。推广单元信息主要是针对定向和出价进行的操作，通过合理定向，将推广广告展现给更精准的目标消费人群，从而获得更精准的定向流量。目前钻石展位有通投、群体定向、访客定向、兴趣点定向等多种定向方式，下面对常用的几种方式进行介绍。

- **通投** 对于通投，相对来说人群量非常大，花费快，流量不精准，前期如果要做通投，建议拿多个产品进行测试，如果要是针对特定的二级页面、集合页面，就不建议通投。
- **群体定向** 群体定向是指综合消费者历史浏览、搜索、收藏、购买行为，确定消费者当前最可能点击的商品类型和价格偏向。群体定向的优点是较广泛，但精准度较低，适用于需要大流量的情况。
- **访客定向** 访客定向是指综合消费者历史浏览、收藏、购买等行为，确定消费者与店铺的关联关系。广告主选定店铺ID，系统可以向与选定的店铺有关联的访客投放广告。访客定向的优点是可以一次定向较精准的目标人群，可用于维护老客户，也可引入竞争对手的客户或潜在客户。
- **兴趣点定向** 兴趣点定向和群体定向的原理基本类似，但兴趣点定向更精准，可精确到叶子类目和部分二级类目。兴趣点定向的优点是可以一次定向较精准的目标人群，定向直达细分类目。

在填写推广单元名称和选择定向时，新手卖家建议先关闭通投和群体，优先考虑设置更精准的访客定向。钻展定向的精准度一般表现为访客＞兴趣点＞群体，因此新手建议只做最精准的访客。在设置访客定向时，可选择种子店铺或自主添加店铺。在设置兴趣点定向时，可以输入某店铺旺旺来获取相应兴趣点，一般输入自己的店铺旺旺即可，也可以直接搜索关键词，添加相应兴趣点。

设置好定向后，即可添加资源位，在添加时首先选择站内的资源位，即名称带有“网上购物”的资源位，要少而精。

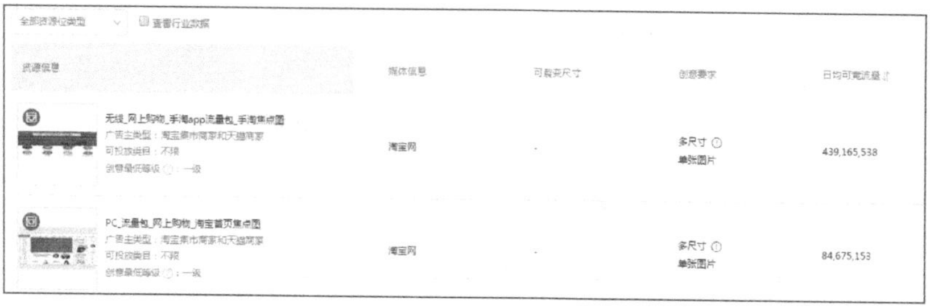

选择资源位最主要的两个数据是日均可竞流量和点击率（CTR）。卖家在分析和选择出较好的展位后，可以加入收藏并进行投放测试，测试效果良好则可长期投放。

出价一般参考各个定向上每个资源位的建议出价即可，在投放过程中可以按照获取流量的多少来调整。一般来说，出价低、流量少和出价高、流量多、预算花费太快都需要适当进行调整。由于兴趣点定向流量相对较大，建议卖家不要将系统推荐的所有兴趣点都添加，一般来说，添加与所推广产品最相关的2～3个兴趣点即可。

12.2.3 添加创意

卖家在添加创意之前，首先需要根据所选择的资源位的相应尺寸制作创意图片，因此在制作创意前，应该仔细查看资源位对应的创意要求，不符合的创意即使审核通过，也无法投放到所选资源位。在钻展后台“创意”页面中，选择左侧导航栏中的“创意快捷制作”选项，系统会自动为店铺推广的商品应用快捷模板，选择“创意模板库”选项，可查看和自己行业产品相关的模板。

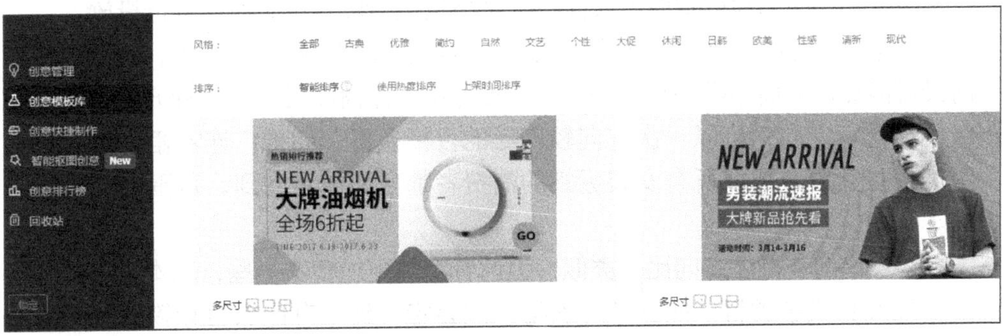

创意制作完成后在创意管理中上传，等待审核。审核通过后，即可选择该创意并添加到推广单元。在进行钻展创意设计时，需要注意文案、图片的设计要求，具体介绍如下。

- **限制时长的文案使用** 钻展的广告图片中一律禁止使用“最后一天”“仅此一天”限时1小时”等限制时长的文案。文案内容不允许太多（不超过30字），文案字体大小不能超过3个大小幅度，字体颜色不能超过两种，不能出现“外贸”“日单”“尾单”“仿货”等敏感和品牌模糊字眼，也不能出现“最低价”“最佳”“独家”“领衔”“第一”等最高级别的描述，无法判定真伪的表达用词严格禁止使用。
- **图片限制** 创意中禁止使用任何的图片拼接，避免图片模糊、不够美观。

12.3 钻石展位投放优化

钻石展位是一种展示广告平台，以精准定向为核心，与直通车的搜索流量相比，钻石展位的流量主要依靠展示图片类广告的利益点来吸引消费者。想要做好钻展，定向优化、竞价优化、推广计划优化都必不可少。

12.3.1 钻石展位定向技巧

不同的消费者，由于习惯喜好的不同，消费行为和消费风格也会存在很大的差异。针对这种差异性，淘宝系统会根据每位访客的历史行为为其打上相应标签，如搜索行为、浏览行为、点击行为、收藏行为和购买行为等，然后钻石展位的定向投放功能就可以通过这些标签的特点为不同用户推荐对应的宝贝，方便用户浏览和购买到心怡的商品。

1. 定向类型

在钻石展位的两种出价方式中，CPM出价可投放所有资源位，CPC出价目前仅支持淘宝站内重点资源位。同时，CPM出价的定向类型比CPC出价更多，人群划分也更精细。下面按照钻石展位的定向类型，大致介绍几种主要的定向方式，如时间定向、地域定向、群体定向、兴趣点定向、访客定向、营销场景定向和DMP定向。

其中时间定向和地域定向比较简单，是指按照时段、按照地域进行投放。

群体定向是指综合消费者历史的浏览、搜索、收藏、购买等行为，推断消费者当前最可能点击的商品类型和价格偏向，提炼出主流商品类型，这种方式主要通过一级类目进行定向，可以一次定向较广泛的目标人群。如推广连衣裙，连衣裙的一级类目是女装，那么所有女装标签的消费者都可能被定向到，范围广泛，不够精准。

兴趣点定向与群体定向比较类似，但前者定向更加精准一些，基本可以定向到部分二级类目或子类目。如推广连衣裙，就会定向到带有连衣裙标签的目标消费人群。

访客定向是指根据消费者历史的浏览、搜索、收藏、购买等行为来确定消费者与店铺的关联关系。钻展推广的广告主可以选择店铺ID，系统将根据其选择的店铺定向到与这些店铺有关联的访客，并投放广告。访客定向可以一次定向比较精准的目标人群，不仅能够维护店铺的老客户，还可以共享竞争对手的客户和潜在客户。访客定向可以选择自主添加店铺和添加种子店铺两种方式。自主添加店铺是指自己添加店铺ID，系统根据这些店铺的浏览、搜索、收藏和购买行为来圈定消费人群。添加种子店铺是指填写一家店铺ID，系统根据该种子店铺的主营类目、访客重合度等自动发散出150家店铺，再圈定与这150家店铺有关系的人群。

营销场景定向以广告主和消费者之间的关系模型为数据基础，将流量分成触达人群、兴趣人群、意向人群、行动人群和成交人群。钻展推广的广告主按照不同的营销需求，对需要的人群进行勾选投放，并可以看到相应的效果数据反馈。其中触达人群指最近7天看过店铺投放的钻展广告的消费者；兴趣人群指最近7天点击过店铺投放的钻展广告的消费者；意向人群指最近7天到访过店铺并且浏览了多个店铺多个页面的消费者，以及最近7天在淘宝或天猫搜索过店铺的消费者；行动人群指最近90天收藏过店铺或宝贝的消费者、最近90天将店铺的宝贝添加到购物车中的消费者以及最近180天有在店铺内成功下订单的消费者；成交人群指最近180天在店铺内产生实际成交和成功付款的消费者。

DMP定向是达摩盘定向，是阿里妈妈基于商业化场景打造的数据管理合作平台，拥有消费行为、兴趣偏好、地理位置等众多数据标签，如基本信息、地理信息、上网行为、消费行为、用户轨迹、类目相关标签等，通过这些标签可以帮助推广方快速圈定目标人群，建立个性化的用户细分和精准营销，还可以实现各类人群的洞察与分析、潜力客户的挖掘等。

2. 定向优化技巧

针对不同的定向方式，可以采用不同的技巧进行优化，从而提高钻石展位的投放效果。

（1）地域定向

地域定向是钻展定向中比较常用的一种定向，设置地域定向不仅可以提高流量的精准度和质量，还可以降低投放成本。在设置地域定向时，建议先使用生意参谋等数据工具的访客地域分布、流量解析等功能分析店铺或商品的访客数占比和下单买家占比，然后根据实际数据来设置更加精细化的投放。如广州、浙江等省份的浏览人数和下单人数比较多，则可以多投放这些省份。

（2）时间投放

与地域投放一样，在预算有限的前提下，如果投放时间比较广泛、圈定人群比较多，那么推广广告就没办法更精准地展现给潜在客户群体。此时可以使用生意参谋的访客分析功能分析访客的时间分布，将广告投放到浏览人群数量最高的时间段，如13:00－13:59、10:00－10:59、21:00－21:59时间段流量比较丰富，则可以选择这些时间段进行投放。

（3）群体投放

群体定向具有流量大、便宜、CPM低的优点，但是由于流量比较广泛、定位人群不够精准、转化率比较低，所以很多推广计划都不适合采用该种定向。但如果店铺要做品牌曝光，或者大促期间需要进行流量补充，则可以使用这种定向推广方式。此外，如果产品是刚需产品，同时价格也较低，也可以尝试用这种定向方式来测试推广效果。

（4）兴趣点投放

兴趣点定向的流量类似于直通车类目流量，比较适合一些小类目的投放、大促活动期间进行流量补充以及用来进行测款。兴趣点投放的流量精准度不算高，所以转化率通常也不太高。

（5）营销场景定向

营销场景定向可以首先通过访客定向的相似店铺或者其他点击成本划算的定向获取一批优质的目标消费人群。然后通过营销场景定向里的意向人群和行动人群，圈住上一步定向中未成交的客户。通过这样的投放方式，点击和转化效果会比未触达的人群消耗提升40%左右。

（6）访客定向

访客定向中的种子店铺最多可以添加5家店铺，系统会为每家种子店铺扩散150家相似店铺。由于推广方不知道系统究竟扩散了哪150家店铺的客户，流量会比较广泛，所以建议卖家手动添加店铺。自主添加店铺时，如果想要维护老客户，则可以添加自己的店铺；如果想要发展新客户，则卖家可以更精准地挑选价位、风格等与自己店铺更加相似的店铺。如宝贝店铺风格相似、客单价相似、店铺等级相似、DSR评分相似、现阶段主推产品相似的店铺。在筛选现阶段主推产品相似的店铺时，建议卖家对所选择店铺的客户群体和产品销售数据进行分析，如果同为女装店铺，自己现阶段主推产品为连衣裙，匹配店铺虽然也有连衣裙，但主推款是T恤，并且大部分客户也是T恤带来的，在这种情况，就没必要添加该店铺，因为流量的精准度不够高，回报率也不够高。

自主添加店铺还可以查看流量的去向，如购买人数、未购买人数、购买流失人数等的去向。在分析购买流失人数时，如果流量流失到同类店铺中，卖家还可以将自己的店铺与这些店铺进行对比，分析客户流失的原因，从而更好地进行优化。

高手支招

在设置了定向投放后，不管是时间定向、地域定向、兴趣点定向还是访客定向，都必须分析投放数据不断对推广计划进行优化调整。如时间定向，在数据表现较好，转化率高的时间段可以加大投放力度，在数据表现不好、转化低、投入产出比低的时间段则可以减少投入成本或者取消投放。

12.3.2 通过钻石展位获取不同的用户

卖家在使用推广工具进行推广的时候，首先必须明确自己的推广目的，也就是明确自己的推广是为了获取哪部分人群的观注。

1. 店铺现状

每一个推广计划的建立都基于店铺目前的现状，店铺现阶段需要什么，卖家就应该策划与之对应的推广方案。那么，一般来说，推广店铺都有哪些现状呢？

- **访客少，转化率高** 访客少，转化率高的店铺通常宝贝或店铺质量都没有问题，但是流量却远远不够，所以需要在打好店铺和宝贝基础的前提下，引入更多新客户。
- **访客多，但收藏加购少** 访客多，但收藏加购少的店铺转化率不高，说明店铺或宝贝可能存在问题，应该先对店铺或宝贝进行优化，再提高访客质量，精准定位。

● **访客多，收藏加购多，但订单少** 访客多，收藏加购多，但订单少的店铺，其流量、收藏、加购都比较可观，但是订单少，可能是价格没有对应到比较精准的目标客户群体，或者催单等客服工作不够到位，没有及时提醒下单的买家进行支付。

● **店铺的复购率低于行业均值** 店铺的复购率低于行业均值的店铺，说明没有做好老客户的维护工作，或者宝贝的质量、服务的质量还有需要继续完善的地方。当然，如果行业的复购率整体都比较低，不属于快消品一类，那么店铺就不必偏重老客户维护，而需要将更多的成本和精力放在持续引入新客户上。

2. 用户的获取

通常来说，钻展的推广计划应该建立在综合考虑店铺当前状况及营销目标、目标用户的重要性、竞争环境等因素的基础上，选择合适的出价方式及定向。

如果店铺需要流量，需要引入新客户，需要发展目前与店铺没有产生过关系但却与店铺风格、类别、客单价等属性比较符合的潜在目标人群，则可以通过钻展中的访客定向、兴趣点定向、系统智能推荐等方式来获取流量，其中的访客定向建议选择自主添加店铺，然后添加与自己店铺比较匹配的竞争对手的店铺，提高流量的精准度。如果店铺当前的营销目标是吸引兴趣、意向、行动等对店铺已经有了一定认知的客户人群，则可以使用营销场景定向所需的核心人群，也可以使用访客定向，在自主添加店铺中选择自己的店铺。如果需要维护已下单、已购买的客户，则可以使用达摩盘定向的标签来进行准确定向。

3. 推广计划的布局

在明确了不同的用户群体使用不同的定向方式后，卖家还需要对不同计划进行布局。

● **潜在用户** 店铺获取潜在用户的目的是引入更多的新客户。前面介绍了新客户的引入方式，即使用系统智能推荐或访客定向中的定向竞争店铺的功能，也可两种方式结合使用。为了配合推广计划，在制作创意时可以重点突出宝贝的竞争力，如功能、款式、特点、售后、使用场景等，参与聚划算、淘金币等官方活动，也可通过突出宝贝的竞争力来刺激新客户的收藏、老客户的加购等。为了检测推广效果，卖家需要实时关注推广数据，如点击率、收藏率、加购率等，并注意对这些数据进行优化。

● **认知用户** 认知用户是与转化率关系最紧密的用户群，他们已经与店铺产生过联系，非常容易出现购买行为，如查看过店铺推广广告、浏览过店铺宝贝、收藏过店铺宝贝、将宝贝加入过购物车等。如果店铺当前的营销目标是成交，则需要抓住这部分用户。认知用户的定向方式主要包括使用营销场景定向来定向兴趣客户和核心客户，使用访客定向来定向自己店铺等。创意的制作需要突出店铺或品牌名称，加深用户群体的印象，或者突出活动日期、优惠信息等，促成下单。

● **购买用户** 近期在店铺中出现过购买行为的用户即为购买用户，购买用户的定向一般使用达摩盘定向，创意制作主要突出品牌、店铺形象，作用是提高用户对品牌的认知度，促进品牌的分享和传播。如果是专门针对购买用户推广的计划，建议不要出现促销、打折等信息，这样可以避免当前价格与老客户购买价格出现差价，引起老客户的不满。

这样可以避免当前价格与老客户购买价格出现差价，引起老客户的不满。

● 沉默用户　如果用户90天内购买过店铺宝贝，但最近30天内没有出现过购买行为，即变成沉默用户。定向沉默用户的创意一般以感情传递为主，唤醒用户对品牌、店铺的记忆，可以推出老客户专享活动，或搭配宝贝上新进行推荐等。沉默用户的推广需要区分类目，快消品、复购率高的类目可以定向沉默用户，如服饰、零食等。但如果类目复购率低，如家电、家具等，则建议谨慎选择定向方式，一般不需要做沉默用户的定向。

高手支招

达摩盘的开通需要向钻展小二申请，小二会根据店铺的实际情况和推广需求来判断是否开通。

12.3.3 推广计划诊断和优化

钻石展位推广计划的效果好坏需要依靠计划进行展现，而在设置推广计划时，为了避免盲目投入而造成损失，卖家可先对推广计划进行测试诊断，然后选择最优方案进行投放。

1. 测试和优化流量

钻石展位的推广计划如果不能为店铺或宝贝带来足够的流量，则说明推广计划效果不理想，需要进行优化。如果忽然出现流量流失的情况，从客观因素的角度来看，可能是由账户余额不足、推广计划或推广单元暂停、推广计划没有覆盖高流量时段、创意出现问题、资源位或创意发生更改等因素造成，如果卖家使用了DMP定向，则还需检查定向人群是否过期。如果流量的流失不是由客观因素引起，则需要检查推广计划的出价排名，观察是否由于竞价问题出现流量的流失。在CPM计划中，如果卖家使用的是均匀投放，则需要观察每个小时的消耗是否正常，如果是尽快投放，则需要观察消耗速度。在CPC计划中，卖家可以比较CPC出价与市场均价，看是否还有提升空间，此外，还可更换为点击率更高的创意。

2. 测试和优化出价

在进行淘宝付费推广时，卖家都希望使用最低的价格获得更大的收益，然而究竟怎么出价才更合理，这并不是单纯依靠数据分析就可以得出的，还必须进行出价测试。以CPM计划为例，卖家可以选定相同的要投放的定向人群和资源位，然后设置3个不同的推广单位，出价分别高于市场均价、等于市场均价和低于市场均价。经过一段时间的测试后，分析不同推广单元的展现量、点击率和点击成本，并选择最合理的出价方式。原则上放弃流量低的推广单元，选择展现量高、点击率高、出价低的推广单元，或者选择综合数据表现最好的推广单元，即成本可控，同时展现量和点击率也比较合理的推广单元。

3. 测试和优化创意

由于CPC计划会根据每张图片去预估CPM，不能保证每个创意可以获得均匀展现的机会，所以创意的测试只能选择CPM出价。卖家可以在CPM计划的1个单元中添加2～5张创意图片，关闭“创意优选”功能，当每张创意积累了一定的展现量时，如展现大于2000时，即可初步判断每个创意的质量，然后将点击率、转化率、单击单价等数据较好的创意放到CPC计划中。

卖家在制作新创意时，要想使创意获得更好的点击率，可以从定向的角度进行设计。如该创意所匹配的推广计划的定向人群是人均消费不高、追求品牌和个性的年轻群体，则可以使用一些时事、热点、明星同款等信息，搭配较低的折扣和品牌影响力，更好地促进点击和转化。如果创意所匹配的推广计划的定向人群是居家型人群，这类人家庭观念较强，较关注产品品质和售后服务等，则可通过表现家庭氛围的实际场景图体现产品的特点，吸引目标人群的点击和转化。

展现给居家型消费者的创意　CTR：6.15%　　CTR：5.75%

4. 测试和优化资源位

钻石展位提供的资源位数量非常丰富，可以分为PC端和无线端两种类型。一般卖家在选择资源位时，可以先筛选出本行业中表现较好的资源位，再进行测试。在选择资源位之前，应该先筛选行业，然后对资源位的流量、点击率、转化率等数据进行综合分析，选出一部分表现较好或适合自己的资源位。最后创建CPM计划，选择一个定向人群和创意，测试一段时间后，观察不同资源位的展现率、点击率和点击成本等数据，最终确定自己所需的资源位。

12.4 疑难破解

钻石展位是淘宝官方提供的一种定向十分精准的推广方式，卖家如果想通过钻石展位获得优秀的推广效果，就必须对钻石展位的竞价和投放有一个全面的了解。下面介绍两个竞价和投放的相关问题，供大家探讨和参考。

1. CPC和CPM的定向投放有何不同?

CPC出价和CPM出价所支持的定向，对店铺潜在用户、现有用户的覆盖各有不同。CPC所支持的定向主要包括通投、系统智能推荐、行业店铺定向（近期访问过行业优质店铺的人群）、营销场景定向；CPM所支持的定向主要包括通投、DMP定向、访客定向、兴趣点定向、营销场景定向、群体定向、视频主题定向等。

- **从店铺人群划分的角度** CPC圈定人群较多，流量宽泛分散，更适合拉进新客户；CPM圈定人群较少，流量精细，更适合店铺用户分层和老客户维护。
- **从目标用户重要性的角度** 不是必须竞争的流量可以用CPC；重要人群、必须竞争的流量可以用CPM。
- **从流量竞得能力的角度** CPC的特点是成本可控，流量比较稳定，CPM的特点是流量可控，营销更加精准。所以日常推广建议使用CPC+CPM的模式，大促期间市场竞价激烈时，可以主要使用CPM，大促后市场竞价环境轻松一些后再用CPC+CPM的模式。
- **从投放效果的角度** CPC的营销场景定向＞系统智能推荐＞行业店铺＞通投；CPM的DMP定向＞访客定向＞兴趣点定向＞群体定向＞通投。

由于大促期间竞价激烈、拉新成本较高，所以店铺应该在大促前1~2个月内完成新客户的引入。在大促开始的时候，加强覆盖现有用户，这样才能保证有足够的流量支撑销量爆发。

2. 用CPC出价如何竞得更多流量?

用CPC出价时，系统会自动将其折算成CPM出价，折算公式：CPM出价 = CPC出价 × 预估点击率 × 1000。所以，如果要竞得更多流量，卖家需要提高CPC出价，或者提高预估点击率。预估点击率的影响因素主要包括定向精准度、资源位质量和创意质量，其中提高创意质量来提高预估点击率是最常见的做法。提高预估点击率的主要方法如下。

- 使用创意模板制作创意，美观度有保证。
- 使用历史表现较好、点击率较高的创意，这样预估点击率会比较高。
- 如果新创意无法获得展现，可以先提高CPC出价，获得更多展现和点击，从而提高创意点击率，等到点击率上升后，再把出价调回正常范围；或者先将创意放入CPM出价中，积累一定的点击率，获得一些好的数据效果后再放到CPC中进行投放。如果创意效果不好，则建议重新制作创意。

12.5 边学边练

（1）分析店铺的人群特征，然后通过钻石展位的访客定向功能添加3家竞争对手的店铺ID，要求所添加的店铺与自己店铺的客户人群特征相同或类似。

（2）新建3个钻石展位的推广单元，使用相同的创意、定向人群和资源位，然后设置不同的出价，测试出最佳出价方案。